RESEARCH ON THE CONSTRUCTION OF
THE GENERAL PATTERN OF

IDEOLOGICAL AND POLITICAL WORK
IN COLLEGES AND UNIVERSITIES
IN THE NEW ERA

新时代
高校思想政治工作
大格局构建研究

刘丽明 / 著

社会科学文献出版社
SOCIAL SCIENCES ACADEMIC PRESS (CHINA)

序言一

构建新时代高校思想政治工作大格局：
使命、挑战与路径

当今世界正经历百年未有之大变局，新一轮科技革命与产业变革深刻重塑全球竞争格局，意识形态领域的博弈日趋复杂。中国式现代化向纵深发展，不仅要求高等教育在人才培养、科技创新、社会服务等方面发挥核心作用，更需通过思想政治工作筑牢意识形态主阵地，回答好"培养什么人、怎样培养人、为谁培养人"这个根本问题。思想政治工作是高校一切工作的生命线，其质量直接关系到党和国家事业后继有人的根本大计。然而，面对全球化浪潮下的价值多元冲击、数字化转型中的教育形态变革、青年群体代际特征变化等新挑战，传统思政工作模式已难以适应新时代要求。如何构建科学、高效、协同的高校思想政治工作大格局，实现从"碎片化推进"向"系统性重构"的跃升，成为亟待破解的时代课题。

本书立足中华民族伟大复兴战略全局，以马克思主义理论为指导，融合教育学、社会学、管理学等多学科视角，系统回应新时代高校思政工作的理论逻辑、现实困境与实践路径。全书以"大格局"为核心范畴，通过历史纵深与国际比较的双重维度，既剖析了高校思政工作从"政治灌输"到"价值引领"、从"单向传递"到"协同育人"的演进规律，又批判性地借鉴了国外公民教育、价值教育的有益经验，最终构建起一套具有中国特色的高校思政工作理论框架与实践模型。作为一项扎根中国大地、聚焦现实问题的研究，本书的学术贡献与实践价值主要体现在以下三方面。

一　理论创新：廓清"大格局"的学理内涵与构建逻辑

本书突破传统思政研究的单一学科局限，提出"共同但有差序"的大格局构建模型。该模型以马克思主义关于"人的全面发展"理论为根基，创造性融合系统论的协同思想与社会学的场域理论，将高校思政工作视为一个动态演化的复杂系统。作者通过辨析"大格局"与"三全育人""大思政课"等概念的逻辑关联，明确指出：新时代思政工作需在目标共识（共同性）下，实现主体分工（差序性）、资源适配（层级性）与时空耦合（联动性）。

二　问题导向：精准剖析现实困境与深层矛盾

该书并未停留于理想化的理论推演，而是直面当前高校思想政治工作中的结构性难题。在综合研究基础上提出体制机制共建质量不足、主体协同能力有限、空间整合效果欠佳等现实问题，并深刻揭示其背后的"松散联结"性、异质性等内在成因。这种基于真实情境的问题诊断，使得研究结论更具针对性和说服力。书中对"元宇宙赋能空间互嵌""多维评价共融"等前沿议题的探讨，更体现了作者对技术变革与教育创新的敏锐洞察。

三　路径突破：设计"四维一体"的协同实施框架

本书的实践价值集中体现于其提出的"体制机制—主体协同—空间整合—评价改革"四维路径体系。体制机制创新方面，主张构建"党委统一领导、党政齐抓共管、多部门联动响应"的治理架构，通过设立跨部门思政工作委员会、建立责任分解机制，破解职能交叉与责任虚化问题。主体能力提升方面，通过意识唤醒—情感认同—行动自觉三阶培养模式，针对领导干部、思政教师、专业教师、辅导员等不同群体设计差异化方案，建立思政教师与专业教师的"结对研修"制度。空间融合再造层面，创造性地提出"元宇宙赋能高校思想政治工作大格局"的构想，设计线上线下混合式育人场景，利用虚拟现实技术打造红色文化沉浸式体验馆，通过算法推荐实现思政内容的精准触达。评价体系重构方面，提出构建涵盖价值塑造、知识传授、能力培养的多维评价指标，引入学生成长追踪、社会反馈调查等长效评估工具，推动思政工作从"量"的考核向"质"的飞跃转变。

作为作者的博士生导师，我见证了这一研究的全过程。她以严谨的治学态度和强烈的现实关怀，完成了这项兼具学术价值与社会意义的工作。本书的出版，不仅为高校思想政治工作研究提供了新范式，也为政策制定者、教育管理者及广大思政教师提供了重要参考。

在全面建设社会主义现代化国家的新征程上，高校思想政治工作肩负着塑造灵魂、传承红色基因、培育创新人才的崇高使命。本书的出版，不仅为学术界提供了新的研究范式，更将为教育行政部门制定政策、高校优化育人体系、教师创新教学方法提供系统性参考。期待本书能激发更多学者和实践者对"大格局"构建的深入思考，共同推动新时代高校思想政治工作高质量发展，为培养堪当民族复兴大任的时代新人贡献力量。

陈华洲

2025 年 4 月于华中师范大学

序言二

中华文明，如江河奔涌，千年不息。其根脉深植于《诗》《书》的吟哦，其魂脉激荡于《义勇军进行曲》的铿锵。玉溪师范学院马克思主义学院（以下简称学院）秉承"立德树人"之初心，以"吟唱中国"为精神纽带，将"吟"与"唱"凝练为探寻民族文化基因的双翼——吟诵经典，寻根脉之厚重；传唱国歌，铸魂脉之刚毅。此二者，一柔一刚，一动一静，恰似中华文明的双螺旋，恰似黄河与长江的奔涌，交织出民族精神的璀璨图景。

"呦呦鹿鸣，食野之苹。我有嘉宾，鼓瑟吹笙。"《诗经·小雅》的吟咏，不仅是上古礼乐的余韵，更是一把破解中华文化密码的钥匙。《诗经》是中国文学的源头，更是民族精神的原始密码。《小雅·鹿鸣》以宴饮之乐，寄寓"和乐且湛"的礼教理想，其声韵如清泉流淌，浸润着先民对和谐社会的朴素追求。玉溪师范学院和师院附小以"吟诵"为舟楫，将经典从典籍中唤醒：通过声律的抑扬顿挫，让学子在唇齿间感受《诗经》的韵律之美，在胸腔中激荡《楚辞》的慷慨之志。

学院通过传统文化课程群建设等活动，将吟诵融入日常教学。学生以声传情、以情化境，在《楚辞》的悲壮、《论语》的睿智中，体悟中华文化"修身齐家治国平天下"的格局。此般浸润，非为附庸风雅，而是以经典为镜，照见青年一代的责任与担当。

玉溪是人民音乐家聂耳的故乡，亦是革命音乐的沃土。1935年，聂耳创作的《义勇军进行曲》，以雷霆之势唤醒了沉睡的民族，为烽火中的中国注入灵魂。其旋律如雷霆，歌词如战鼓。其旋律中跳动的，不仅是音符，更是"不愿做奴隶"的怒吼与"万众一心"的信念。玉溪师范学院马克思主义学院深挖这一本土红色资源，构建"一研四传"模式：以学术研究为根基，通过传承红色基因、传习革命传统、传播动人故事、传唱爱国歌曲四条路径，让"为党奋斗 为国而歌 为民呐喊"的聂耳精神扎根当代，让"起来！前进！"的国歌精神生生不息。

2020年1月，习近平总书记考察云南时强调，要讲好"聂耳和国歌的故事"。学院积极回应总书记的要求和期待，于2020年设立聂耳和国歌研传基地，致力于建设成为全国性的聂耳和国歌理论研究高地、学术交流园地、文化宣传阵地、文艺展演基地。2024年，基地被命名为教育部红色文化弘扬基地、云南省社科普及示范基地，入选云南省首批云岭思政教育品牌。学院创建"一研四传"讲好聂耳和国歌故事大思政课育人品牌，以"开路先锋"党建品牌、"为社会而生"学术品牌、"为国而歌"课程品牌、"国歌声中成长"育人品牌、"国歌唱响国境线"实践品牌、"时代先声"文艺品牌为依托，为促进海内外中华儿女大团结和推进中国式现代化贡献新征程上的"玉马力量"。

《小雅·鹿鸣》的礼乐精神，与《义勇军进行曲》的革命意志，看似相隔千年，实则血脉相通。前者强调"和"，后者崇尚"刚"，二者共同构成中华文化的完整人格：既有"谦谦君子"的温润，亦有"血战到底"的刚烈。两者跨越时空，在此交汇，构成"吟唱中国"的灵魂：以经典为根，以精神为魂，让文化血脉在当代焕发新生。学院通过"吟唱中国"品牌，将这种双重性转化为育人的两翼，让经典涵养心性，让红色铸就脊梁，培养"为社会而生"的新时代青年。

学子行走于校园书法艺术长廊，在"天行健，君子以自强不息"的碑刻前驻足，于银杏林旁提笔挥毫，以墨香呼应诗韵。更有"四只耳朵"社会实践团行走中老、中缅、中越边境，在界碑旁唱响国歌，"国歌唱响国境线"，共升国旗、同描界碑，让红色基因扎根边疆。"吟唱中国"，是寻根，亦是铸魂；是回望，亦是前行。"吟唱中国"，是一场跨越千年的文明对话，更是一次面向未来的精神远征。当《小雅·鹿鸣》的雅音与《义勇军进行曲》的壮歌交织，当经典诵读的琅琅声与国歌奏响的铿锵韵共鸣，我们便听见了一个民族从历史深处走向未来的足音，亦望见了其向星辰大海奔赴的身影。两者跨越时空，在此相遇，既是对历史的深情回望，亦是对未来的庄严承诺。

此书系，既是玉溪师范学院马克思主义学院的文化答卷，亦是红土儿女的文化宣言。愿每一个翻开书页的人，皆能从中触摸文明的根脉，汲取精神的力量，在吟唱之间，共筑一个"各美其美，美美与共"的盛世中国。愿此书系如星火，点燃更多心灵，成为时代强音，助中华儿女在文化自信中，书写新的盛世华章，将"吟唱中国"的故事传向世界。

吟诵与传唱，是文明传承的双螺旋；根脉与魂脉，是中华文明的双重叙事。以声为舟，溯文明之源；以梦为马，答时代之问。这就是学院"吟唱中国"书系的初心。

（时遂营，教授，玉溪师范学院马克思主义学院院长）

目 录

绪　论

一　研究缘起与意义

（一）研究缘起

新时代高校思想政治工作大格局构建研究，是破解当前高校思想政治工作内在矛盾的必然选择。高校思想政治工作大格局构建的内在要素、内在结构和功能发挥，深受社会主要矛盾变化的影响。变化了的社会主要矛盾，对新时代高校思想政治工作提出新的要求。2021 年 7 月，中共中央、国务院印发了《关于新时代加强和改进思想政治工作的意见》，该意见明确提出了"构建共同推进思想政治工作的大格局"的时代课题。新时代高校思想政治工作大格局构建，正是为了破解矛盾变化引发的教育难题而进行的改革创新。书名使用新时代而不用新征程或者新发展阶段，有深层原因。从事物发展的规律来看，任何事物都有客观的发展历程及存在的规律。新时代高校思想政治工作大格局构建，需要继续强化和深化全要素协同育人，形成整体育人局面。新时代高校思想政治工作大格局构建，是在高校思想政治工作大格局构建长期发展取得丰硕成果的基础上，以及新发展阶段党和国家对高校思想政治工作高质量发展提出要求的时代背景下进行的深入研究。因此，本书中的新时代有着承前启后的意蕴。新时代高校思想政治工作大格局构建，承担着对教师主体和大学生主体进行思想政治教育的主要任务，本书主要聚焦大学生，以期不断明晰所要研究的问题。

1. 新时代高校思想政治工作大格局构建反映和回应国家现实需求

新时代高校思想政治工作大格局构建,以立德树人为根本任务,在"三全育人"的基础上,实现全要素协同育人。新时代高校思想政治工作大格局构建,既是突破当前高校思想政治工作系统性、整体性、协同性不足的现实困境,提升育人实效的迫切需要;也是夯实党对新时代高校的全面领导,全面贯彻党的教育方针,深入落实党的人才培养战略,以及坚持社会主义办学方向的根本要求。这不仅有利于推动高校思想政治工作全面深化改革,还有利于实现新时代高校思想政治工作高质量发展和推动高校治理现代化。

为了响应党和国家的政策,笔者以新时代高校思想政治工作大格局构建为选题进行相关研究。高校是执行党的政策,为党育人、为国育才的重要主体。新时代高校思想政治工作以立德树人为根本任务,承担着重要的育人责任。在推进国家治理体系和治理能力现代化的过程中,新时代高校思想政治工作还存在许多问题。准确回应现实问题、把握现实问题和解决现实问题,有利于推动新时代高校思想政治教育向前发展。新时代高校思想政治工作大格局构建,是推动高校治理现代化、国家治理体系和治理能力现代化的必然要求。随着我国经济社会的变化发展,新时代高校思想政治工作的外部环境和条件发生巨大改变,对新时代高校思想政治工作的改革创新提出新的要求。新时代高校思想政治工作大格局构建正是在回应社会要求的基础上进行的多元主体协同、多种资源整合、多维评价方式共融发展的改革创新。新时代高校思想政治工作大格局构建研究成为当前理论研究的重要课题,绝不是偶然的,它既是时代发展的必然要求,也是加强和改进高校思想政治工作理论发展和实践发展的现实需要。对新时代高校思想政治工作大格局构建的全面关注和深入研究,是从理论上正确回应现实问题和在实践中深入探索的重要方式,因其本身带有强烈的问题意识而具有理论价值和现实意义。

2. 新时代高校思想政治工作大格局构建促进人的自由全面发展

首先,新时代高校思想政治工作大格局构建有利于全面促进人的思想观念的现代化。从某种意义上说,现代化的实质是人的现代化。现代人格是人的现代化的组成部分,其内核是世界观、人生观和价值观的现代化。

新时代高校思想政治工作大格局构建，始终坚持中国共产党的全面领导，始终坚持马克思主义的全面指导。坚持对马克思主义理论的传播，加强对大学生的马克思主义理论教育，不断夯实大学生的理论基础，以强化大学生的思想认知，坚定大学生的理想信念。引导和帮助大学生全面学习习近平新时代中国特色社会主义思想，用最新的理论武装头脑。加强对中国化时代化马克思主义的理论阐释，向大学生广泛宣传中国式现代化理论体系，引导和帮助大学生坚定共产主义信仰、坚定对中国特色社会主义共同理想的信念，全面提高大学生的思想政治素质和科学文化素质，促进人的思想观念现代化，进而促进人的现代化。

其次，新时代高校思想政治工作大格局构建有利于坚定大学生的价值信仰。中国式现代化向纵深发展，带来了文化的交流互鉴，使得多元价值观和社会思潮涌进高校。高校是意识形态斗争的主要战场，多元价值观聚集于此，对新时代大学生的价值信仰产生深刻影响。引导大学生培育和践行社会主义核心价值观是一项系统工程，单个的人或机构无法独立完成。新时代高校思想政治工作大格局构建，有利于汇聚校内校外所有育人要素，形成全要素育人局面，对大学生进行全程、全方位的整体教育。通过对大学生进行社会主义核心价值观教育，使大学生对社会主义核心价值观产生科学认知，进而树立正确的价值观，帮助大学生规避错误价值观的侵蚀和影响，更加坚定共产主义信仰。

最后，新时代高校思想政治工作大格局构建有利于大学生主体性的发挥。新时代高校思想政治工作大格局构建，更加关注人的主体性，坚持以人为主体，以人为目的，以促进人的自由全面发展为最终价值指向。新时代高校思想政治工作大格局构建，作为一项庞大、复杂的教育工程，需要多元主体参与。其中，大学生既是最直接的利益相关者，也是重要参与者。新时代对大学生提出新要求，新时代高校思想政治工作大格局构建应结合新要求不断更新工作目标、教育内容、教育方式等。这些新的要素变化要求大学生积极适应，并发挥自身的主体性，主动对新时代高校思想政治工作大格局构建输出的新内容进行内化和外化，全面提升自己的综合素质，以适应新时代对大学生提出的新的发展要求。

（二）研究意义

1. 理论意义

首先，新时代高校思想政治工作大格局构建研究，是探寻和揭示新时代高校思想政治工作本质的客观需要。"格局"作为一种结构，是指客体内在的构成要素及其排列模式、相互作用的方式和运动机理。从本质上说，一切科学的研究，都是为了探索研究对象的内在结构。任何客体都有内在体系和结构。我们认识物质的存在方式、寻找物质的运动规律，从本质上说，都是探索客体内在结构的过程。在自然科学的研究中，要揭示研究对象的本质，都离不开对内在结构的研究。例如，原子物理学，研究原子的内在结构及内在规律运动；生物学，研究细胞的内在结构；等等。其都是通过探究客体的内在构成来研究其运动变化规律。新时代高校思想政治工作作为一种客观存在的社会意识活动，其目标结构、过程结构、内容结构具有客观实在性，我们只有从实际出发，揭示它的构成要素以及要素间的相互关系，才有可能全面认识新时代高校思想政治工作的内在本质。

其次，拓宽了新时代高校思想政治工作的研究范畴。本书把大格局概念引入高校思想政治工作中，并对大格局概念进行理论界定，对大格局概念的历史发展进行研究，在一定程度上，丰富了高校思想政治工作的研究范畴。在此基础上，研究高校思想政治工作大格局构建的内涵、特征、要素、理论基础、历史演变、现实依据，以及新时代高校思想政治工作大格局构建的应然样态、实然状态和路径选择。这不仅拓展了思想政治工作的理论空间，还推进了新时代思想政治工作基础理论的完善和发展。

最后，彰显了新时代高校思想政治工作理论的特点和优势。该研究揭示了新时代高校思想政治工作大格局构建需要解决的理论问题，如大格局构建的理论基础、大格局是什么、构建什么样的大格局、大格局怎么构建等；指出了新时代高校思想政治工作大格局构建的过程中出现的实践形态问题，如教育机制如何衔接、主体如何协同、空间场域如何共建、多维评价如何共融发展等问题。回答和解决这些问题，可能需要对此进行更为长远、更为扎实的理论研究和实践探索。但问题的明晰过程，也为理论的深化发展提供了可能性。

2. 实践意义

第一，新时代高校思想政治工作大格局构建有助于为国家治理体系和治理能力现代化培植主体。在推进国家治理体系和治理能力现代化过程中，新时代高校思想政治工作发挥着重要作用。新时代，推进国家治理体系和治理能力现代化对时代新人的全面发展提出更高要求。新时代高校思想政治工作大格局构建是塑造人的过程，在国家治理体系和治理能力现代化的背景下，培育合乎要求的实践主体自然是新时代高校思想政治工作大格局构建的使命。国家治理体系和治理能力现代化的实践主体就是担当民族复兴重任的时代新人。时代新人包含着基本素质、精神状态和时代责任等多重丰富意蕴。新时代高校思想政治工作大格局构建紧密围绕党的建设与国家治理体系和治理能力现代化的大局，从理论教育、政治教育、思想教育、道德教育等内容着手，通过理论灌输、主题教育、宣讲传播、日常学习、实践活动等形式，以"育心"的方式"育人"，通过形塑大学生的思想品质和精神品格，丰富人的精神世界，促进人的思想观念现代化，培养自由全面发展的实践主体，从而为国家治理体系和治理能力现代化培养现代化的治理主体。

第二，新时代高校思想政治工作大格局构建有助于推动新时代高校思想政治工作改革创新。当前，新时代高校思想政治工作合力育人存在一些问题，而观照现实、在实践中和问题中寻找答案、在创新创造过程中谋求发展，是新时代高校思想政治工作改革发展的职责所在。新时代高校思想政治工作大格局构建研究，围绕大格局构建的应然样态开展系统性研究。研究结论不仅有利于促进新时代高校思想政治工作大格局内部结构优化、功能优化，还有助于激发多元教育主体形成合力，打好"组合拳"，使校内校外教育资源充分联动，节约和减少教育成本，催生新的教育生产力，为教育增值赋能，推动新时代高校思想政治工作高质量发展。

第三，新时代高校思想政治工作大格局构建有利于维护我国意识形态安全。在新形势下，世界现代化和中国式现代化向纵深发展，世界现代化带来文化的交流互鉴，为世界各国文化的百花齐放创造条件。同时，西方国家意识形态与价值观的渗透，各种社会思潮的冲击，对我国高校意识形态安全构成一定程度的威胁。我国的高校是社会主义性质的高校，既承担着研究、传播和践行马克思主义的重要责任，也承担着对大学生进行社会主义核心价值观教育和培养时代新人的重要任务，高校因此而成为意识形态斗争的主要战场。新时代高校承担着维护我国意识形态安全的重要使命，要落实全员育人、推进全过程育人、进行全方位育人，以形成全要素协同育人的同心圆，促进新时代高校思想政治工作大格局构建在加强大学生的整体教育、构筑抵制错误意识形态的坚固屏障、维护高校意识形态安全、坚定大学生的科学信仰方面发挥重要作用。

二　研究现状与述评

高校思想政治工作大格局构建，一直受到党和国家的高度重视。学术界围绕新时代高校思想政治工作大格局构建的内涵特征、基础理论、存在的现实问题、路径进行全面研究，形成了丰富的成果和经验，为本研究奠定坚实的基础。

（一）国内研究现状

对于国内而言，对新时代高校思想政治工作大格局构建的相关研究主要集中于概念、存在问题和实施路径等方面。

1. 关于新时代高校思想政治工作大格局构建的概念研究

（1）关于格局的定义研究

关于格局的定义研究主要包括三个方面：一是将格局定义为结构和格式，二是把格局理解为组织和方式，三是把格局当作气度和胸怀等来使用。

一是关于把格局定义为结构和格式的研究。国内大多数学者把格局定义为结构和格式。其中，冯特君最早把格局意为结构来研究，他认为格局是一种结构、一种状态、一种局面。[①] 夏安凌认为，格局是指事物的结构或表现形态，或指事物的一种状态或态势。[②] 陈华洲、刘亭蔓认为，从静态意义上讲，格局是指结构和格式。[③] 可以说，"格"是指物体的空间或者

---

①　冯特君主编《当代世界政治经济与国际关系》，中国人民大学出版社，1988，第9页。

②　夏安凌：《"国际关系体系"和"国际关系格局"概念辨析》，《世界经济与政治》1992年第9期。

③　陈华洲、刘亭蔓：《新时代思想政治工作者大格局思维的核心要义、价值意蕴及培育路径》，《高校辅导员学刊》2023年第5期。

结构，也指物体的形式；"局"既可以理解为布局，也可以理解为分布，或是指用于摆放和安放事物的位置。余仰涛认为，格局表示结构，是指事物基本要素之间的联结与排列方式，由状态、关系、力和差异四要素组成，他从形状、存在的关系、协同力和矛盾四方面，阐释了结构的基本要素。①

二是关于把格局理解为组织、方式的研究。梁森、陆仁提出："格局是事物整体的各个部分之间的联系或者配置。"② 董大胜认为，格局是一种组织和管理方式。③

三是关于把格局定义为气度、胸怀的研究。成尚荣提出，格局是指人的气度和气势。④ 龙宝新从人格意义上去理解格局，他把格局理解为人格、气度或者胸怀，并指出格局体现了人们认知事物的广度和深度。⑤ 张立英从心理学角度对格局进行分析，认为格局是人的胆识、眼光、眼界、胸襟等要素的内在结构，表现为一个人对时空变化和形势变化的判断和认知程度。⑥ 尚明瑞从现实生活中凝练了对格局的认识和看法，他认为，"格"体现了一个人对事物认知的高度和广度，"局"是指所做事情的结果，格局是指在整体谋划工作的过程中体现出来的情怀与眼界。⑦ 可以看出，国内不少学者把格局视为胸怀和气度，为本书界定格局的定义提供直接借鉴意义。

（2）关于大格局的定义研究

国内学者关于大格局的定义研究主要以"全局高度，远大愿景、远大志向、远大担当，大视野、大思维、大结构"等含义呈现出来。吴丹婷认为大格局指远大的愿景。⑧ 孙彩平、周亚文认为大格局人格包含超越"小我"的远大志向、以公共福祉为落点的责任担当，以及将普遍善优先于特

---

① 余仰涛：《思想政治工作学研究方法论》，武汉大学出版社，2006，第 108 页。
② 梁森、陆仁：《关于体系、格局、秩序概念的界定》，《国际政治研究》1991 年第 2 期。
③ 董大胜：《财政审计大格局思考》，《审计研究》2010 年第 5 期。
④ 成尚荣：《视野、格局与格调：教师发展的另一论域》，《人民教育》2019 年第 20 期。
⑤ 龙宝新：《教育格局：论中国基础教育改革的格局意识——从"任正非之问"说起》，《中国教育学刊》2020 年第 12 期。
⑥ 张立英：《立足时空观念 树大格局视野》，《贵州教育》2019 年第 2 期。
⑦ 尚明瑞：《高校思想政治教育集成创新研究》，博士学位论文，兰州大学，2021，第 192 页。
⑧ 吴丹婷：《〈新加坡建国之路：小红点，大格局〉解读》，《城市交通》2021 年第 2 期。

殊利益的价值立场。①

　　关于把大格局定义为全局、整体、系统的观点。刘兴平认为，大思政格局是指在整体思维和系统理念指导下，多元育人要素在特定的活动过程中合力育人形成的大格局，他既把大格局当作整体，又把大格局当作系统思维进行定义，扩宽了大格局的外延。② 孙其昂认为，"大思政"格局是指高校思想政治工作的体制、机制、布局及运行形态，具有整体性意义，事关思想政治工作的全局和战略发展。③ 彭丽丽提出："大格局即工作运行的方方面面。"④ 陈睿、许蓓蕾从主体角度论述了"全员育人"大格局，并提出高校学生思想政治教育工作不只是辅导员、学生工作部门一家的工作。班导师（班主任）、专业教师、学生家长、学生骨干、行政管理人员等，也应该是育人的重要力量，应在他们工作的领域，在合适的育人时间节点发挥育人作用。⑤

　　关于把大格局定义为大结构、大局面、大观念的观点。当前学术界对新时代高校思想政治工作大格局的定义分为以下几种。一是大结构观。张国启、邓信良提出："思想政治工作大格局体现为一种以时代新人培养为目标的工作结构。"⑥ 这里的大格局是一种大结构，一种以育人为目的的整体结构。郭晶认为，新时代思想政治工作大格局是围绕思想政治工作一系列问题提出的整体宏观架构，着力形成全要素协同、全方位推进、全领域覆盖和全过程贯彻的整体局面。⑦ 二是合力观。杨增崟认为，思想政治工作大格局是思想政治工作在不同领域、不同部门、不同阶段之间同频共振和有效衔接而形成的整体合力。⑧

① 孙彩平、周亚文：《培养有大格局人格的新时代儿童》，《人民教育》2023 年第 2 期。
② 刘兴平：《高校"大思政"格局的理论定位与实践建构》，《思想教育研究》2018 年第 4 期。
③ 孙其昂：《推进高校构建"大思政"格局》，《群众》2018 年第 9 期。
④ 彭丽丽：《高校思想政治工作大格局及其构建路径研究》，硕士学位论文，长安大学，2019，第 9 页。
⑤ 陈睿、许蓓蕾：《"全员育人"大格局下各育人角色的定位及互动关系——以辅导员为视角》，《文教资料》2020 年第 4 期。
⑥ 张国启、邓信良：《新时代构建思想政治工作大格局的实践理路》，《思想理论教育》2022 年第 2 期。
⑦ 郭晶：《构建新时代思想政治工作大格局》，《思想教育研究》2022 年第 3 期。
⑧ 杨增崟：《构建共同推进思想政治工作大格局的科学蕴意》，《中国青年社会科学》2021 年第 6 期。

（3）关于新时代高校思想政治工作大格局的定义研究

第一，国内学者认为，高校思想政治工作大格局主要指大使命、宏观的整体育人局面、全育人的整体合力等。孟东方、陈沉认为，高校"大思政"工作格局的框架设计，内在地包含"目标导向""要素齐备""多维运行""双向互动""成效评估"五个子系统，其相互嵌合、协同运转，共同构成系统运行的逻辑闭环。① 刘兴平提出，"大思政"格局，既是一个思想政治教育主体及其实践的综合形象表达，也是高校思想政治教育生态的具体表现。② 刘建军提出，所谓"育人格局"，简单地说就是育人渠道的合称，是由多条工作途径构成的工作布局。③ 郭晶认为，新时代思想政治工作大格局，是指围绕思想政治工作指导思想、功能定位、根本任务、方针原则、基本要求、管理体制、工作内容、方法途径等一系列问题提出的整体宏观架构，着力形成全要素协同、全方位推进、全领域覆盖和全过程贯彻的整体局面。④ 张国启、邓信良认为，新时代构建思想政治工作大格局，旨在构建一种以培养时代新人为目标的工作结构、以强化主体责任为价值导向的运行机制和以完善体制机制为基本抓手的工作体系。⑤ 第二，国内学者认为，新时代高校思想政治工作大格局要展现大视野、大胸怀与大担当。成尚荣认为，教师专业发展应当有大视野，形成大格局。⑥ 叶方兴认为，新时代的思政课需要着眼于"大"，向更大的视野、格局、空间、愿景拓展。⑦ 第三，国内学者认为，新时代高校思想政治工作大格局指全部育人要素整体协同、全领域辐射、全方位总体推进、全过程贯彻的结构。王瑞认为，构建全课程育人的高校思想政治教育大格局，即构建以思想政治理论课为核心、以通识课和专业课为拓展的"一体两

① 孟东方、陈沉：《构建高校"大思政"工作格局的探索》，《思想理论教育导刊》2024年第11期。
② 刘兴平：《高校"大思政"格局的理论定位与实践建构》，《思想教育研究》2018年第4期。
③ 刘建军：《论高校思想政治工作的育人格局》，《思想理论教育》2017年第3期。
④ 郭晶：《构建新时代思想政治工作大格局》，《思想教育研究》2022年第3期。
⑤ 张国启、邓信良：《新时代构建思想政治工作大格局的实践理路》，《思想理论教育》2022年第2期。
⑥ 成尚荣：《教师专业发展应有大视野与大格局》，《中小学管理》2013年第12期。
⑦ 叶方兴：《大思政课：推动思想政治理论课的社会延展》，《思想理论教育》2021年第10期。

翼"课程体系，使各类课程共同发挥思想政治教育功能。[①] 总体而言，新时代高校思想政治工作大格局是思想政治工作的整体性、系统化、协同化育人结构，内含体制机制、教育主体、设施、阵地和评价考核体系等要素。

2. 关于新时代高校思想政治工作大格局构建的理论基础研究

（1）关于新时代高校思想政治工作大格局构建的系统理论基础研究

朴昌根编著的《系统科学论》从系统科学的体系、地位、结构功能，系统的分类、性质、进化、方法、工程等方面进行研究，[②] 为系统论在我国的发展奠定基础。魏宏森、曾国屏的《系统论——系统科学哲学》在对系统科学的发展进行溯源的基础上，提出了系统的整体性、层次性、开放性、突变性、目的性、稳定性、自组织、相似性等基本原理，充分论述了系统的结构功能、信息反馈、竞争协同、涨落有序、优化演化规律。[③] 沈禄赓编著的《系统科学概要》提出用模糊学处理精确以外的所有不精确的对象。[④] 高校思想政治工作大格局构建本质上是做人的工作，是对人的思想、观念进行教育的科学，做不到如同医学、科技那么精确，这为论证新时代高校思想政治工作大格局构建过程中运用多种评价方法提供理论支撑。陈忠、盛毅华编著的《现代系统科学学》既提出了系统具有整体性、稳定性、控制性、主动性、复杂性等特点，也提出了系统的功能以及系统的模式等。[⑤] 乌杰的《系统哲学》从朴素的整体思想，从机械的、辩证的、定量化的系统思想等方面，阐述系统哲学的历史发展；从系统、过程、时空三个维度研究物质世界的系统性；从自组织涌现、层次转化、结构功能、整体涌现和差异协同等方面深入揭示系统哲学的基本规律；并对系统哲学的范畴、认识论、方法论以及系统哲学的实践进行整体研究。[⑥] 姜璐的《钱学森论系统科学》（讲话篇）深入阐释和研究钱学森的社会系统学、

---

① 王瑞：《构建全课程育人的高校思想政治教育大格局》，《思想理论教育导刊》2019年第3期。

② 朴昌根编著《系统科学论》，陕西科学技术出版社，1988。

③ 魏宏森、曾国屏：《系统论——系统科学哲学》，清华大学出版社，1995。

④ 沈禄赓编著《系统科学概要》，北京广播学院出版社，2000。

⑤ 陈忠、盛毅华编著《现代系统科学学》，上海科学技术文献出版社，2005。

⑥ 乌杰：《系统哲学》，人民出版社，2013。

知识工程以及综合集成的方法等。① 乌杰的《系统哲学基本原理》对西方的系统哲学、中国的系统哲学进行深入研究，并从系统的概念和理论、自组织系统理论、混沌现象及其理论、信息系统、系统控制学、系统事理学、系统运筹学、耗散结构理论等对系统科学进行了比较翔实的探讨。② 吴金闪的《系统科学导引》（第Ⅰ卷：系统科学概论）充分论述了系统科学的目标、思想和定位，整体论、还原论及其相互作用，并对系统的普适性、涌现、线性与非线性、演化博弈等进行深入探究。③ 周绪红主编的《结构稳定理论》从土木工程的角度论述了结构稳定的特点、结构稳定计算的能量法、轴心受压构件的整体稳定等，全面阐述了结构稳定理论。④ 苗东升的《钱学森系统科学思想研究》探讨了钱学森系统科学的思想来源、形成发展过程和体系结构。⑤ 国内学者对系统、系统哲学的全面研究，为本研究奠定了专业理论基础，为高校思想政治工作大格局的科学构建奠定了理论基础和提供了方法论指导。

（2）关于新时代高校思想政治工作大格局构建的内部结构研究

《思想教育系统工程学》将思想教育作为一个庞大的系统进行研究，对思想教育的特点、结构、功能、规律、原则、方法等进行深入探索。⑥《思想关系学——思想政治工作原理》探讨了思想关系结构的含义和分类，提出了思想关系的时空结构、向式结构等概念。⑦ 在《思想政治教育学原理》一书中，作者系统论述了思想政治教育过程的"三体一要素"的横向综合结构，以及思想政治教育连续性与阶段性的纵向综合结构。⑧《现代思想政治教育学》从要素、功能、目标结构、内容结构等方面，集中论述了思想政治教育的内在构成。⑨《思想政治教育有效性研究》论述了思想政治

---

① 姜璐编《钱学森论系统科学》（讲话篇），科学出版社，2022。
② 乌杰主编《系统哲学基本原理》，人民出版社，2014。
③ 吴金闪：《系统科学导引》（第Ⅰ卷：系统科学概论），科学出版社，2018。
④ 周绪红主编《结构稳定理论》，高等教育出版社，2022。
⑤ 苗东升：《钱学森系统科学思想研究》，科学出版社，2012。
⑥ 田曼琦、白凯：《思想教育系统工程学》，人民出版社，1989。
⑦ 余仰涛：《思想关系学——思想政治工作原理》，武汉测绘科技大学出版社，2000。
⑧ 陈秉公：《思想政治教育学原理》，高等教育出版社，2006。
⑨ 张耀灿等：《现代思想政治教育学》，人民出版社，2006。

教育的要素效能问题、结构匹配问题和合力构成问题。① 《思想政治教育系统论》运用系统的理论与方法对思想政治教育的目标、内容、结构、功能、环境等进行深入研究。② 《大学生思想政治教育整体有效性问题研究》从大学生思想政治素质的整体性及内在结构、大学生思想政治教育功能的整体建构等方面，全面论述了大学生思想政治教育有效性模式建构问题。③ 《思想政治教育整体性的问题域和方法论》从整体性层面对思想政治教育的内容、方法、机制、特点和规律进行全面研究，使思想政治教育的科学性、历史性和实践性有机统一。④ 《思想政治理论课整体性教学研究》以培养集体主义品质、爱国主义情感、马克思主义理论思维、中国特色社会主义信念为目的，在厘清四门思想政治理论课的内在逻辑关系的基础上，对思想政治理论课的整体教学进行研究。⑤ 《思想政治教育现代转型研究》对思想政治教育现代转型的结构要件进行研究，认为系统包括要素、结构和功能。⑥ 《思想政治教育学科范式简论》从学科内在结构和要素进行论述，研究了思想政治教育学科结构的整体样态。⑦ 此外，《整体构建德育体系总论》《思想政治工作模式构建与应用》《思想政治教育内容结构论》《思想政治教育先在结构研究》《社会视野中的思想政治教育系统研究》《新时代高校思想政治教育学原理》《新编思想政治教育学原理》《思想政治教育贯通论》等著作，也为新时代高校思想政治工作大格局构建研究奠定坚实基础。

新时代高校思想政治教育大格局构建相关研究取得的丰硕成果，从不同层面研究了思想政治教育的整体性、系统性，从理论、内容、目标、大学生思想政治素质方面探讨了思想政治教育的系统、结构和功能整体构建，为切实有效地提高高校思想政治教育效果提供了丰富的思想资料，为新时代高校思想政治工作大格局构建提供坚实的理论基础。但这些论著

① 沈壮海：《思想政治教育有效性研究》，武汉大学出版社，2008。
② 姜玲玲：《思想政治教育系统论》，合肥工业大学出版社，2012。
③ 闵永新：《大学生思想政治教育整体有效性问题研究》，中国社会科学出版社，2012。
④ 倪娜：《思想政治教育整体性的问题域和方法论》，吉林人民出版社，2013。
⑤ 沈大光、张高臣主编《思想政治理论课整体性教学研究》，山东大学出版社，2014。
⑥ 孙其昂等：《思想政治教育现代转型研究》，学习出版社，2015。
⑦ 张耀灿、钱广荣等：《思想政治教育学科范式简论》，安徽师范大学出版社，2018。

中，没有形成思想政治教育系统的方法体系，对思想政治教育实践模式整体构建的研究和论述较少，思想政治教育强烈的实践取向有待凸显。

3. 关于新时代高校思想政治工作大格局构建存在的问题研究

一是体制机制共建不足的问题。张艳国、凌日飞在对"三全育人"研究的过程中，总结了当下高校思想政治工作存在合力育人的体制机制不够健全、德与学有效衔接不够、大格局构建全覆盖与大格局精准发力相结合不够等问题，指出了学校各个组织、各个部门之间的沟通、协调、管理存在缝隙、存在真空现象。① 章忠民、李兰认为，高校育人工作存在思想政治教育与专业学习割裂的现象。② 张茂一从显性教育与隐性教育相统一的角度提出，当前思想政治教育育人过程出现教育主体各自为政，教育阶段虚化、弱化，教育介体"开发不足"，教育环体"信息脱节"等问题。③ 冯培认为，当下构建高校思想政治工作格局存在"共享"不足、"从严"不够的问题。④ 杨晓慧指出，协同育人不够充分是制约思政课实效的最大因素，并对主阵地与主渠道协同存在的问题，思政课程与课程思政协同存在的问题，以及大中小学思政课协同存在的问题进行深入分析。⑤ 肖薇薇提出："高校思想政治工作系统内部没有实现有机协同、有效协同和科学协同。"⑥ 总体而言，关于体制机制共建方面的问题，国内学者认为新时代高校思想政治工作大格局构建，存在育人合力机制建设不充分、沟通机制有待升级、管理体制需要优化等问题。

二是资源整合不够的问题。龚艳、闫丽娟认为，专业教师与学工部门、管理部门等沟通交流不够，未能很好地整合教育资源，没有发挥各方

---

① 张艳国、凌日飞：《论新时代高校思想政治教育铸魂育人的理论意蕴与实践路径——学习习近平关于高校思想政治教育的重要论述》，《社会主义研究》2019年第4期。
② 章忠民、李兰：《从思政课程向课程思政拓展的内在意涵与实践路径》，《思想理论教育》2020年第11期。
③ 张茂一：《显性教育与隐性教育相统一：构建思政"金课"的大格局》，《现代教育科学》2019年第7期。
④ 冯培：《把握高校思想政治教育同向同行格局的思考》，《思想教育研究》2017年第10期。
⑤ 杨晓慧：《加强高校党委在思想政治工作中的顶层设计》，《思想理论教育》2017年第3期。
⑥ 肖薇薇：《高校思想政治工作协同机制研究》，博士学位论文，华中师范大学，2017，第66页。

资源的育人作用。① 杨维东、李兰认为，高校思想政治教育工作存在互通有无渠道不畅通、资源利用效能低等问题。② 刘慧认为，我国当前高校思想政治教育资源的开发和运用方式，未能深入考察研究每一种资源的构成要素及多种资源的协同作用等，有可能造成资源的利用率较低等问题。③

三是主体合力分散的问题。娄淑华、马超认为，专业课程教师的课程思政意识比较淡薄，综合融入思政内容、话语、方法、资源的能力还略显不足。④ 林媛媛等认为，课程思政与思政课程教师之间的交流不够，导致育人目标存在割裂现象。⑤ 董秀娜等认为，新时代高校思想政治工作存在部分专业课教师对思想政治教育的职责认识不够明确、不够深刻，粗浅地认为思想政治工作是思政课教师、辅导员、班主任以及党务工作者的责任的问题，因此，在开展专业课的过程中，不能将课堂教学和大学生的思想政治教育融合起来，一定程度上存在教书与育人脱节的现象。⑥

综合以上研究发现，国内学者主要从体制机制共建、教育内容融合和主体融合等角度探讨了当前"大思政"格局构建出现的问题。体制机制方面主要体现为体制机制不健全、执行力度不够等。内容融合方面主要体现在思政课程与课程思政内容衔接、融合不够。主体融合方面主要体现为主体认识不足，协作理念不强，共享意识较差等。总的来看，这些研究为本论题提供丰富的材料参考，但是如何在尊重学科边界基础上进行深层次研究还有待加强。

4. 关于新时代高校思想政治工作大格局构建的路径研究

一是关于高校多元主体协同的研究。金昕认为，主体协同需要明确协

① 龚艳、闫丽娟：《"大思政"格局下思政教育协同创新机制探索》，载于《天津市社会科学界第十五届学术年会优秀论文集》，2020，第 717 页。

② 杨维东、李兰：《高校思想政治教育资源整合理论研究》，《中国高等教育》2018 年第 21 期。

③ 刘慧：《供给侧视角下高校思想政治教育资源整合探析》，《学校党建与思想教育》2017 年第 18 期。

④ 娄淑华、马超：《新时代课程思政建设的焦点目标、难点问题及着力方向》，《新疆师范大学学报》（哲学社会科学版）2021 年第 5 期。

⑤ 林媛媛、马旭、吕金泽：《高校"大思政"教育生态的基本要素与结构功能研究》，《黑龙江高教研究》2020 年第 7 期。

⑥ 董秀娜、李洪波：《高校"三全育人"协同机制构建研究》，《思想教育研究》2020 年第 8 期。

同职责、激活内生动力、强化能力素养、提供发展路径，把关注点和着力点往协同合作上聚，打破固有的条块分割，探索定位明晰、职责互补的联动模式。① 沈壮海、李佳俊认为，要广泛激活育人主体，特别是专任教师这个群体，使育人主体深入了解各自的育人职责，提升育人能力，将教职员工的优势交叉融通。② 李伟认为，完善高校思想政治工作体系，要着力抓好主体结构优化和队伍素质提升。③

二是关于思政课程与课程思政的协同建设研究。王瑞认为，要不断加强对教学管理的统筹设计，继续强化思想政治理论课的主导作用，不断发挥专业课程和通识课的思政育人功能，形成整体合力，充分挖掘课程的育人资源和发挥课程的育人作用。④ 石书臣认为，高校各门课程都具有显性或者隐性的育人功能，要充分发挥课程的育人作用。各门课程必须坚持与思政课同向同行，不仅要坚持正确的政治方向，还要充分发挥各自的思想政治教育作用。各门课程不仅要有思政育人的意识，还要树立课程育人理念，承担起每门课程的思想政治教育任务。⑤ 刘东燕认为，全员育人的思想政治教育格局，不仅要继续坚持和推进思想政治理论课改革创新，继续深化思想政治理论课的主渠道作用，还要做好各门课教师的思想政治工作，全面提高教师的综合素养，打破思想政治理论课与其他课程之间的藩篱，使思想政治教育从课堂延伸到课外，从校内扩展到校外，充分发挥校内校外资源的育人功能。⑥

三是关于体制机制共建的研究。倪炜认为，积极构建协同育人机制，推动学校、家庭和社会形成育人工作的协同保障；建立科学的测评体系，

① 金昕：《新时代高校思想政治工作体系有效协同论析》，《思想理论教育导刊》2021年第6期。

② 沈壮海、李佳俊：《论新时代高校思想政治工作体系的构建》，《思想理论教育》2019年第12期。

③ 李伟：《完善新时代高校思想政治工作体系构建的价值意义与重点内容》，《学校党建与思想教育》2023年第1期。

④ 王瑞：《构建全课程育人的高校思想政治教育大格局》，《思想理论教育导刊》2019年第3期。

⑤ 石书臣：《同向同行：高校思想政治教育协同创新的课程着力点》，《思想理论教育》2017年第7期。

⑥ 刘东燕：《构建全员育人的思想政治教育格局》，《中国高等教育》2018年第3期。

完善过程评价和结果评价相结合的实施机制。① 邱国良呈现了矩阵式定位模型的高校"大思政"育人格局，绘制了育人格局的可视化模型，还提出加强"大思政"育人格局的体制机制构建，要加强管理，进行职责划分，形成职责分明的体制机制。② 李强提出，思想政治工作大格局的构建，需要党委进行顶层设计，构建各个部门协调配合的融通机制、上下衔接机制和沟通机制。③

四是关于主体合力育人的研究。张健认为，高校思想政治工作队伍之间的协同，是专职思想政治工作队伍与高校其他专业课教师、行政管理部门乃至后勤保障部门之间的协同，各个主体都承担着主流价值观培育的责任。④ 陈玲从学校、学院和各部门的职能分配入手，对高校"三全育人"格局展开论述。她认为学校在"三全育人"体系中发挥主导作用，要做好对"三全育人"的统筹设计。学院依托其学科属性和专业属性，成为落实"三全育人"的主体，各个部门各自承担的职能不同，需要进行协作，形成功能互补的育人格局。⑤ 徐岩、周旋认为，个体的内部协同是高校思想政治工作主体协同的关键与核心，各主体只有将自身知识、情感、行动等各方面协同起来，才能呈现出积极主动的状态。⑥

五是关于教育空间共建的研究。侯勇、孙然认为，大学生思想政治教育系统整合需要根据实际需要整合文化资源、空间要素，加强网络媒介空间整合，统筹校内外、课内外、线上线下的力量，将朋辈群体、家庭、学校、媒体和社区广泛组织起来。⑦ 闫玉、黄成佳认为，学校的课程、文化、管理、科研等平台都具有丰富的育人功能，党委要高度重视这些平台的合力育人效果，激发各个平台的育人责任意识，将各个平台紧密联系起

① 倪炜：《新时代高校思想政治工作体系的内在逻辑与构建》，《思想理论教育》2021 年第 3 期。
② 邱国良：《基于矩阵式定位模型的高校"大思政"育人格局的构建》，《中国高等教育》2019 年第 5 期。
③ 李强：《"五个一"工程构建思政大格局》，《思想政治工作研究》2017 年第 12 期。
④ 张健：《着力构建高校思想政治工作协同机制》，《人民论坛》2020 年第 30 期。
⑤ 陈玲：《"三全育人"协同创新组织的建构》，《学校党建与思想教育》2021 年第 4 期。
⑥ 徐岩、周旋：《以主体协同提升高校思政工作实效》，《人民论坛》2019 年第 9 期。
⑦ 侯勇、孙然：《高校思想政治教育空间整合：目标、力量与机制》，《思想教育研究》2018 年第 3 期。

来，形成多元平台整体联动育人局面。① 沈壮海、史君认为，信息技术扩展了思想政治教育的新空间，推动信息技术与思想政治教育相融合，因此，需要做好融合的宏观规划、把握融合的一般规律以及探索融合的话语转换。②

（二）国外研究现状

通过查阅文献发现，国外没有直接关于新时代高校思想政治工作大格局构建方面的研究，但是国外学者关于系统、结构、高校治理、公民德育衔接教育、德育协同教育等方面的研究，有着丰富的成果，可为本研究提供参考和借鉴。

1. 关于大格局构建的相关理论基础研究

一是关于系统控制理论的研究。冯·贝塔朗菲点明了一般系统论的主旨，他认为包括社会科学和自然科学在内的各个不同的学科都有走向综合的共同优势。③ 欧文·拉兹洛认为系统是一个整体，具有系统整体功能，整体功能是内部要素子系统的功能的总和，充分论述了输入与输出的整体关联系统，并论证了系统的动态性、整体性和开放性。④ 欧文对系统控制论的充分论述，为新时代高校思想政治工作大格局构建提供理论借鉴。

二是关于结构的特点研究。特伦斯·霍克斯认为，结构具有整体性。他指出："所谓的整体性是内在的连贯性，结构的组成部分受一整套内在规律的支配。"⑤ 皮亚杰提出："结构包括了三个特性：整体性、转换性和自身调整性。"⑥ 贝塔朗菲认为，系统既是时间的整体，也是空间的整体。学者们对结构的特点进行深入研究，为研究新时代高校思想政治工作大格局的内涵特征提供参考。

① 闫玉、黄成佳：《协同效应下高校思想政治教育联动模式》，《思想理论教育导刊》2018年第 7 期。
② 沈壮海、史君：《推动思想政治教育与信息技术的高度融合》，《国家教育行政学院学报》2017 年第 1 期。
③ 〔美〕冯·贝塔朗菲：《一般系统论：基础、发展和应用》，林康义等译，清华大学出版社，1987，第 35 页。
④ 〔美〕欧文·拉兹洛：《系统哲学引论：一种当代思想的新范式》，钱兆华等译，商务印书馆，1998，第 50 页。
⑤ 〔英〕特伦斯·霍克斯：《结构主义和符号学》，瞿铁鹏译，上海译文出版社，1997，第 7 页。
⑥ 〔瑞士〕皮亚杰：《结构主义》，倪连生、王琳译，商务印书馆，1984，第 3 页。

三是系统的特点研究。系统具有控制稳定性。欧文·拉兹洛认为，"各种系统中的'控制稳定性'——那就是说，通过系统内部变量的对等变换补偿环境中条件变化的自动调节力"①。哈肯认为，系统具有自组织性。他提出："没有外界的特定干预，我们便说系统是自组织的。"② 贝塔朗菲认为，系统不仅具有自调节性，还具有目的性、果决性、异因同果性等。③ 安东尼·吉登斯认为，"结构同时存在着制约性与使动性"④。

四是关于系统与环境的关系研究。欧文·拉兹洛认为，系统通过与外部交换，促进系统更新与优化。他提出："通过周期地、持续地和其环境进行能量或信息交换，这些过程能使有序整体系统保持一定的模式，并促使模式进化。"⑤ 新时代高校思想政治工作大格局是一个开放的系统，具有同外部环境进行交换的特性，通过与外部环境交换，促进与外部环境的融通，使新的要素融入系统，促进系统的自我更新和自我优化，以达到教育平衡。欧文对系统控制的稳定性进行深入论述，为新时代高校思想政治工作大格局构建确立共同的目标、确保正确的教育方向、促进内部结构的稳定提供理论参考。

五是关于多元主体的协同研究。协同可以理解为协调与合作。哈肯认为："许许多多的个别部分几乎总以一种富有意义的方式协同行动。"⑥ 例如，细胞的受控，商业公司的集体行为，都是一种协同行为。协同存在于一切社会生活中。世界上的任何事物都是一个系统，系统也是各个要素、各个子系统相互协同的整体结构。

2. 关于高校整体治理的研究

英国研究高等教育治理的学者迈克尔·夏托克认为，高校管理是全面

① 〔美〕欧文·拉兹洛：《系统哲学引论：一种当代思想的新范式》，钱兆华等译，商务印书馆，1998，第54页。
② 〔德〕哈肯：《信息与自组织：复杂系统的宏观方法》，郭治安译，四川教育出版社，2010，第18页。
③ 〔美〕冯·贝塔朗菲：《一般系统论：基础、发展和应用》，林康义等译，清华大学出版社，1987，第122~123页。
④ 〔英〕安东尼·吉登斯：《社会的构成：结构化理论大纲》，李康、李猛译，生活·读书·新知三联书店，1998，第89~90页。
⑤ 〔美〕欧文·拉兹洛：《系统哲学引论：一种当代思想的新范式》，钱兆华等译，商务印书馆，1998，第52页。
⑥ 〔德〕哈肯：《协同学：大自然构成的奥秘》，凌复华译，上海译文出版社，2001，第1页。

整合的过程，高校整体治理应该简化中间管理层，减少多层管理，提升协同育人效率。① 美国学者厄内斯特·博耶提出，大学管理的整体性是大学成功的关键，通过整合把各个子系统的功能凝聚起来，形成强大合力，集中实现大学的整体教育功能。他认为："通过把各自独立的各个部分组合在一起，大学生活就可以产生比各个部分的总和更大的成就。"② 美国、英国、法国学者等认为高校治理是一个整体，各个部门都是治理主体，一个弱项会影响其他功能的发挥。因此，要整体提升高校治理各个子系统的质量和水平。

3. 关于高校德育衔接教育研究

美国公民教育的内容大体上是统一的，公民教育是阶段性与全程性的有机结合，课程设置呈现循序渐进的发展方式。课程设置遵循学生的心理发展特点和认知特点，符合学生的成长规律。课程内容的设置在整体要求的基础上层次性递进，不同学段设置不同的教学内容。这为新时代高校思想政治工作大格局构建内容的设置提供了宝贵借鉴。

4. 关于德育协同教育研究

帕克·帕尔默认为，好的老师具有联合能力，他们能够将自己、所教学科和他们的学生编织成复杂的联系网，以便学生能够学会去编织一个他们自己的世界。③ 公民教育需要学校教育与家庭教育互为补充，道德教育需要家庭、社会的参与。无论是法国、英国还是美国，公民德育教育都是各个国家教育的重点。家庭、社会、学校等育人主体形成育人合力，推动公民德育教育的全面开展。国外关于合力教育的成功经验，为新时代高校思想政治工作大格局构建提供经验借鉴。

（三）国内外研究述评

国内外学者对新时代高校思想政治工作大格局构建的相关问题进行了初步研究，形成了相对成熟的研究成果，为本书的研究奠定基础。

---

① 〔英〕迈克尔·夏托克：《成功大学的管理之道》，范怡红主译，北京大学出版社，2006，第 195 页。
② 〔美〕厄内斯特·博耶：《大学：美国大学生的就读经验》，徐芃、李长兰、丁申桃译，北京师范大学出版社，1993，第 7 页。
③ 〔美〕帕克·帕尔默：《教学勇气：漫步教师心灵》，吴国珍等译，华东师范大学出版社，2014，第 3 页。

国外学者主要对系统的功能、特点，结构的功能、特点，系统与环境的关系等基础理论进行深入研究，为新时代高校思想政治工作大格局构建提供理论参考和借鉴。其中，系统的自组织性、自我调节性、整体性以及异因同果性等特性，为确立新时代"共同但有差序"的大格局提供借鉴。国外学者关于高校整体治理、高校衔接教育、协同育人等的研究，为解决新时代高校思想政治工作大格局有效运行问题提供方法借鉴。

国内学者针对格局的定义、大格局的定义以及高校思想政治工作大格局的定义，高校思想政治工作大格局构建的系统理论基础、内部结构，大格局运行过程中存在的问题以及大格局构建的基本路径进行研究，形成了较为丰富的研究成果，为新时代高校思想政治工作大格局构建奠定前期基础。新时代，无论是专门对大格局构建进行研究的学者还是普通的思想政治教育工作者，对"三全育人"、"十大"育人体系、思想政治工作大格局都有了深刻认识。高校思想政治工作大格局构建，在理论上形成了相对成熟的理论体系，在实践上形成了相对完善的实践育人方法，为新时代高校思想政治工作大格局构建提供了理论借鉴和实践参考。

新时代高校思想政治工作大格局构建是一项复杂的系统工程，需要多元要素、多元主体、各方教育平台、多种教育空间的协同与配合，多维评价方法、多元评价主体的协同与整合。这深刻反映了系统建设的整体性与交互性。当前，教育空间共筑、体制机制共建、多维评价方式共融、多元主体协同等方面依然存在问题，在很大程度上影响着新时代高校思想政治工作大格局构建的成效与质量。同时，新时代高校思想政治工作大格局构建的内部要素的协同不够，内部结构排列组合不够科学，导致新时代高校思想政治工作大格局整体功能发挥不够彻底。从学术研究成果来看，国内学者对思想政治工作大格局、高校思想政治工作大格局构建的研究不够深入，存在对格局、大格局相关概念界定不够清晰，对新时代高校思想政治工作大格局及其构建的概念阐释缺乏系统性研究，对大格局构建的特征缺乏深入探讨等问题。高校思想政治教育大格局构建的相关研究存在三方面的不足。一是新时代高校思想政治工作大格局的内涵与外延界定不够清晰，要素内部逻辑关系与发展规律有待深入研究。二是学者侧重思政课程与课程思政的内容融合，缺乏对学科边界及融合背后规律的探讨。三是研究视域缺乏从宏观结构与管理体系的角度进行系统性和整体性分析。

　　理论研究的不断深入，就需要及时补充和完善大格局构建的内部要素，不断优化内部结构，不断强化大格局的整体功能，推进大格局构建，这样才能促进大格局构建从理论走向实践，使理论在实践中得以充分检验。新时代高校思想政治工作大格局是在"思政课程""课程思政""学科思政""思政实践"分工基础上构建的，是新时代背景下催生的新的生产方式。本论题基于前人的研究成果，以马克思主义理论为指导，充分借鉴系统论、耗散结构理论、差序格局理论、利益相关者理论，在遵循相关规律的基础上，对大格局的定义进行拓展与研究，界定相关概念，在对大格局的提出过程以及对新时代高校思想政治工作大格局的基本特征进行总结梳理的基础上，对新时代高校思想政治工作格局构建存在的问题和原因进行深入分析，坚持两点论与重点论的分析方法，在明晰问题和原因的基础上，探究构建的着力点，抓住构建的重点与难点，着力构建全要素协同育人、全程跟踪教育、全方位贯彻的"共同但有差序"的大格局。这个大格局基于共同的价值目标，不同教育主体承担有差序的思想政治教育任务，在尊重系统差异、主体性差异的基础上，探究多元主体、体制机制、阵地建设、考核评价等要素共享、共建、共融、共发力的途径，推动构建有效运行的新时代高校思想政治工作大格局。

三　研究思路与方法

（一）研究思路

　　新时代高校思想政治工作大格局构建，坚持以马克思主义理论为基础，以系统论、耗散结构理论为借鉴，以相关规律为依据，在廓清大格局概念的科学内涵和主要特点的基础上，分析新时代高校思想政治工作大格局构建的历史依据和现实依据，并以此为基础，提出以"共同但有差序"格局为理论构型构建新时代高校思想政治工作大格局。在对新时代高校思想政治工作大格局构建进行现实考察后，分析和总结影响新时代高校思想政治工作大格局构建的问题及原因，阐明新时代高校思想政治工作大格局构建的着力点和路径。本书主线按照大格局是什么（概念阐释）——大格局构建的理论依据、现实依据和历史依据是什么（内在依据）——构建什么样的大格局（应然样态）——现在的大格局构建怎么样（实然样态）——如何构建大格局（实施路径）的逻辑框架展开，将新时代高校思想政治工作的全要素与社会环境系统协同推动贯穿整个研究当中，形成立体化的研究体系，助力推进新时代高校思想政治工作大格局构建（见图0-1）。

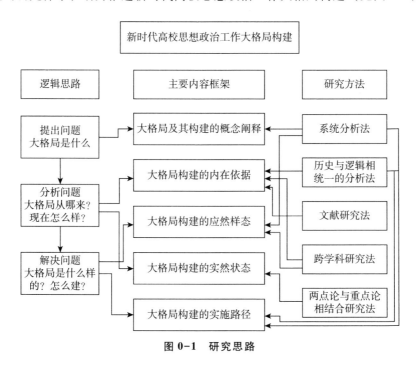

图 0-1　研究思路

（二）研究方法

第一，系统分析法。系统分析法，以优化整个系统为目标，对系统的各个部分进行定性和定量分析，为决策者提供必要的信息和数据，以便直接判断和决定最佳的系统方案。首先，需要对新时代高校思想政治工作大格局构建的内涵、特征、要素、结构、功能进行整体分析和把握。其次，对新时代高校思想政治工作大格局构建的内部各个要素和结构之间的相互作用方式及整体运行进行分析，实现从局部认识到整体性认知。最后，从整体出发，对新时代高校思想政治工作大格局构建的应然样态进行全面分析，提出可行的实施路径。

第二，历史与逻辑相统一的分析法。新时代高校思想政治工作大格局构建，是在高校思想政治工作长期发展和改革实践的基础上形成和发展的。按照逻辑与历史相统一的方法要求，将新时代高校思想政治工作大格局构建研究放在历史发展和现实工作的视野中进行全面考察，注重强化大格局构建的系统性关联，从历史维度审视与评判新时代高校思想政治工作大格局构建的发展历程。注重系统性思维、整体性思维在大格局构建中的融入、发展及应用。

第三，两点论与重点论相结合研究法。全面探究新时代高校思想政治工作大格局构建取得的成效、存在的问题及存在问题的原因，研究大格局构建的着力点，抓住大格局构建的重点、难点，并进行深入探究。

第四，文献研究法。新时代高校思想政治工作大格局构建，在历史变迁中探究发展规律，将党的历史文献、高校思想政治工作文献选编、历史书籍、相关文件、党和国家主要领导人的相关讲话、会议报告等作为研究的基础性材料，从中提炼梳理、总结我国高校思想政治工作改革发展的经验教训，深入研究大格局概念的嬗变过程、高校思想政治工作大格局构建的历史演变过程，探究各部门共管、"三全育人"、"七育人"长效机制、"十大"育人体系、思想政治工作大格局、立德树人新生态新格局等背后的历史规律。本书基于所能收集到的文献材料进行深入剖析，了解不同发展阶段高校思想政治工作任务的差异，意识到新时代高校思想政治工作紧跟时代发展、社会要求变化的重要性。

第五，跨学科研究法。本书融合马克思主义理论、系统论、利益相关者理论、差序格局理论、思想政治教育理论等研究新时代高校思想政治工作大格局构建问题。坚持以马克思主义理论为基础，以系统论、耗散结构理论、差序格局理论、利益相关者理论等为借鉴，对新时代高校思想政治工作大格局构建进行跨学科研究，从多角度、多视域进行全面分析，由此揭示新时代高校思想政治工作大格局构建的内涵、特征、要素、功能、形态、机制等，确保研究的意识形态性、规范性与科学性的统一。

第一章

新时代高校思想政治工作大格局构建的基本要义

对研究对象的内涵、特征、构成要素进行溯源与归纳，以及对研究对象的发展所遵循的基本程序、坚持的本质要求和基本原则等基本要义进行研究，是进行科学研究的前提和基础。为了确保新时代高校思想政治工作大格局构建得以顺利进行，不仅要对格局、大格局、新时代高校思想政治工作大格局的内涵与特征进行深入阐释，还需要厘清新时代高校思想政治工作大格局构建的内涵及构成要素，并以此为基础，进一步对大格局构建需要遵循的程序、坚持的本质要求和基本原则进行深入研究。本章在全面梳理、分析新时代高校思想政治工作大格局构建的内涵、特征及相关概念的基础上，对大格局构建的基本要义进行深入解析，为新时代高校思想政治工作大格局构建夯实理论基础。

第一节 新时代高校思想政治工作大格局的内涵与特征

概念是对事物本质属性的抽象与概括，是人们认识事物的基本工具，是开启人们理性认识的逻辑起点。因此，要系统深入地研究新时代高校思想政治工作大格局的构建问题，首先必须对新时代高校思想政治工作大格局的基本概念有清晰的认识，廓清概念的内涵、外延，并对其特征进行分析。因此，对新时代高校思想政治工作大格局构建的相关概念的内涵与特征的回答，成为研究新时代高校思想政治工作大格局构建的首要问题。对格局、大格局、新时代高校思想政治工作大格局、新时代高校思想政治工作大格局构建这些概念进行分析，逐步达到对新时代高校思想政治工作大格局构建的科学理解，为今后的研究夯实价值基础。

一　新时代高校思想政治工作大格局的内涵

（一）格局

《说文解字》溯清了"格"和"局"的本源。"'格'，木长皃。从木，各声。格，树木长的样子。"① "'局'，促也。从'口'在'尸'下，复'勹'之。说明一个人被另一个人控制着，是十分局促的情势。博，所以行棋。博，当作簙。簙，局戏也。局之字，象其形。"② 《康熙字典》："'格'，至也，格于上下；又来也，格汝舜；又感通，格于皇天；又变革也，格责承之庸义。"③ "'局'，又拘也，促也，曲身也。"④ 《辞源》将格局解释为"标准格式，结构与格式"⑤。《现代汉语词典》中的格局是指"结构和格式"⑥。

综合以上，从静态来看，格局具有结构、格式和框架，组织、方式、方法，视野、境界、思维等义；从动态来看，格局本身蕴含着内部要素之间的和谐与合作。此外，格局有模样、模式之义，格局的构建既是过程，也是最终呈现出来的模样。在原有结构、格式、框架定义的基础上，新时代高校思想政治工作大格局构建中的格局，强调视野、思维、趋势等意义，将其视为大格局构建的目标模式，以及将其作为一种教育方法，一个互动、和谐的教育过程使用。本书把格局定义为结构。

（二）大格局

1. 大格局的提出和发展

从党的文献来看，"大格局"一词最早出现在1982年《人民日报》刊

---

① （东汉）许慎：《说文解字今释》上册，汤可敬撰，岳麓书社，1997，第776页。
② （东汉）许慎：《说文解字今释》上册，汤可敬撰，岳麓书社，1997，第211页。
③ 《康熙字典》（标点整理本），上海辞书出版社，2007，第470页。
④ 《康熙字典》（标点整理本），上海辞书出版社，2007，第239页。
⑤ 何九盈、王宁、董琨主编《辞源》上册，商务印书馆，2015，第2080页。
⑥ 《现代汉语词典》，商务印书馆，2016，第440页。

发的文章《亿万人民群众的事业》中，文章提到"党的十二大，进一步布好了建设社会主义现代化国家的大格局"①。这里的大格局表示大的布局。1988年，胡昭衡最先在《求是》上发表文章提出，"在国内外形势变化总趋向的大格局之下，今日中华民族出现这种带根本性探索的文化思潮，实有其时代必然性"②，此处的大格局是大趋势之义。1990年，朱学苑在《社会主义民主政治建设的大事》一文中说："共产党是领导核心，是执政党，各民主党派是同共产党通力合作致力于社会主义事业的亲密友党，是参政党，这个大格局必须坚持，不能改变。"③ 在这里，大格局意为大结构、大模式。1993年，大格局的概念被中央领导人首次提出。江泽民同志在党的十四届二中全会上的讲话中指出："'两会'将分别选举和决定新的一届国家机构的领导人、组成人员和全国政协的领导人。这是一个大格局，是关系全局的大事。实现这个大格局，必将为承前启后、继往开来，全面完成十四大确定的各项任务，提供组织保证。"④ 1998年，有学者指出，"要引导大家从国际大环境、改革开放大格局、社会发展大进程看形势"⑤。这是大格局的概念首次出现在思想政治工作相关的论文中。2006年，延进军从增强意识、建立工作机制、探索工作途径等方面，分析构建"全员思想政治教育工作"大格局的重要性、可行性和有效性。⑥ 2013年在全国宣传思想工作会议上，习近平总书记提出"要树立大宣传的工作理念"⑦。此后，大格局这个概念全面应用于思想政治工作领域，通过构建大格局，提高思想政治工作质量。如"构建高校宣传思想工作大格局""构建高校意识形态工作的大格局""'三全育人'大格局""思想政治工作大格局"等。在使用"大格局"这个概念之前，人们习惯用"大宣传""大政工"，如"走向多视角、全方位、社会化的'大政工'格局"。

---

① 《亿万人民群众的事业》，《人民日报》1982年10月1日。
② 胡昭衡：《改革开放与民族反思》，《求是》1988年第10期。
③ 朱学苑：《社会主义民主政治建设的大事》，《人民日报》1990年2月9日，第1版。
④ 《十四大以来重要文献选编》（上），人民出版社，1996，第134~135页。
⑤ 童言：《做好统一战线成员的思想政治工作（统战工作论坛）》，《人民日报》1998年6月7日，第12版。
⑥ 延进军：《浅析"全员思想政治教育工作"大格局的构建》，《辽宁行政学院学报》2006年第9期。
⑦ 《习近平著作选读》第1卷，人民出版社，2023，第151页。

2. 大格局的内涵

要深入理解大格局的定义，首先得了解大格局相关的概念，如局面、布局、大局。局面，"本指在棋面上布子的形势，用以比喻事态。也指事情的规模，如排场"①。《现代汉语词典》还解释为"一个时期内事情的状态；规模"②。高校思想政治工作大格局是一种整体局面，一种生动局面。这里的局面，侧重于事情的事态。布局，在"围棋、象棋竞赛中指一局棋开始阶段布置棋子；对事物的结构、格局进行全面安排；分布的格局"③。大局是指"整个的局面，整个的形势"④。局面一般用作名词，用以描述事情发展的态势，或者规模。大局，一般用以描述事情发展的整体情况，整体态势。而布局一般用作动词，指的是对事物的分布进行安排。

"大格局"一词的应用十分广泛，被用于不同学科。从政治学角度来讲，大格局是一种大趋势、大形势，如国际大格局、世界大格局。管理学意义上的大格局是指管理者具有从全局的角度看待和思考问题的能力以及宏观把握事物的能力，具体体现为大度量、大胸怀、大视野和大思维。建筑学上的大格局表示大结构、大布局。从语言学来讲，局表示圈子的意思，如饭局。从这个角度，大格局是大圈子的意思。

从时间跨度来看，大格局表示更长的时间跨度和更大的范围。从方法运用上来讲，大格局思维倾向于将问题放置在更广阔的背景中考虑，更加注重对事物进行整体性和综合性分析，全面深入考虑各种因素的相互关系和影响，从整体分析中预测未来的发展方向。

大格局是在格局的基础上，突出全局性、整体性、贯通性、战略性等大的特性。大格局就是全面认识某一事物，对这个事物的发展态势进行整体把握，并根据事物的发展情况和发展需要，对事物内部的要素、结构和发展方式进行调整，使事物的发展有规律可循。从这里可以看出，大格局具有整体性意义，更侧重于思维、视野，体现为从全局的高度、大战略的角度对事物进行认识和把握，可指大视野、大思维、大趋势。本书中的大

---

① 何九盈、王宁、董琨主编《辞源》上册，商务印书馆，2015，第1218页。
② 《现代汉语词典》，商务印书馆，2016，第704页。
③ 《现代汉语词典》，商务印书馆，2016，第114页。
④ 《现代汉语词典》，商务印书馆，2016，第242页。

格局是指大理念指导下的整体育人的大结构。

（三）新时代高校思想政治工作大格局

当前，学术界对新时代高校思想政治工作大格局的概念进行深入研究，形成了不同的论说。本书结合格局、大格局的概念，廓清新时代高校思想政治工作大格局的内涵与外延。

1. 学术界关于大格局的界定形成理念说、工具说和结构功能说

首先，理念说认为新时代高校思想政治工作大格局是一种意识、理念和思维，体现为宏观的格局意识、系统的整体观念和协同的全要素理念。新时代思想政治工作大格局构建要先从理念上全面深入地把握大格局构建中的"大"。新时代高校思想政治工作大格局，作为一种先进的、具有全局性的教育理念，体现为关于大格局全面构建的理性认识、理想追求，体现为整体思维观念，要求我们从整体构建大格局的视域来认识它、实施它。习近平总书记强调："理念是行动的先导，一定的发展实践都是由一定的发展理念来引领的。"① 因此，理念的正确与否、科学与否，直接决定着发展是否具有意义和成效，甚至直接决定着发展的成败。大格局意识是指新时代高校思想政治工作大格局的教育者要立足深刻变化的社会主要矛盾，对当前高校思想政治工作发展的新要求、新局势和新态势进行全局性把握和深入理解。新时代高校思想政治工作大格局作为一种大格局观念，要求其内部各要素摒弃孤立地看问题的方式，改变"单打独斗"状态，树立全局意识、战略意识和大格局意识，使育人主体上下一盘棋、全员一条心，为培养堪当民族复兴重任的时代新人而协同开展工作。高校要形成自上而下的领导体制大格局，形成校内校外教育平台、教育资源整体联动的空间格局，构建多元评价体系共融发展的考核体系，充分调动高校所有育人力量，凝聚共识，扎实做好构建思想政治工作大格局所需要的各要素的团结引领工作，推动新时代高校思想政治工作大格局构建。

其次，工具说认为新时代高校思想政治工作大格局是一种工具，是一种实施思想政治教育的方式、手段与程序的组合，即通过高校全要素、全程、全方位地开展思想政治工作，指导和帮助大学生形成社会所期待的思

① 《习近平谈治国理政》第 2 卷，外文出版社，2017，第 197 页。

想政治素质的活动与过程。新时代高校思想政治工作的高质量发展取决于对人的发展需求和社会发展需求的满足。新时代高校思想政治工作大格局，是在"两个大局"的时代背景以及全面推进中国式现代化的要求下，推动新时代高校思想政治工作高质量发展，全面推进新时代高校思想政治工作实现现代化改革和发展的重要方式。作为一种重要的手段或者工具，新时代高校思想政治工作大格局，为全面深入地推进思想政治工作进一步改革创新，注入新的动力，增添新的力量。高校思想政治工作大格局构建，对全面、有效地解决当前思想政治工作中存在的问题具有重要意义。新时代高校思想政治工作大格局构建，通过凝聚起全要素共同育人合力，推进主体之间的合作与交流。大格局构建，有助于建立联通机制，减少主体之间的沟通隔阂，节约沟通成本，提高沟通效率，推动形成主体协同的育人局面。大格局构建，有利于推进高校加强阵地建设，为高校思想政治工作提供更多育人基地，为大学生提供更多育人平台。此外，大格局构建，有利于提升评价主体的多样化、评价方法的多样化水平，促进评价的有效性的提升，构建科学的评价体系，提升评价反馈的有效性。

最后，结构功能说把新时代高校思想政治工作大格局看作一种大结构。思想政治工作大格局是指围绕时代新人这个培养目标形成的工作结构。高校思想政治工作大格局围绕时代要求培养人才。例如，社会主义革命和建设时期，要求培养有社会主义觉悟的有文化的劳动者；改革开放和社会主义现代化建设时期，要求培养有理想、有道德、有文化、有纪律的"四有"新人；中国特色社会主义新时代，要求培养担当民族复兴大任的时代新人。不同时期的社会要求不同对人才培养的要求也不同。新形势下高校思想政治工作大格局以培养堪当民族复兴重任的时代新人为目标，形成全要素育人的整体结构。

2. 新时代高校思想政治工作大格局的定义

综合而言，对一个基础概念进行界定的方法很多种，既有工具说、理念说、结构功能说等，也有"属+种差"等多种方法，不能穷尽。因此，本书结合格局、大格局的基本内涵和高校思想政治工作的特殊性，对新时代高校思想政治工作大格局进行界定，以期科学理解新时代高校思想政治工作大格局。新时代高校思想政治工作大格局，是指在党的中心任务的历史性转变期，高校内部全要素有机协同与外部支持系统共同作用而形成的"共同但有差序"格局。"共同但有差序"格局以落实立德树人根本任务为中心，向外辐射形成体制机制共建、多元主体共在、设施阵地共筑、多维评价共融的全要素协同育人的同心圆。同心圆内部各个要素，又以其内部要素的中心向外辐射形成多种有差序的同心圆。

具体而言，新时代高校思想政治工作大格局要以落实立德树人根本任务为中心向外形成总的育人圈，多元育人要素又以各自的中心形成多层育人小圈。以领导体制为中心形成的体制机制育人圈，以学校教师为中心向外辐射形成多元主体协同育人圈，以课堂教育主渠道向外形成多种空间共筑的育人圈，以政治教育为核心形成的教育内容圈等。新时代高校思想政治工作大格局中全要素协同形成的"共同但有差序"格局像水波纹一样，由中心向外一层一层扩散，不断形成水波涟漪，辐射面越广，育人格局越大，最终形成全党全社会共同参与育人的大思政格局。

（四）新时代高校思想政治工作大格局相关概念辨析

1. 高校思想政治工作体系

体系，是指"若干有关事物或某些意识互相联系而构成的一个整体"①。体带有强烈的秩序感，如体统、体制、识大体等。"体系不完全是理性设计的结果"②，体系的发生有时是他的行动主体为了自己的利益而自主设计的，体系的设计被打上了人的意识烙印。因此，综合来看，体系的构建必须有权威性、秩序性的制度、体制作保障。系统是指"同类事物按一定的关系组成的整体"③。系统更强调内部结构的统一性和运行性。从字面意思理解，体系侧重于体，最常用于躯干、骨架、框架之义。体系，必然具有一定的支撑物。一般而言，体系中的体处于事物发展的中心，支撑着秩序、制度的整体发展，发挥主导功能。体系中的系，是指围绕体建立起来的各种系，这些系以体为中心发生作用，对事物的发展发挥辅助、基础功能。从用法范围上来讲，体系的应用具有更多权威性，体系的构建多

---

① 《现代汉语词典》，商务印书馆，2016，第1288页。
② 熊万胜：《体系：对我国粮食市场秩序的结构性解释》，中国政法大学出版社，2013，第22页。
③ 《现代汉语词典》，商务印书馆，2016，第1408页。

指制度、体制、政策的建设。系统一词多为学术用语，系统包括系统要素、系统结构和系统功能。人们常说内部系统，就是指系统主要应用于某个部门的内部核心范围，这个系统是这个部门或者这个团体内部的人员构建的。体系和系统作为从整体认识事物的重要理论与方式，有着深刻的联系和区别，其中，"体系侧重于强调推动事物发展的体制机制，系统侧重于强调构成事物发展的要素条件"①。综合而言，体系和系统都包含着整体、共同的意思。

关于高校思想政治工作体系的界定，国内学者从不同角度进行深入研究。冯刚、成黎明认为，高校思想政治工作体系是指"高校思想政治工作各要素围绕落实立德树人根本任务，依照一定的理念、规则、程序和方法构成的整体"②。万美容、贺钟霖提出，"高校思想政治工作体系是由若干子系统构成的有机整体"③，并对高校思想政治工作体系内部的各个子系统进行充分论述，廓清了高校思想政治工作体系的内涵与外延。

总的来说，国内学者对高校思想政治工作体系的内涵界定逐渐明晰。新时代高校思想政治工作大格局构建是在高校思想政治工作体系、系统基础上，研究体系、系统内部要素如何有效运行的问题。因此，新时代高校思想政治工作大格局更加强调全局性、动态性和过程性。

2."三全育人"

"三全育人"是指全员育人、全程育人、全方位育人。随着"三全育人"的提出，学者对此进行深入研究，形成丰富的研究成果，推动高校思想政治工作提质增效。"三全育人"在全员的整体素质提升、全程的前后时间延伸以及全方位的空间拓展方面取得一定的成效。新时代高校思想政治工作大格局，是在"三全育人"格局的基础上继续深化发展的。

3."大思政课"

"大思政课"核心是指思想政治理论课。石书臣认为，"大思政课"从

①　刘宏达：《以体系思维推进高校思想政治工作体系的创新发展》，《思想理论教育》2020年第8期。

②　冯刚、成黎明：《治理视域下高校思想政治工作体系构建的逻辑与路径》，《思想理论教育》2020年第8期。

③　万美容、贺钟霖：《新时代思想政治工作体系的构建与完善研究进展》，《思想政治教育研究》2022年第5期。

本质上来讲还是课，构建"大思政课"的目的是使思政课更加有效。[①]"大思政课"强调通过资源整合，推动形成校内校外资源相协同的局面，而且更加倾向于将校外资源充分应用于思政课堂，推动思政课堂建设。"大思政课"虽然并不仅仅局限于课堂，"但在自运行过程中，仍然以课堂为授课主体和学习主体互动的主要空间场景"[②]。"大思政课"主要以学校课堂为教育空间，以思政课教师为主要教育主体。新时代高校思想政治工作大格局不仅强调课堂，还强调课堂与日常思想政治教育、网络思想政治教育相协同。"大思政课"主要是围绕思政课进行的全面改革创新，可以说，"大思政课"是大格局构建的重要组成部分。

通过对高校思想政治工作体系、"三全育人"、"大思政课"的深入对比研究发现，从整体建构过程来看，新时代高校思想政治工作大格局更加强调高校全要素协同育人、全程跟踪教育与全方位贯彻，更加强调全要素之间的有效协同与有效运行。从教育空间来看，新时代高校思想政治工作大格局更加强调第一课堂与第二课堂相结合、网络空间与现实空间相结合、大学生的思想空间与心理空间相结合，强调共筑全方位的空间。从教育主体来看，新时代高校思想政治工作大格局不仅需要思政课教师与课程思政教师协同，课堂教学主体与日常思想政治教育主体协同，还需要校内校外教育主体整体协同，强调多元主体共在共存。从体制机制构建来看，新时代高校思想政治工作大格局不仅强调完善、补齐体制机制要素，更强调体制机制共建，提高体制机制共建质量。从评价方式来看，新时代高校思想政治工作大格局更加强调多元评价主体、多种评价方式、多元评价要素等多维评价共融发展。总的来说，新时代高校思想政治工作大格局更加强调全要素的有机协同与有效运行。

二　新时代高校思想政治工作大格局的特征

新时代高校思想政治工作大格局作为高等教育系统中不可分割的关键

[①] 石书臣：《深刻把握"大思政课"的本质要义》，《马克思主义理论学科研究》2022 年第 7 期。

[②] 代玉启、李济沅：《新时代高校"大思政课"建设理路创新研究——以社会运行为主要视角》，《马克思主义与现实》2022 年第 6 期。

要素，对促进大学生的全面发展，进而促使其成为完整意义上的人，起着至关重要的作用。构建新时代高校思想政治工作大格局应遵循党的教育方针，根据大学生思想品德形成规律和成长成才规律，调动一切积极因素，有目的、有计划、有组织、有针对性地对大学生进行教育。大学生思想品德的形成和发展受多种因素的影响和制约，由此决定了新时代高校思想政治工作大格局的构建是漫长而复杂的过程，这个过程充满曲折、充满艰辛，需要矢志不移、持之以恒。从本质上来讲，新时代高校思想政治工作大格局，既是一种思想政治工作方式，具有思想政治工作的特点，也具有自己的显著特性。

（一）新时代高校思想政治工作大格局的自我演化性

新时代高校思想政治工作大格局是一种特殊的系统，系统内部所带来的自然演化过程趋向目的性，大格局系统内部的各个部分相互依存，既通过相互作用而存在、成长，又通过相互作用而联结成整体。新时代高校思想政治工作大格局构建的过程，从根本上说是其内部系统的自我运动和演化发展的过程，能通过系统内部各个要素的自行组织、创生和演化，使系统内部要素从无序转向有序，形成相对稳定的系统。新时代高校思想政治工作大格局内部各个部分通过自组织来产生时间、空间、结构和功能，具有较强的自我演化性。自我演化是自然界和社会长期演化选择和形成的进化方式，意味着"事物通过自己的自发、自主地走向组织的一种过程或者结果"①。新时代高校思想政治工作大格局是一个具有相对稳定态的系统，系统的稳定性与系统的自我运动相联系。内因是事物发展的根本，外因通过内因起作用。新时代高校思想政治工作大格局的自我演化、自我运动是推动新时代高校思想政治工作大格局发展的内在动力。耗散结构理论认为，通过系统的自我演化过程，系统得以越过某个不稳定性，进入某个稳定态。处于一定稳定态的系统，又通过系统的自我演化优化，在向环境开放、与环境保持动态交换之中保持稳定。"所谓的动态稳定，其实质就是系统的自组织的稳定。"② 系统一直处于不断演化之中，无论任何时候、任

① 吴彤：《自组织方法论研究》，清华大学出版社，2001，第3页。
② 魏宏森、曾国屏：《系统论——系统科学哲学》，清华大学出版社，1995，第3页。

何条件，系统总是存在矛盾、涨落或突起，系统的稳定性不是固定的、长期的，而是在稳定中存在局部的不稳定性。新时代高校思想政治工作大格局通过自身变革，发挥主体的主观能动性，处理和解决大格局构建过程中的矛盾和问题，促进大格局相对稳定，推动新时代高校思想政治工作从无序向有序的结构方向演化，实现系统结构层次的整体跃迁，促进系统自我优化。

新时代高校思想政治工作大格局作为特殊的系统，具有系统的自组织性、自我演化优化性。不同地区、不同类型的高校有着特殊的教育传统、历史背景和不同的教育资源，学校可结合自身实际情况，根据社会发展要求、学生成长发展需求，探究构建适合自己的工作体系，不断跟随时代变化进行自我优化。从总体上讲，新时代高校思想政治工作大格局始终坚持党对高校的全面领导，始终围绕党和国家对思想政治工作的决策部署，以党的文件、领导人讲话、政策方针等为指导，进行构建、运行或者发生作用。

（二）新时代高校思想政治工作大格局的开放性

作为开放的系统，高校思想政治工作大格局需要经常性地与外界环境进行物质交换和信息交换，不断汲取外界环境的能量。向外界环境开放既是高校思想政治工作得以高质量发展的前提，也是新时代高校思想政治工作大格局保持相对稳定态的重要条件。社会是开放的，人是一切社会关系的总和。任何事物都不能孤立存在，都要向外界环境开放。系统环境的开放，使得内因与外因建立联系，共同推动事物的发展。如果系统是封闭的，那么系统内部要素将无法与外界建立联系，外部能量对系统内部的要素、结构就无法发挥作用，也不能产生对事物的推动力。现实世界是开放的世界，系统只有与外界环境相互联系与相互作用，才能促进内因与外因建立联系，产生共同推动作用，促进世界的发展。

第一，从客观世界来看，自然界总在不断打破原有平衡、探寻新的生态平衡，在开放的环境中不断地与外界进行交换，推动自然界有序发展。新时代高校思想政治工作大格局构建是在开放的环境中进行的，要从外界环境中获得大量资源和有利条件。而人是可以改造环境的，在改造环境的过程中，环境的优化又为大格局的构建提供资源支持和条件支持。外部环境与新时代高校思想政治工作大格局在彼此开放、相互作用的过程中不断发展。

第二，新时代高校思想政治工作大格局所处的时代是开放的。新时代新征程，全球化加速了世界一体化进程，世界各国紧密联系。新时代高校思想政治工作承担着为我国培养建设者和接班人的责任，同时承担着培养为世界人民谋幸福的具有国际视野和世界情怀的国际型人才的责任。新时代的高校思想政治工作大格局作为合力育人的重要方式，是党和国家人才培养的重要抓手，需要与外界不断进行着信息、内容、人员的动态交换。新时代高校思想政治工作大格局是一个开放的系统，只有紧跟世界现代化发展要求、紧跟时代发展需求和人才发展需要，与外部环境保持动态交流和能量交换，才能承担重任。新时代高校思想政治工作大格局构建需要不断对外界环境开放，与之交换和互动，才能促进自组织的自我更新和调整，保持发展中的稳定。

第三，人的思想品德需要在开放的系统中形成和发展。新时代高校思想政治工作大格局的主体是人，人的主观世界也必须向客观世界开放。人的思想品德的形成不仅是一个极其复杂的过程，包括诸多因素和子系统，还需要与外界进行信息交换。人的思想品德的形成与发展深受外界的信息数量、环境结构、人的遗传特性、价值观、道德观、知识结构、知识水平、情感意志及需要等诸因素的影响，是多种因素相互作用、彼此交织的综合化结果。如果人的主观世界是封闭的，那么人的知识将会老化、人的思想将会固化，成为精神死亡的人。物质决定意识，人的意识不能离开物质而存在。从人的角度来看，人的主观世界也必须向客观世界开放。

（三）新时代高校思想政治工作大格局的联结性

联结的概念最早是由涂尔干引入社会学范畴的，他指出："处于社会中的人们相互渴望总是强有力地把相互类似的人们连接在一起，使他们同归一处，形成一种结合体。"[①] 新时代高校思想政治工作大格局是由体制机

---

① 〔法〕埃米尔·涂尔干：《社会分工论》，渠东译，生活·读书·新知三联书店，2017，第66页。

制、主体、阵地、评价等要素组成的整体系统，每一种要素形成新的子系统，这些子系统内部和子系统之间存在着特定的联结关系，并按一定的结构层次相互联系、相互制约，组成一个社会有机整体。新时代高校思想政治工作大格局内部要素之间的联结，是指高校思想政治工作内部个体和群体之间通过一定的机制进行的有效关联和整合，涉及空间、群体、制度、信息化等基本要素，这些要素对新时代高校思想政治工作大格局内部联结具有重要影响。

空间是新时代高校思想政治工作大格局内部要素联结的场域基础。新时代高校思想政治工作大格局的个体和群体在一定的地域范围内建立联结，在这个共同生产生活的地域空间和外部环境里，形成了特定的空间聚落区域。拥有特定空间身份的主体以空间的地域性为边界，与社会互动，并与之进行联结。在此基础上，新时代高校思想政治工作大格局内部主体之间的联系通过彼此之间的互动行为产生。高校是一个相对稳定的空间，共同的空间为新时代高校思想政治工作大格局的构建奠定阵地基础，促进了大格局系统内部各个要素的联结与发展，共同的空间场域拉近了内部要素之间的交流与互动距离。

信息化的强力嵌入改变了新时代高校思想政治工作大格局内部要素的联结形式。信息技术以其高速度、数字化特点提高了新时代高校思想政治工作格局内部要素的联结效率，节约了内部要素沟通的时间成本和人力成本。信息技术的虚拟性也给新时代高校思想政治工作大格局内部要素的联结带来挑战，大学生常驻网络空间，其文化认知发生了较大转变。只要大学生隐匿身份或者断网下线，教育主体就无法对其进行教育，增加了教育主体与大学生的联结难度。此外，新时代高校思想政治工作大格局空间地域从封闭走向开放，促进校园文化、资源、人才等向多元化发展，信息技术实现了多元主体、多元要素的跨时空联结，丰富了主体间的联结方式，为推动新时代高校思想政治工作大格局主体联结提供支撑条件。

（四）新时代高校思想政治工作大格局的协同性

首先，新时代高校思想政治工作大格局的协同性体现为主体要素形成精神共同体。协同的目的是通过相互作用形成系统的新质。新时代高校思想政治工作大格局以人为目的、以人为主体，依靠人进行构建，多元主体形成育人共同体。德国学者斐迪南·滕尼斯认为："共同体是在协作中产生共同归属情感的社会团体，分为血缘共同体、地缘共同体及精神共同体。精神共同体，精神共同体意味着人们朝着一致的方向、在相同的意义上纯粹地相互影响、彼此协调。"① 可以说，高校思想政治工作也是一个精神共同体，是参与高校思想政治工作的各个主体在共同教育信念的基础上，为了实现共同的教育目标，在培养人的教育实践活动中，以教育者共同主体的形式组成的负责任的团体。高校思想政治工作精神共同体的形成，不仅需要教育者的身体共同在场，即教育者共同处于一个集体的场域和空间，还需要教育者的心理共同在场。教育者的身心共同在场，有助于把教育者凝聚起来，为实现共同的目标而努力。新时代高校思想政治工作大格局的精神共同体，是由多元个体成员基于共同的目的、共同的信仰、共同的情感基础等组成的有机整体。在这个共同体中，大格局内部各个要素以落实立德树人根本任务为共同目标，坚定马克思主义信仰，个体之间能够进行有效的联系与沟通，具有强烈的归属感和认同感。作为共同体的成员，以其整体的主体力量对新时代高校思想政治工作大格局构建发挥关键作用，在新时代高校思想政治工作的改革创新和高质量发展中发挥着顶梁柱的作用。

其次，协同性作为新时代高校思想政治工作大格局的重要特性，集中体现为内部要素是非线性存在。世界不是简单相加或者直线发展的，总体而言，世界内部呈非线性发展，是多种因素、多种关系错综复杂地交叉、联系并相互作用的整体，体现了世界的非线性存在。新时代高校思想政治工作大格局在交往实践中实现协同。作为一个复杂系统，新时代高校思想政治工作大格局的协同不是"1+1＝2"的简单叠加，而是大格局内部的不同要素、结构及其功能、作用相互联系、彼此交织、协同而形成的合力，这反映了其内部作用的非线性。新时代高校思想政治工作大格局的构建能够促进教育主体之间的互动与交往，使工作内容与我们的教育对象进行有

---

① 〔德〕斐迪南·滕尼斯：《共同体与社会：纯粹社会学的基本概念》，张巍卓译，商务印书馆，2020，第 87 页。

机联结。教育内容在受教育者的脑海中得到加工和创造，形成受教育者个人的思想。经过受教育者转化了的教育内容，以新的形式呈现，并表现在人的具体行为中，这个过程我们称为受教育者的内化和外化。大学生的内化和外化过程，推动内容的转化与发展，促进受教育者形成新的思想政治素质，促成新的内容。新时代高校思想政治工作又在受教育者对内容的内化和外化的基础上，对其进行再教育，实现了教育内容的非线性传播和转化，推动主体之间的非线性互动。

最后，新时代高校思想政治工作大格局的联结性根源于人的思想矛盾运动的非线性发展。人的思想永远处于矛盾运动的过程中，并深受外界环境的影响、受个体思想道德素质的影响，是多种因素共同作用的结果。人的思想矛盾在运动中的幅度是由各个要素协调一致行动的结果决定的，人的思想矛盾运动呈现出来的特点、发展态势，也是由众多要素共同联系、共同运动决定的。现实生活中，事物的整体、系统的整体既不是事物内部要素的简单集合，也不是系统内部要素的简单排列，而是事物内部各个要素紧密联系与交互产生共同作用的整体。新时代高校思想政治工作大格局，是内部要素、内部结构整体协同而发挥整体功能的系统，其整体功能具有各个要素和结构不具备的整体性和统一性。新时代高校思想政治工作大格局中的主体具有主观能动性，主体能动地改造、完善系统内部要素，促进内部结构不断优化，与内部各个子要素进行深度融合，形成多要素整体育人局面，发挥整体育人功能。新时代高校思想政治工作大格局，以整体的形态对大学生发挥作用。可以说，受教育者接受的教育，不是单个子要素的教育，而是大格局的整体性教育。新时代高校思想政治工作大格局内部要素的协同也呈非线性发展，推动内部要素在立体互动网络中促进人的自由全面发展。

（五）新时代高校思想政治工作大格局的差异性

差异是促进事物发展的内在动力。恩格斯强调，"同一性自身中包含着差异，这一事实在每一个命题中都表现出来"①。在系统理论中，差异是系统向前发展的根本动力，是系统的根本矛盾。系统的优化和演化过程是

① 《马克思恩格斯选集》第4卷，人民出版社，1995，第323页。

处理差异的过程。可以说，系统的动态程度、发展程度取决于系统内各个要素及要素之间的差异程度。内部要素之间的差异相互作用，发生矛盾，矛盾的产生促进系统自我调整，使系统具有动态性，保持动态性的系统通过与外界深度互动而获得"活"的结构，具备系统运动的活力，推进系统向新的有序状态演化。新时代高校思想政治工作大格局是在与外界环境的交互中开展的社会实践活动。外界环境的变化，教育主体、教育对象、教育内容、教育方式等的变化必然引起大格局内部要素之间交往活动的变化。大格局内部矛盾的涌现、各要素的差异引起子系统的涨落，大格局接收到这种系统矛盾或者差异，在系统内自组织、自协调的作用下，新时代高校思想政治工作大格局内部的差异、涨落转化产生新的差异、涨落，继而产生大格局的新质。大格局内部的新质，与系统内部各要素进行互动，形成新的系统结构，产生新的系统功能，促进具有差异性的系统继续演化与优化，构建一种特殊的具有自我选择、自我创新能力的超循环序列结构，推动系统再优化发展，不断满足新时代高校思想政治工作大格局对不同人的发展需求及社会的差异性发展要求。

一方面，新时代高校思想政治工作大格局更加关注主体性差异，不断满足社会的差异性发展要求。新时代高校承担着为党育人、为国育才的重要任务，需要适应国际国内形势变化，将大学生的思想道德水平提升到社会所要求的思想道德水平上来。新时代高校思想政治工作大格局从本质上来说是一种特殊的教育实践活动。教育活动具有实践性，体现为教育活动深受外界环境变化的影响、受社会发展要求的影响以及受教育对象成长成才需要的影响。思想政治教育是一种客观的活动，这种活动与社会实践存在深层次的交往关系。可以说，社会实践是影响和促进思想政治教育产生、存在和发展的根本原因。实践是不断变化发展的，新时代高校思想政治工作大格局构建作为一种实践活动，也是不断变化发展的。新时代高校思想政治工作大格局的主体是人、教育对象是人。人的知识层次、知识结构是不同的，人的接受能力、内化外化能力以及人的道德认知是有差异的。因此，新时代高校思想政治工作大格局必须围绕人、关照人，不仅要关注教育者的差异，尊重教育主体差异，在差异中寻找整合、协同的基点，促进形成整体育人的育人共同体；还要关注受教育者的差异，尊重受教育者主体性和个性，结合大学生的认知层次、教育学段、内化外化情况，采用适合的工作方法、适用不同的教育内容，促进大学生的个性化发展。

另一方面，新时代高校思想政治工作大格局的涨落存在差异。涨落是差异的一种表现形式，是推动系统发展的一种原动力。涨落，是系统运动中出现的矛盾，既体现为系统内部的起伏，也包括外界环境对系统内部的干扰。新时代高校思想政治工作大格局内部系统的涨落差异能够促进大格局的自我优化，如果没有涨落，大格局内部的不稳定系统就不可能意识到其他稳定态存在。大格局内部的一些非稳定态的子系统，通过与稳定态的子系统互动与交往，产生联结，促进整个系统向更稳、更新、更有序的状态演化。大格局的涨落受外部环境的影响。全球化向纵深发展，既推动不同国家进行深入交流，也促进文化交流互鉴。文化交流的实质是核心价值观的交流。多元文化的交流、不同意识形态的碰撞和相互影响，必然会使人们的思想观念和主观认识发生深刻变化，并使原有的思想观念和对社会主义核心价值观的理解发生波动。这种来自外界环境的干扰，影响了社会成员原来稳定的价值观念。新时代高校思想政治工作大格局作为传播主流意识形态的整体系统，要统观时代潮流，用社会主义核心价值观统领大学生的价值观，推动其形成科学的价值信仰，以规避时代新人的价值信仰问题。新时代高校思想政治工作大格局的涨落，来自新时代的社会要求与人的道德水平的实际差距。当人的道德水平超过社会所要求的道德水准时，英雄人物、英雄模范出现，对广大人民群众发挥榜样作用，推动群体道德水平整体提高。当人的道德水平落后于社会所要求的道德水平时，高校思想政治工作发挥教育、引导和帮助作用，提高大学生的思想道德素质和科学文化素质，整体推动人的道德水平提高，使之与社会要求水平相适应。

第二节　新时代高校思想政治工作大格局构建的内涵及构成要素

新时代高校思想政治工作大格局构建，是其内部要素不断整合、内部结构功能不断优化的过程。新时代高校思想政治工作大格局构建，主要由主体要素、客体要素、目标要素、方法要素、环境要素组成，解决谁来构建、构建什么样的、如何构建、外部环境如何等问题。

一　新时代高校思想政治工作大格局构建的内涵

构建，又名"建立，多用于抽象事物，构建新的理论体系"①。构建既可以指建立全新的东西，也可以指在原有基础上进行完善，推动事物不断发展。高校思想政治工作作为一种社会实践活动，是党和国家意识形态宣传的重要途径，是不以人的意志为转移的客观存在。高校是意识形态斗争的前沿阵地，高校思想政治工作决定着高校的发展方向。因此，党和国家高度重视高校思想政治工作的内涵式发展和高质量发展，不断推动高校思想政治工作的体系化、系统化建设，增强高校思想政治工作的实效。新时代高校思想政治工作大格局构建是在高校思想政治工作体系化、系统化建设基础上的继续深化发展。

新时代高校思想政治工作大格局构建，是以"共同但有差序"格局为构型，以大战略为依托，以培养大学生为落脚点，从主体协同、体制机制共建、设施阵地共筑和多维评价共融四个方面，确保新时代高校思想政治工作大格局有效运行的过程。新时代高校思想政治工作大格局构建是其内部要素不断完善、结构和功能不断优化的过程。与现有的高校思想政治工作体系相比，新时代高校思想政治工作大格局构建，强调高校内部全要素协同与外部支持系统共同作用，更加关注大学生的自由全面发展，更加注重高校思想政治工作的高质量发展，更加强调新时代高校思想政治工作主体的大视野、大思维、大理念和大胸怀，更加深化体系化、系统性、规范性和科学化发展，更加需要新时代高校思想政治工作在主体协同、健全体制机制、夯实设施阵地、评价体系科学化等方面进一步优化和提升。

二　新时代高校思想政治工作大格局构建的要素

新时代高校思想政治工作大格局构建的要素，主要包括主体要素、客体要素、目标要素、方法要素和环境要素等方面。

---

① 《现代汉语词典》，商务印书馆，2016，第 462 页。

一是主体要素。主体是一个哲学范畴，是指某种属性或者关系的承载者，就此而言，主体是属性、状态、作用和关系的本体。对于一个系统而言，主体既可以是系统内部要素自我发展过程中产生的内部革新主力，也可以是系统外的主体，其从外部系统对内部系统要素进行更新，增加系统的新要素，使得内部要素不断完善。新时代高校思想政治工作大格局构建是以培养人为主要目标，多极主体基于共同的价值、共同的信仰、共同的利益和共同的情感，进行知识生产和信息传递，为实现共同的目标而建立起来的，由诸多实体要素组成的广泛而深刻的系统工程。新时代高校思想政治工作大格局构建形成的多元主体结构，校外主体包括国务院教育行政部门、各省教育厅、各地方政府、家庭、企事业单位等，校内主体由高校党政领导班子、二级学院领导班子、高校教师、基层工作人员等教育者和教育对象构成。校内校外多元主体，具有主体成分的多样性和不同主体在大格局中的不同主体性，呈现了新时代高校思想政治工作大格局构建主体要素的多元性和丰富性。其中，教育者和教育对象是新时代高校思想政治工作大格局构建最基本的部分。新时代高校思想政治工作大格局构建是一个复杂的教育系统，多元主体间的交流与融合，不同主体间的互动是信息传递的过程。"信息以表现物质系统的差异性为其特征。"① 信息本身具有差异，信息的传递与主体间的信息交流也存在差异。正是因为有了信息差异与信息传递的差异，思想政治工作才能通过引导、帮助教育对象内化教育内容，使教育内容相对完整地传递到教育对象的大脑系统里。而教育者与教育对象之间的信息传递是一项复杂的工程，为了不断提高新时代高校思想政治工作的实效，需要不同主体形成合力，共同助力教育对象对知识与内容的内化与外化。因此，新时代高校思想政治工作大格局构建内部形成多极、多元主体。

二是客体要素。客体是与主体相对应的要素，"是客观世界中同主体活动有功能联系而被具体指向的对象"②，是被主体对象化的客观事物。新时代高校思想政治工作大格局构建的客体是指大格局构建所指的对象，即

---

① 王雨田主编《控制论、信息论、系统科学与哲学》，中国人民大学出版社，1988，第358页。

② 李景源：《马克思的主体—客体理论》，《哲学研究》1983年第3期。

构建什么样的大格局，如何构建大格局。从构建什么样的大格局而言，新时代高校思想政治工作大格局构建的客体就是大格局本身，就是以高校为主体，构建高校全要素有机协同与外部支持系统共同作用的整体育人结构。大格局以"共同但有差序"的结构为模型，以落实立德树人为根本任务，向外辐射形成同心圆关系。从如何构建大格局来说，客体主要体现为大格局构建的方式。新时代高校思想政治工作大格局构建，通过高校内外多元主体协同、体制机制共建、教育阵地共建科学化等形成多要素整体育人局面。

三是目标要素。目标即社会实践活动的前进方向或者指向。新时代高校思想政治工作大格局构建的目标，即大格局构建想要达到什么标准、实现什么样的结果，指导着大格局构建朝着正确的、统一的方向发展。不同发展阶段，高校思想政治工作服务的教育对象不同，社会发展要求不同，所要实现的预期结果也不尽相同，由此形成了长期目标、中期目标和短期目标。长期目标是最终指向，新时代高校思想政治工作大格局构建的长期目标是促进人的自由全面发展。新时代高校思想政治工作大格局构建，本质上是做人的工作，是培养人的工作，而高校思想政治工作是在中国共产党领导下的意识形态工作，具有服务人民、解放人民的性质。新时代高校思想政治工作大格局构建最终指向人的自由全面发展。推动高校思想政治工作的高质量发展是中期目标。通过调动高校内外全育人要素的积极性，形成共同育人格局，推动高校思想政治工作高质量发展，是适应当前社会发展对高校思想政治工作提出的新要求而进行的改革创新，是推进高校治理现代化的重要途径。短期目标是通过调动高校内外全育人要素积极性形成整体育人局面，培养现代化的时代新人和具有大格局、大胸怀、大视野和大担当的新时代好青年，为实现中国式现代化提供智力支撑。总体而言，新时代高校思想政治工作大格局构建，以"共同但有差序"格局为理论构型。这个格局是共同与差序相协同的整体。通过"共同但有差序"格局的构建，形成全要素有机协同的整体育人局面。

四是方法要素。方法是指人们在社会实践过程中，为实现预期目标所采用的手段或方式。作为一项特殊的社会实践活动，新时代高校思想政治工作大格局构建从根本上说是做人的工作。新时代高校思想政治工作大格局构建是增强高校思想政治工作实效，推动新时代高校思想政治工作高质量发展、内涵式发展的有效途径。对于系统而言，方法回答了系统内部要素如何有效运转的问题。新时代高校思想政治工作大格局构建的方法，解决了大格局有效运行的问题。大格局构建的关键在于大格局的有效运行，有效运行，可以促进内部要素构成的合理化和科学化、促进内部结构优化和功能优化，进而可以促进育人实效的提升。新时代高校思想政治工作大格局构建主要通过协同的方式进行，内部要素和外部支持系统围绕立德树人根本任务，形成由中心到边缘，由深到浅的多层育人同心圆，圆点与圆点外的涟漪构成一个整体，圆与圆之间以相互协同的方式进行运转。

五是环境要素。环境是指影响人类生存和发展的外部条件和要素的总和。一方面，人是环境中的人，人与环境相互促进相互发展。马克思恩格斯指出："人创造环境，同样，环境也创造人。"① 人的发展离不开环境。新时代高校思想政治工作大格局构建的主体是人，人的发展深受环境的影响。新时代高校思想政治工作大格局构建，要适应社会发展要求，培养与国家和社会要求相适应的时代新人。时代新人投入社会中，发挥人的主体性和创造性，主动参与社会改造，促进社会的整体发展，推动社会环境的改善。另一方面，系统必须与环境进行能量交换，才能保持稳定性。新时代高校思想政治工作大格局构建是一个特殊的结构，是系统重要的组成部分。系统内部要素、内部结构只有不断与环境进行交换，才能在环境中吸收新的能量，促进内部系统的整合与更新。环境作为新时代高校思想政治工作大格局构建的外因，通过外因对内因起作用，形成协同育人新生态，是推动新时代高校思想政治工作改革发展的外在动力。

三　新时代高校思想政治工作大格局构建的本质要求

新时代高校思想政治工作大格局构建是一项重要的社会实践活动。任何一种实践活动从一开始就必定包含着某种改造客观状态的主观要求。新时代高校思想政治工作大格局构建是统治阶级意志的体现，是新时代社会

---

① 《马克思恩格斯文集》第 1 卷，人民出版社，2009，第 545 页。

历史客观规律和受教育者客观需要的集中反映。新时代高校思想政治工作大格局目标样态的构建，需要坚持正确的政治方向解决人的发展与社会发展的矛盾，促进人的自由全面发展。

（一）坚持正确的政治方向

高校思想政治工作事关党对高校的领导，思想政治工作是高校各项工作的生命线。高校思想政治工作的方向决定着高校的发展方向。高校是意识形态斗争的主要战场，大学阶段是学生价值观形成的关键时期，新时代高校思想政治工作对大学生的价值观养成起着非常关键的作用。新时代高校思想政治工作大格局构建，必须坚持马克思主义的指导，坚持党的全面领导，践行社会主义核心价值观，引导和帮助大学生坚定共产主义远大理想和中国特色社会主义共同理想，引导大学生树立远大的理想，并引导其将自己的理想与中国梦同频共振。坚持中国式现代化蕴含的独特"六观"，引导和帮助大学生树立正确的世界观、价值观、历史观、文明观、民主观、生态观，培养具有世界眼光、国际视野和广阔胸怀的国际型人才，积极参与中国式现代化，为中华民族谋复兴、为全人类谋幸福。

（二）解决人的发展与社会发展的矛盾

目标的确立是从现实生活实践中提炼出来的，目标必须以生活实践为前提，以客观现实的规律为依据。"中国共产党的中心任务就是团结带领全国各族人民全面建成社会主义现代化强国、实现第二个百年奋斗目标，以中国式现代化全面推进中华民族伟大复兴。"[1] 党的中心任务对人的发展提出更高要求，要求现代化的人成为中国式现代化的主体。一方面，中国式现代化与现代化的人相互依存。中国式现代化的发展水平决定着人的现代化发展水平。中国式现代化决定着人的现代化的发展方向和发展水平，并为人的现代化创造历史条件、提供生产资料、奠定物质基础，不断满足人的精神文化需求，全面推进人的现代化。同样，现代化的人决定着中国式现代化的发展。人是中国式现代化的主体，现代化的目标、任务都要靠人来制定和执行，只有现代化的人才能推进中国式现代化发展。高素质、

---

[1] 《习近平著作选读》第 1 卷，人民出版社，2023，第 18 页。

高品格的现代化的人，才能不断克服困难发挥主体性推进中国式现代化。另一方面，人的现代化包括观念、素质、心理、品格、行为等的现代化，观念的现代化是灵魂，决定着人的现代化程度。"人的思维和观念达到现代化水准，才能适应和推动现代化技术和现代化社会发展。"① 落后的思维习惯、错误的价值观念不能适应中国式现代化的发展要求。思想政治教育是连接中国式现代化与人的现代化的中介，是促进二者相互适应的重要条件。高校思想政治工作通过提高大学生的思想道德素质、政治素质、心理素质和能力素质等，为中国式现代化培养现代化的人，实现以思想政治教育为中介的人的现代化与中国式现代化的深度互动。

（三）促进人的自由全面发展

新时代高校思想政治工作大格局以推动人的自由全面发展为根本目的。任何实践活动都具有目的性。高校思想政治工作作为一种特殊的实践活动，必然有其目的性。在高校思想政治工作过程中，教育者通过构建思想政治工作大格局改造受教育者的主观世界，这个目的早在活动开始之前就存在教育者的头脑之中了。教育者开展的一切思想政治工作的目的是在受教育者身上和在社会中实现自己的目标。高校思想政治工作者确立的思想政治工作目标符合中国特色社会主义发展方向，符合统治阶级的愿望与构想。从社会发展意义上说，高校思想政治工作者通过引导受教育者朝着正确的方向发展，帮助受教育者坚定科学的信仰，树立正确的价值观念，使受教育者的思想道德素质和科学文化素质符合社会发展要求，产生与社会主义发展要求相适应的思想，成为合格的社会主义建设者，推动社会主义发展，巩固社会主义制度。新时代高校思想政治工作大格局构建的最终价值指向人的自由全面发展和社会的全面进步。人是高校思想政治工作的主体，也是高校思想政治工作大格局构建的目标。高校思想政治工作是社会主义性质的社会实践活动，以培养人、发展人为目的，以人的自由全面发展为最终价值指向，并以人为目的，以人为主体，把人看作教育教学的主体，具有主观能动性。

---

① 洪银兴：《中国式现代化论纲》，江苏人民出版社，2023，第204页。

四　新时代高校思想政治工作大格局构建的基本原则

基本原则是人们观察问题、分析问题、处理问题所依据的基本尺度，是人们开展各项活动和工作必须遵循的基本要求。基本原则具有引领作用，是人们在实践过程中不断总结经验教训而凝练出来的理论成果。坚持正确的原则，是新时代高校思想政治工作大格局构建的目标得以确立的关键。

（一）坚持前瞻性与现实性相统一

新时代高校思想政治工作大格局目标的构建既要立足我国社会现实，又要超越现实，宏观把控未来社会发展对受教育者的思想道德素质、科学文化素质和人格行为等的期待与要求。要坚持前瞻性与现实性相统一，要走在社会前列，敢于创新、善于创新，以先进的道德要求人、教导人。目标确立的现实性是指不仅要根据当前国际国内的变化，还要立足时代新人发展需要的变化。当前，世界正面临百年未有之大变局，给新时代高校思想政治工作大格局构建带来挑战的同时也带来机遇。因此，高校思想政治工作大格局目标的确立，要坚持前瞻性与现实性相统一，即不仅要适应时代的变化，站在时代前沿，全面把控时代发展趋势和潮流，制定符合时代发展的目标，也要扎根时代新人的发展需要，重视人的发展，制定符合人的成长需要的目标。

（二）坚持系统性与针对性相统一

新时代高校思想政治工作大格局构建要坚持系统性与针对性相统一。大格局是一个系统整体，它的各个要素通过系统整合发挥系统的最佳功能。受教育者的人格，即思想品德、心理素质、智能结构和行为方式的组合是完整的。同时，受教育者的学识、思想状况、道德水平具有差异性，受教育者的道德发展具有阶段性，人的思想意识具有层次性，因此，新时代高校思想政治工作大格局构建目标的确立坚持系统性与针对性相统一，就是指在确立目标时既从系统整体出发，把握好大格局构建的全局性、整体性，发挥高校思想政治工作大格局的整体合力；又关注受教育者的现实需要，开展具有针对性的教育。

（三）坚持继承性与发展性相统一

新时代高校思想政治工作大格局构建，要坚持继承性与发展性相统一。中华优秀传统文化、革命文化和社会主义先进文化，集中反映了我国从古代到现代不同历史时期形成的文化成果，其所蕴含的丰富的道德准则、价值观念是新时代高校思想政治工作大格局构建的文化源泉。新时代高校思想政治工作大格局目标样态的确立需要继承中华优秀传统文化与中国具体实际相结合形成的实践成果，继承中国化时代化的马克思主义，继承中国共产党思想政治工作的优秀成果。同时，新时代高校思想政治工作大格局目标的确立，需要坚持发展性，用创新、发展的观点去研究分析大学生的思想品德现状，不仅要注意大学生已经形成的思想道德品质特征，还要注意那些新出现的品德问题及其发展趋势。确立大格局目标应随着形势的变化而变化，既要注意目标设定的相对稳定性、科学性，又要着眼于目标实现过程中的变化性和逻辑性。

五　新时代高校思想政治工作大格局构建的基本过程

新时代高校思想政治工作大格局构建作为一项特殊的教育工程，其构建过程具有基本的程序。只有做好理论模型设计、成本效益分析、组织体系构建、工作队伍组建、构建成果检验等工作，新时代高校思想政治工作大格局的构建才能顺利进行。

（一）理论模型设计

对于系统而言，理论构型是对系统的描述和仿真设计，对系统的深入研究与构建一般是通过理论构型进行的。理论模型的设计，是一种创造性劳动，对于同一个系统，不同的人构建的理论模型不一样。但理论模型的设计需要讲究真实性、完整性和规范性，理论模型设计不仅需要正确反映系统构建的真实情况，而且需要呈现系统构建的完整程序以及确保系统的科学有效运行。新时代高校思想政治工作大格局构建的理论模型设计，是根据大格局构建要达到的目标而构建的一种理想图式。首先，必须明确大格局构建的目标，避免走错方向。其次，真实反映国家意志。高校思想政治工作具有阶级性和意识形态性，党和国家对高校思想政治工作的改革发展已进行顶层设计和制度建设。因此，大格局构建的理论模型设计必须依托党和国家的战略布局，真实反映国家意志和大格局构建的实际情况。最后，大格局构建的理论模型设计要具有规范性，应遵循思想政治工作的科学规律，遵守相关教育法律法规、高校管理办法等，使大格局构建合法合理，符合科学规律。

（二）成本效益分析

成本效益分析是对系统构建进行整体衡量的重要环节，是对系统构建的成本和效益进行分析、计算和评价。对于任何一项工程的建设或者活动的开展，都不可能不考虑其经济效益。新时代高校思想政治工作大格局构建是一项特殊的教育工程，也必须进行成本效益分析。"党和国家为高校思想政治工作投入了大量的人力和物力，我们应该增强成本意识，对其成本进行核算。"① 对大格局构建进行成本效益分析，要有一套指标来衡量大格局构建成本与效益之间的价值，如成本、产值、价值等。新时代高校思想政治工作大格局构建，主要目的是形成整体育人的格局，促进高校全要素的有效运行，增强思想政治工作实效，推动人的自由全面发展。因此，新时代高校思想政治工作大格局构建的成本效益分析，要对育人主体投入的时间成本、情感成本和精力成本进行对比。大格局构建的理想结果是节约育人主体之间有效沟通的时间成本，使育人主体在大格局构建过程中工作更加便利。当大格局构建的收效小于或等于成本时，需要深入分析大格局构建过程存在的问题，探究问题存在的原因并进行整改。对于受教育者而言，其思想品德的变化不是立竿见影的，因此，需要对受教育者的思想观念的变化进行持续性的观察与监测，以进行成本核算。综合而言，新时代高校思想政治工作大格局构建的成本效益分析，要对人力成本、时间成本以及受教育者的变化进行综合衡量。

（三）组织体系构建

任何有效的管理都必须有相对稳定的组织保障，明确组织内部成员的职责分工、权责关系。新时代高校思想政治工作大格局构建，必须坚持党

---

① 王习胜：《以"三全育人"为导向构建高校思想政治工作管理体系》，《思想理论教育》2021 年第 4 期。

的全面领导，要形成高校党委、管理部门党委、二级学院党委纵向连接的权责分明的领导体制，加强组织领导。从横向来看，要加强二级学院党委、宣传统战部门、组织部门、学工部门、教学部门、科研部门、管理部门、基层服务部门、学术组织、学生社区、保卫部门、社团组织等工作机构的建设，形成组织建设与教育引领相结合的组织育人局面。从人员组织架构来看，新时代高校思想政治工作大格局构建，要配齐配强各类组织的工作队伍，增强工作队伍的整体素质。新时代高校思想政治工作大格局构建的组织体系，还应不断加强新时代高校思想政治工作的阵地建设，形成党政分工合作、协调运行的领导体制和工作机制。

（四）工作队伍组建

工作队伍是新时代高校思想政治工作大格局构建的主体，人员的思想素质、道德修养、专业能力和业务能力直接决定着大格局构建的质量和水平。因此，组建工作队伍是新时代高校思想政治工作大格局构建的关键环节。组建工作队伍，涉及很多关键的程序。一是让队伍成员明晰大格局构建的共同目标，即培养堪当民族复兴大任的时代新人。二是确定大格局构建的团队成员。《关于新时代加强和改进思想政治工作的意见》指出，要"打造专兼结合的工作队伍，配齐配强思想政治工作骨干队伍，充实优化兼职工作队伍，不断壮大志愿服务工作队伍，有计划有步骤地开展全员培训，深化思想政治工作人员专业技术职务评聘制度改革，培养思想政治工作的行家里手"[1]。新时代高校思想政治工作大格局构建的工作队伍按照以专职为主、专兼结合的要求，以师生比不低于1∶200的比例设置专职辅导员岗位，师生比不低于1∶350的比例核定专职思想政治理论课教师岗位，确保团队成员数量充足。三是建立有效的沟通渠道。如课程思政与思政课程的集体备课制度、扁平化沟通交流机制、上下级的纵向沟通制度、校内外联动机制等。四是建立公正的奖励机制。对团队成员加强培训，提高团队成员的整体素质，将新时代高校思想政治工作大格局构建的队伍建设纳入学校人才队伍建设计划，不断完善团队人员的选拔、培训、奖

---

[1] 《中共中央 国务院印发〈关于新时代加强和改进思想政治工作的意见〉》，中国政府网，2021年7月12日，https://www.gov.cn/zhengce/2021-07/12/content_5624392.htm。

励、学历提升、职称评定、晋升等机制。

（五）构建成果检验

成果检验就是对预期结果的质量进行评价，对整体进行评估。新时代高校思想政治工作大格局构建以立德树人为根本任务，以实现高校思想政治工作高质量发展为目标，以人的自由全面发展为最终价值指向。新时代高校思想政治工作大格局构建的成果检验，不仅要看高校全要素协同育人的整体效果、大格局运行是否畅通、育人主体协作是否正常等，还要看大学生的思想道德素质、科学文化素质的提升情况以及人的全面发展现状。归根结底，新时代高校思想政治工作大格局构建，要以人的整体发展现状为最直接的成果检验。习近平总书记指出，"要把立德树人的成效作为检验学校一切工作的根本标准"[①]。立德树人是一项长期的工程，人的思想观念、道德素质的养成需要长时间的教育。有学者提出，用增值评价的方式对受教育者的整体发展进行检验。他们认为："思想政治教育增值评价以教育对象思想品德素质起点和结果的增量为核心进行考量，对思想政治教育工作者价值的输入与输出之差值加以审视。"[②] 增值评价拉长了评价的时间线，拓宽了对受教育者评价的范围，是检验新时代高校思想政治工作大格局构建成果的重要方式。

---

① 习近平：《在北京大学师生座谈会上的讲话》，2018，人民出版社，第 7 页。
② 陈华洲、负婷婷：《思想政治教育增值评价的理论内涵与实现路径》，《思想理论教育》2022 年第 6 期。

第二章

新时代高校思想政治工作大格局
构建的内在依据

促进人的自由全面发展、推动人的现代化、培养堪当民族复兴大任的时代新人，新时代高校思想政治工作大格局构建的使命任重道远。新形势新发展对新时代高校思想政治工作大格局构建提出新要求，为全面推动高校治理现代化、促进高校思想政治工作高质量内涵式发展、增强新时代高校思想政治工作实效，要推动新时代高校思想政治工作大格局构建。新时代高校思想政治工作大格局构建，是在高校思想政治工作理论和实践长期发展的基础上进行的继续深化和发展，具有科学的理论依据、厚实的历史依据和客观的现实依据。

第一节　新时代高校思想政治工作大格局
构建的理论依据

已有的理论体系、知识体系为我们开展实践、改造世界提供理论指导，也引导我们进行思考，继而形成新的理论。新的理论研究是指在已有的学理体系基础上挖掘出新的思维、创造出新的理论观点。因此，新时代高校思想政治工作大格局的构建，既要以马克思主义理论为根本指引，也要借鉴系统论、耗散结构理论等，遵循思想政治教育学科发展规律，为新时代高校思想政治工作大格局构建提供坚实的学理支撑。

一　新时代高校思想政治工作大格局构建的马克思主义理论基础

新时代高校思想政治工作大格局构建是一项复杂的系统工程，具有鲜明的意识形态属性、整体协同特质与系统集成特征。鉴于其特殊的政治属性和实践要求，新时代高校思想政治工作大格局构建必须始终坚持以马克思主义理论为根本遵循和行动指南。马克思主义理论本身蕴含着深邃的整体性与系统性，这种理论特质不仅体现在其丰富的思想内容体系上，更贯穿于其科学的方法论体系之中，同时还在中国化时代化的马克思主义中得到持续彰显与发展。尤为值得关注的是，生产合力思想以及历史合力理论为新时代高校思想政治工作大格局构建提供坚实的理论基石和科学的分析框架，为实现思想政治工作的协同创新、整体推进提供了重要的理论支撑。

（一）马克思主义理论的整体性特点

马克思主义理论内容的整体性。《反杜林论》表明马克思主义理论是哲学、政治经济学、科学社会主义联结和统一的整体性理论。恩格斯说，希望读者不要忽略他所提出的"各种见解之间的内在联系"[1]，"马克思的东西都是互相密切联系着的，任何东西都不能从中单独抽出来"[2]。恩格斯进一步指出，杜林的思想体系涉及广泛的理论领域，这使得他不得不用马克思和他"所主张的辩证方法和共产主义世界观的比较连贯的阐述"[3] 与其进行论战，并在反驳过程中进一步揭示了马克思主义哲学、马克思主义政治经济学、科学社会主义三者之间的逻辑关系。他指出："每一时代的社会经济结构形成现实基础，每一个历史时期的由法的设施和政治设施以及宗教的、哲学的和其他的观念形式所构成的全部上层建筑，归根到底都应由这个基础来说明。"[4] 因此他说："唯物主义历史观和通过剩余价值揭

---

[1] 《马克思恩格斯文集》第 9 卷，人民出版社，2009，第 8 页。
[2] 《马克思恩格斯全集》第 38 卷，人民出版社，1972，第 462 页。
[3] 《马克思恩格斯文集》第 9 卷，人民出版社，2009，第 11 页。
[4] 《马克思恩格斯文集》第 9 卷，人民出版社，2009，第 29 页。

开资本主义生产的秘密，都应当归功于马克思。"① 他用马克思主义的新世界观，揭开了经济基础与上层建筑之间的内在关系，在充分阐述唯物史观的过程中，明确唯物史观、剩余价值理论和共产主义学说之间是相互影响的综合性整体。

马克思主义方法论的整体性。马克思主义是认识世界和改造世界的根本方法。马克思认为："哲学家们只是用不同的方式解释世界，问题在于改变世界。"② 马克思主义以社会实践为基础，解释和改造现实世界。毛泽东说："理论与实践的统一，是马克思主义的一个最基本的原则。"③马克思主义方法论的整体性涉及社会实践活动的方方面面，例如，坚持辩证唯物主义和历史唯物主义的世界观和方法论，实现物质财富极大丰富、人民精神境界极大提高、每个人自由而全面发展，马克思主义政党致力于实现最广大人民群众的根本利益，坚持一切从实际出发、理论联系实际等。这里的方法论整体性主要体现为，马克思主义追求人民物质生活和精神生活共同富裕的整体性，每个人自由全面发展，体现为人民群体的整体性，以及理论和实际相结合的整体性。

中国化时代化的马克思主义的整体性。马克思主义来源于实践，又指导实践，与中国实际相结合，指导中国革命和建设。在马克思主义中国化时代化的过程中，历届中央领导人成为推进马克思主义整体性发展的典范。毛泽东的《实践论》《矛盾论》《改造我们的学习》《论十大关系》《关于正确处理人民内部矛盾的问题》等，是马克思主义与中国具体实践相结合的理论结晶。他指出："中国共产党的二十年，就是马克思列宁主义的普遍真理和中国革命的具体实践日益结合的二十年。"④ 我们党对马克思主义的认识经历了一个从局部认识到整体性认识的过程，不断推进马克思主义的整体性发展。邓小平指出，"把马克思主义的普遍真理同我国的具体实际结合起来，走自己的道路，建设有中国特色的社会主义"⑤，并围

① 《马克思恩格斯文集》第9卷，人民出版社，2009，第30页。
② 《马克思恩格斯文集》第1卷，人民出版社，2009，第502页。
③ 《毛泽东文集》第7卷，人民出版社，1999，第90页。
④ 《毛泽东选集》第3卷，人民出版社，1991，第795页。
⑤ 《邓小平文选》第3卷，人民出版社，1993，第3页。

绕"什么是社会主义、怎样建设社会主义"进行探索，推进我国改革开放和社会主义现代化建设。江泽民提出"三个代表"重要思想，回答了"建设一个什么样的党、怎样建设党"的问题。胡锦涛提出，"坚持以人为本，树立全面、协调、可持续的发展观"[①]，回答了"实现什么样的发展、怎样发展"的问题。党的十八大以来，我国社会主要矛盾发生变化，中国特色社会主义进入新时代，习近平总书记结合新时代重大课题，运用马克思主义基本原理，坚持和发展新时代中国特色社会主义，提出一系列原创性的治国理政新理念新思想新战略，形成了新的理论成果——习近平新时代中国特色社会主义思想。

马克思主义在中国的具体实践，是马克思主义与中国的具体国情相结合、与人民群众的切身利益相结合、与时代相结合的整体发展过程，解决了我国社会主义革命、建设和改革过程中的诸多实际问题，同时，不断推动马克思主义的发展和创新，创立了毛泽东思想、邓小平理论、"三个代表"重要思想、科学发展观、习近平新时代中国特色社会主义思想等理论成果，形成中国化时代化的马克思主义。中国化时代化的马克思主义具有一脉相承的整体性特征。在发展过程中，为进一步推进马克思主义的整体性发展，2005年中央设立马克思主义理论一级学科，下设"马克思主义基本原理、马克思主义发展史、马克思主义中国化研究、国外马克思主义研究、思想政治教育"五个二级学科，这些学科之间具有内在统一性和整体性特征。高校思想政治工作就是马克思主义理论整体应用于思想政治教育实践的结果，不仅具有马克思主义实践过程的整体性，还体现为实践结果的整体性特征。

（二）生产合力思想

生产合力体现为集合力，主要来自多个工人的协作。恩格斯指出："单个工人的力量的机械总和，与许多人同时共同完成同一不可分割的操作（抬重物等等）时所发挥的机械力，在质上是不同的。协作直接创造了一种生产力，这种生产力实质上是集体力。"[②] 一方面，生产合力是多个人

---

① 《胡锦涛文选》第2卷，人民出版社，2016，第143页。
② 《马克思恩格斯全集》第16卷，人民出版社，1964，第308页。

的力在一起协同产生的集合力。这表明，单个人的力与多个人的集合力性质不同，集合力是多个力的整体合力，不是多个力的简单相加，集合力具有单个人的力所没有的整体性。单个人可以基于某种共同的原因集合在一起，发挥个人所没有的集体功能。集合力的大小取决于单个人的主体性与合作程度。单个人的目的性越强，单个人的能力越大，集合力的功能也就越强大。集合力是一种新力，已经超越了单个人的力的简单集合。另一方面，在生产过程中，由劳动个体共同协作产生一种新的力量，这种力为集体力。协作使得单个的劳动产品汇聚成总产品，个体劳动凝聚成社会总劳动，个体行动力变成集体力。

生产合力来源于协作。所谓协作，即"许多人在同一生产过程中，或在不同的但互相联系的生产过程中，有计划地一起协同劳动，这种劳动形式叫做协作"①。单个人的力量是薄弱的，协作将不同的个人凝聚起来，形成一个强大的整体，发挥整体功能。在协作过程中，共同的协作目标会激发单个人的潜力和创造力，不断提升个人能力，促进生产力提高。因此可以说，协作，不仅可以增强单个个体的创新能力和生产能力，使不同个体凝聚起来，形成集体合力，促进物质生产和劳动生产的大规模发展，创造新的生产力，还可以通过协作扩大劳动范围。协作是人的有目的的行动。协作具有目的性，体现为不同的个体因共同的目标而协作，协作是为了攻克更难的问题。协作的目的性还体现为人的活动的目的性。我们常常把人的劳动和蜜蜂做蜂房作对比。人在劳动之前，已经在头脑里完成了所要进行的劳动。协作也是如此，在协作之前，人的头脑里已经想好了协作想要达到的目的。协作是有意识的活动。协作首先需要不同个体产生协同意识，在协同意识的指引下进行协作。人与动物最大的区别是人具有意识性、主观能动性。任何劳动生产都需要人发挥主观能动性。在协作过程中，难免出现问题。具有主观能动性的人，能在问题出现时，积极分析问题，并找出解决问题的办法，推动劳动生产的继续发展。此外，人的主观能动性还体现为，人能够为劳动生产制造相应的工具，提高生产效率，进而提高生产力。协作具有计划性，体现为不同主体在共同目标的指导下，

---

① 《马克思恩格斯文集》第5卷，人民出版社，2009，第378页。

制定集体行动的计划、方案，预判集体行动出现的问题、预想得到的结果。协作的计划性将不同个体凝聚成一个集体，并使其行动步调相对一致，推动目标在规定的时间内完成。协作还强调了多个个体劳动的同时性，这意味着在协同过程中，每个单个的个体需要真正参与到协作中来，不能游离在协作之外。生产合力思想既为新时代高校思想政治工作大格局构建提供理论指导，也使大格局构建成为可能。新时代高校思想政治工作大格局构建是一种特殊的生产实践活动，生产合力思想为多元主体、体制机制、设施阵地、评价体系如何有效分工与合作、如何实现有效协同提供理论指导和方法论指导。

（三）历史合力理论

恩格斯在晚年时期，提出并论证了历史合力理论，赋予历史唯物主义更深层次的意义与内涵，推动唯物主义向前发展。历史合力理论揭示了历史前进的深层动因，即历史发展的结果不仅是各种客观因素的相互作用，更受到个体意志及个体意志合力的深刻影响。恩格斯指出："历史是这样创造的：最终的结果总是从许多单个的意志的相互冲突中产生出来的，而其中每一个意志，又是由于许多特殊的生活条件，才成为它所成为的那样。这样就有无数相互交错的力量，有无数个力的平行四边形，由此就产生出一个合力，即历史结果，而这个结果又可以看做一个作为整体的、不自觉地和不自主地起着作用的力量的产物。"[1] 在这里，恩格斯强调了人的主观意志作用，即任何事情的发展都是人的自觉意识和主观目的共同作用的结果。人在历史进程中，发挥着主体作用，没有人的主体行动和物质要素的交互和影响，历史发展就是僵化的，人是推动历史发展的主要力量。物质决定意识，人的意志的发挥离不开社会物质生活条件，并取决于经济基础的发展水平。经济水平的提高对发挥人的意志的作用具有重要意义。因此，要发挥人的意志作用，推动历史前进，必须夯实经济基础。历史合力是由多个个体协同组成的合力。这些单个的个体，需要发挥个体的协同意识。总体而言，人类历史发展进程是在内在规律的支配下，由人的主观意志和社会有机体的各种各样的影响力和作用力相互交织

---

[1] 《马克思恩格斯文集》第 10 卷，人民出版社，2009，第 592 页。

而形成整体合力的过程。作为一个复杂的系统，人类社会是一个由多层次的、循环的、众多子系统构成的有机整体。系统内部的各个要素以网络结构呈现。系统内部各个要素的辩证运动是推动社会系统向前发展的内在动力。

社会是一个复杂的系统，社会系统内部各个要素的发展程度以及与环境的相互作用程度决定了社会的发展进程。同样，事物的发展也取决于内部要素与外部环境的交往情况，事物内部要素越齐全、结构越科学，事物就越发展。事物内部系统与环境的能量交换越深入，事物就越发展。人的主观意志在推动历史发展的进程中发挥着重要作用。历史发展的最终结果不仅是单个个体意志的体现，还是多个个体协同产生集合力的作用结果，多个个体的整体合力，最终构成集体合力。新时代大学生作为宝贵的人才资源、民族的希望、祖国的未来，是社会改革、发展、稳定不可忽视的重要力量。新时代高校思想政治工作大格局构建，主要任务是促进多元主体、多种空间、多个平台等不同要素的协同，整体推进和加强对大学生的思想政治教育。同时，单个个体的协同意识直接影响着大格局构建的成效，因此，不仅要增强个体的协同意识，还要不断提高个体的协同能力，促进整体育人。历史合力理论强调人的主体能动性，强调事物的发展取决于事物内部要素的发展、事物内部与外界的交换以及生产力的发展，还特别强调了内部系统与环境的交互作用。这为我们提供了高校思想政治工作大格局构建的理论和方法论指导。

二　系统论和耗散结构理论是理论借鉴

新时代高校思想政治工作大格局构建是一项系统工程，直接受到系统论和耗散结构理论的科学指导。系统论和耗散结构理论的科学研究成果，揭示了事物普遍联系的深刻性和具体性，为新时代高校思想政治工作大格局构建提供理论借鉴。

（一）系统论

冯·贝塔朗菲认为，在我们的现实生活中，系统存在生活的各个方面，他结合生物学、心理学、数学、物理学等学科，深入论述系统的特性。他认为，系统是"处于相互作用中的各要素的集合"①，所有的生物都是一个系统，这个系统由相互作用的部分组成，既可以是物质实体，也可以是事物的概念或者过程。这些事物的部分或者各个要素相互作用，为了达成特定的目标而协同工作。任何系统都具有整体性。这个整体性既表现为系统是由各个子系统构成的整体，也体现为整体具有的整体功能。系统的整体功能，不是机械的组合或各种零件的简单相加，而是各个要素功能的深度融合。贝塔朗菲还进一步提出系列系统理论，如经典系统论、集合论、控制论、信息论等，②并对这些理论进行深入论述，为我们理解世界提供新的视角。除了对系统的整体性进行论述之外，他还强调系统的开放性，认为系统是对外开放的系统，具有与环境交换的特点。通过与环境交换，淘汰旧的要素，吸纳新的要素，促进系统不断更新。

一切有机体都是一个整体，从结构和功能上来讲，有机体是由许多不同的部分组成的，如在生物体中，细胞、组织和器官等不同部分相互配合以维持生物体的生命活动。有机体的各个部分都有自己的特性、结构和功能，但只有当它们作为一个整体出现时，这个有机体才能正常生存和繁荣。因此，有学者指出："一切有机体都是一个整体。"③有机体与其所处的环境共同构成一个整体，二者相互作用，任何有机体都与其所处的环境之间存在着复杂的依赖关系，这保证了有机体内部要素与外界环境的能量交换和物质循环，有利于维持有机体与所在环境的相对稳定。系统强调了系统内部各部分之间的相互作用对于整体功能的重要性。对于人这个系统而言，人的中枢神经系统由大脑和脊髓构成，负责接收并处理外部刺激和内部信息，控制人的各种活动。但是，中枢神经系统要发挥整体作用，离不开人的其他器官的共同作用。只有人体的各个器官协同，才能发挥人作为整体的人的整体功能。对于整个社会而言，人是整个社会的中心，离开人的参与，物质无法进行再生产，社会无法向前发展。而单个人的力量是

---

① 〔美〕冯·贝塔朗菲：《一般系统论：基础、发展和运用》，林康义等译，清华大学出版社，1987，第35页。

② 〔美〕冯·贝塔朗菲：《一般系统论：基础、发展和运用》，林康义等译，清华大学出版社，1987，第17~20页。

③ 魏宏森、曾国屏：《系统论——系统科学哲学》，清华大学出版社，1995，第81页。

薄弱的，因此，需要众多单个个体形成整体，共同进行物质生产，推进社会向前发展。

系统是具有层次的系统。系统和要素、高层系统和低层系统都具有相对性。就系统与要素之间的关系而言，系统是相互关联的要素的整体。系统内部要素的相互作用和关系共同构成系统的结构和功能。在这个过程中，系统和要素是相对的。系统作为一个整体的性质和功能是由要素决定的，系统对要素起着主导和支配作用。在某种条件下，一个系统可能成为另一个更大系统中的一个元素，并且在处理特定问题时，最初被视为元素的部分可能被视为独立的系统。就高层系统与低层系统的关系而言，低层系统是高层系统的基础，但是低层系统可以通过自我优化，可能超过或赶上高层系统。低层系统在其他视域下，可能又是高层系统。

系统是开放的系统。根据系统与外界环境进行信息、能量交换的情况，我们把系统分为封闭系统和开放系统。一个系统如果没有和外界进行信息交换和能量交换，这个系统就会被定义为封闭系统。与封闭系统形成鲜明对比，开放系统允许物质输入和输出，意味着开放系统既可以从外部环境获取物质，也可以向外界环境输出物质，这种物质交换使开放系统中的物质总量不断发生变化。同时，开放系统不仅可以进行能量交换，还可以进行物质交换。系统的开放性还体现为系统的动态性。系统通过与外界不断进行交换，保持自身的更新与优化。当然，系统内部达到一定平衡时，系统就具有相对稳定性。"开放系统在一定条件下可能达到一种叫作稳态的不依赖时间的状态"①，处于稳态的系统，尽管内部要素与外界不断进行交换，却保持恒定的构成。新时代高校思想政治工作大格局内部，因新的学生输入、教师输入、知识体系输入，通过开展思想政治工作，使大学生成为完整的人，大学生学有所成后，进到社会，推进社会向前发展，这个过程本身就是一个循环往复、不断向前发展的动态的过程。系统论为新时代高校思想政治工作大格局的构建及有效运转提供理论借鉴。

① 魏宏森、曾国屏：《系统论——系统科学哲学》，清华大学出版社，1995，第149页。

（二）耗散结构理论

耗散结构理论是由比利时物理化学家普利高津提出的，用于研究耗散结构的性质、结构和演变规律，以开放系统为对象，研究系统如何从无序走向有序的过程。在研究过程中，系统与外界的交换、系统的自组织和自我调节等特性，为新时代高校思想政治工作大格局构建提供知识借鉴。

普利高津通过对比平衡结构，提出了耗散结构的性质和特点。他认为，"耗散结构"只有通过与外界交换能量（在某些情况下也交换物质）才能维持。① 系统具有与外界环境进行交换的特性与功能，只有不断与外界进行交流和交换，系统才能产生能量，促进系统优化。"一个远离平衡的开放系统，通过不断地与外界交换物质和能量，在外界条件变化达到一定阈值时，就可能从原先的无序状态，转变为一种在时空上或功能上有序的状态。"② 系统内部要素，包括物质、能量、信息呈不均匀、非平衡的状态分布于系统内部，这种非平衡性表现为系统内部的差异或者矛盾。当系统处于非平衡状态时，系统的稳定性难以保持，需要与外部环境进行物质、能量和信息交换，促进系统要素、系统结构的排列组合。当外在的条件对系统产生的作用达到一定的值时，系统从无序状态转为有序状态，系统从混乱状态转为稳定状态。

耗散结构理论强调系统是由多个相互紧密联系和相互作用的要素或子系统构成的整体。这些要素或子系统之间的交互作用不仅影响个体的状态和行为，而且深刻影响整个系统的性质和状态。"系统的性质的改变是由于系统中要素——子系统之间的相互作用所致。"③ 系统内部要素或子系统之间的相互作用表现为协同、竞争、非线性、涨落或者信息反馈等形式。具体而言，任何系统的子系统都倾向于以两种基本方式运行。一方面，子系统自发地进行无序运动，这种趋势可能导致系统崩溃或者使系统处于无序状态。这是因为在没有外界干扰的情况下，系统内部的各种因素，如内部能量的耗散、外部环境的扰动，会使系统内部原有的有序的要素和结构

① 湛垦华等编《普利高津与耗散结构理论》，陕西科学技术出版社，1998，第24页。
② 魏宏森、曾国屏：《系统论——系统科学哲学》，清华大学出版社，1995，第94~95页。
③ 魏宏森、曾国屏：《系统论——系统科学哲学》，清华大学出版社，1995，第96页。

丧失，无序性增加。另一方面，子系统之间的良性互动可以促进系统内部或者系统与外部环境的协同与合作，这种趋势通常涉及子系统之间的信息、能量和物质交换，它们的相互作用形成了稳定的结构，促进系统自发地走向有序。系统内部的有序或者无序状态都是客观存在的。系统呈现什么状态，取决于无序和有序状态谁占主导地位。当然，系统出现的任何一种状态，都受到系统内外各种原因的综合影响。在一定程度上，系统既可能通过自我调整和自我适应在无序中创造有序、走向有序，也可能因其内部矛盾的积累和外部环境的恶化而变得杂乱无章。

耗散结构理论认为，系统具有目的性。"系统的目的可以通过系统的活动来实现，即系统的行为保证了系统目的的实现。"[1] 系统是不断变化的系统。系统通过自我完善和自我调整趋向于更稳定状态。世界处于永恒的发展变化之中，无所谓最终稳定态。高校思想政治工作在长期发展中，形成相对稳定的体系和结构。新时代，高校思想政治工作面临新的发展要求与发展机遇，需要调整体系和结构以适应新时代对思想政治工作的要求，建立新的具有稳定态的工作格局。系统和现实社会一样，总是会出现各种各样的矛盾与差异，涨落是差异的具体表现。涨落的出现，促进系统自我优化、不断调整，以形成新的稳定态。但是涨落不能无限放大，要控制在一定的范围内。涨落是系统突变中的差异，是事物正常发展中的插曲，存在于事物发展过程中，甚至成为阻碍事物发展的主要因素。人根据自己要达到的目的、实现的效果，通过调整内部要素的数量，优化内部要素的结构，促使系统为实现自己的目的而服务。因此，积极发挥人的主观能动性，控制系统中的涨落，避免起破坏性作用的涨落的突变，将涨落控制在可控范围之内。

耗散结构理论认为，系统是一个自组织系统，系统通过不断更新与发展，与外界进行充分交换，使其保持自身稳定。但是系统的稳定是相对的，没有永恒的稳定。稳定是相对的稳定，而且处于稳定状态的系统在交换到新的要素以后，新的要素可能会造成系统的不稳定。这时，系统需要不断自我调整，优化内部要素和结构，促进系统朝着有序和稳定的方向发展。系统若没有自组织就会崩溃，就不可能保持发展中的稳定。系统内部

---

① 魏宏森、曾国屏：《系统论——系统科学哲学》，清华大学出版社，1995，第 236 页。

存在稳定机制是系统稳定的重要条件。这些稳定机制包括容错机制、反馈机制、自组织机制等。当系统出现涨落或者差异时，内部的稳定机制及时作出反应，对涨落和差异进行优化，使涨落朝着有序的方向发展。系统在不断纠错的过程中，提高系统内部各个要素和机制的容错能力、纠错能力，进而促进系统的稳定。系统结构是系统内部要素在时间和空间上的排列和组合的具体形式，它是系统中各要素之间相对稳定的沟通方式，是组织秩序和时空关系的内在表现形式。结构反映了内部要素之间的内在关系，反映了系统运动的内在规律。系统是一个整体，其中的元素有机地联系在一起，形成一定的结构，当结构发生变化时，系统也会发生变化。结构决定功能，系统的内部结构决定着系统内部各个要素之间的作用关系、交互方式，以及各个要素所达到的层次，也决定了系统表现出什么样的功能。如果系统内部要素之间的结构是稳定的、科学的，那么系统表现的功能是正向的。如果系统内部秩序混乱，那么这种混乱可能造成系统崩溃，崩溃的系统则无功能可言。反馈机制在控制系统中起着至关重要的作用，它通过传递和返回数据来控制系统的状态，以确保系统的平衡与稳定，这使得系统能够根据反馈信息及时调整系统内部的状态，以达到系统平衡或保持系统的稳定。系统是一个整体，系统的稳定需要内部各个要素处于有序状态。有序是系统的重要特征，在系统的正常运行和功能发挥中起着非常重要的作用，当系统处于有序状态时，内部各个要素之间的交互会更加协调和有效。但是，如果系统处于无序状态，内部各个要素之间的交互可能会变得混乱、无效，甚至导致系统崩溃。寻求最优控制是现代控制理论的一个突出特点，而系统优化最重要的是整体优化。耗散结构理论中关于系统具有的整体性、开放性、目的性，以及系统的结构、差异、涨落，为新时代高校思想政治工作大格局构建提供理论借鉴。新时代高校思想政治工作大格局作为一个特殊的工作结构，要遵循系统构建的相关规律，不断补齐要素、优化结构、发挥功能，提升高校思想政治工作全要素的协同育人效果。

三　新时代高校思想政治工作大格局构建必须遵循相关规律

新时代高校思想政治工作大格局构建受到社会环境的深刻影响，要想实现最优效果，必须以具体规律为指导，关于做好高校思想政治工作，习近平总书记指出："要遵循思想政治工作规律，遵循教书育人规律，遵循学生成长规律，不断提高工作能力和水平。"① 要调动全要素积极参与，做到随着社会发展、时代发展和人的发展需要，不断更新内容、完善要素和优化结构。

（一）思想政治工作规律

思想政治工作是一门融合心理学、教育学、社会学等多学科理论的综合性应用科学，始终聚焦于研究人的思想变化规律。有学者提出："思想政治工作规律就是按照人们思想、行为变化的特点和规律进行思想政治工作的必然遵循。"②

思想政治工作规律强调理论与实践的有机统一。新时代高校思想政治工作大格局构建是思想政治工作的重要组成部分，作为服务国家战略的子系统，不仅承担着为国家培养社会主义建设者和接班人的重要使命，还承担着广泛传播主流意识形态的重要责任。新时代高校思想政治工作大格局构建，不仅要向大学生灌输意识形态，还要引导和帮助大学生内化主流意识形态，从根本上维护马克思主义在意识形态领域的指导地位。因此，新时代高校思想政治工作大格局构建，一方面要夯实马克思主义理论教育，通过系统的思想政治理论课课程体系，向大学生传授科学的世界观和方法论，帮助学生树立正确的价值观；另一方面，必须重视实践育人环节，将理论知识融入丰富多样的实践活动中，让学生在实地考察与亲身体验中，真正实现从理论认知到情感认同，再到实践行动的升华，使思想政治教育既有深度又有温度。通过对大学生进行全方位的思想政治教育，全面提升大学生的综合素质，培养现代化需要的人才。

思想政治工作规律要求构建协同育人机制。新时代高校思想政治工作大格局构建是当前我国高等教育发展和进步的重要形态，预示着高等教育的发展方向，所培养的时代新人具备中国式现代化的时代特征和发展要

---

① 《习近平谈治国理政》第 2 卷，外文出版社，2017，第 378 页。
② 郑永廷：《把高校思想政治工作贯穿教育教学全过程的若干思考——学习习近平总书记在全国高校思想政治工作会议上的讲话》，《思想理论教育》2017 年第 1 期。

求，符合推进国家治理体系和治理能力现代化的实际需求。新时代高校思想政治工作大格局构建绝非某一部门或某一群体的单打独斗，而是需要整合学校、家庭、社会多方力量，形成育人合力。校内要推动思政课程与课程思政同向同行，促进专业教师与思政教师协同合作；校外需要加强与政府、企业、社区等的联动，利用社会资源丰富思想政治教育内容与形式。通过构建全方位、立体化的协同育人网络，营造良好的思想政治教育氛围，使学生在多元环境的浸润中，不断提升思想道德素养。因此，遵循思想政治工作规律，为构建新时代高校思想政治工作大格局、形成协同育人局面提供重要指导。

（二）教书育人规律

教书育人作为教育领域的核心命题，深刻体现着高校人才培养的本质规律。新时代高校思想政治工作大格局的构建，必须以教书育人规律为根基，将知识传授与价值塑造深度融合，实现教书与育人的同频共振，为培养全面发展的时代新人提供坚实保障。新时代高校思想政治工作大格局构建，要遵循教书育人规律，系统整合教育资源、优化教育流程、创新教育方法，推动形成高质量育人局面。"高质量发展是全面建设社会主义现代化国家的首要任务。"[①] 同时也是高校思想政治工作的重要任务。教育是国之大计，教育高质量发展是社会高质量发展的题中应有之义。而教育高质量发展归根结底是人的高质量发展，要培养和造就全面发展的高素质的现代人，需要有先进的育人理念、教育策略、实践路径。新时代高校思想政治工作大格局构建贯穿高校教学体系、管理体系和服务体系，有利于破解学科知识碎片化、育人主体疏离和教书育人分离等难题，把大学生发展放在一个更大、更连贯的大格局中，使大学生在系统化、体系化的育人格局中与知识建立有意义的联结，在知识整合与迁移中生成更高阶的知识，进而得到全面发展，确证自我存在的意义，实现新时代高校思想政治工作高质量育人。

教书育人规律强调育人为本、德育为先。新时代高校思想政治工作大格局构建遵循教书育人规律，以促进人的全面发展为价值指向，将思想政

治教育贯穿人才培养全过程，汇聚多元力量，形成整体育人局面。新时代高校思想政治工作大格局构建，结合新的社会要求、时代需求和时代新人的发展需要，更新、调整高校思想政治工作大格局要实现的总目标、阶段目标，为高校思想政治工作确立整体性、层次性、阶段性的教育内容。采用多样化的教学方式，汇聚高校全员育人合力，整合校内校外资源，搭建多样化的宣传平台，形成全要素协同、全过程参与及全方位贯彻的整体育人局面，对大学生进行全面、立体的思想政治教育。新时代高校思想政治工作大格局构建，着力引导大学生坚定共产主义理想信念，深刻把握共产主义理想的价值内涵和实践要求。通过系统化的理论教育和实践养成，帮助青年学生树立与实现中华民族伟大复兴同心同向的崇高理想，培养担当民族复兴大任的时代新人。要注重将社会主义核心价值观教育融入育人全过程，引导大学生在价值认知、价值选择和价值实践中明辨是非、站稳立场，全面提升思想政治素养、道德品质和科学文化素质，为推进中国式现代化建设提供坚实人才支撑，最终实现德智体美劳全面发展的育人目标。遵循教书育人规律，有利于更好地确立及实现新时代高校思想政治工作大格局构建的目标，为新时代高校思想政治工作大格局构建提供重要参考。

（三）大学生成长成才规律

习近平总书记指出："思想政治工作从根本上说是做人的工作，必须围绕学生、关照学生、服务学生，不断提高学生思想水平、政治觉悟、道德品质、文化素养，让学生成为德才兼备、全面发展的人才。"[①] 当今世界正经历百年未有之大变局，新形势下中国式现代化向纵深发展，世界将何去何从成为新的时代难题。新形势下，如何培养破解世界难题的时代新人成为复杂课题。新的时代背景和社会发展对人的发展提出新的要求。新时代高校思想政治工作大格局构建，正是回应和反映国家现实问题，遵循大学生成长规律而进行的改革创新。新时代高校思想政治工作大格局构建遵循学生成长规律，具体体现为激发大学生的主体性和不断满足学生成长成才需要。

遵循大学生成长成才规律需要坚持以学生为主体。一方面，新时代高

① 《习近平谈治国理政》第2卷，外文出版社，2017，第377页。

校思想政治工作大格局构建，坚持以大学生为主体，真正关注大学生的全面发展需求，指引和激励着教育者更新教育理念、丰富教学内容、转变教学方式，增强教育教学的针对性和有效性。通过构建专兼结合的工作队伍，整体提高教育主体的素质，整合多元主体力量，形成协同育人局面，共同为学生成长服务。搭建校内校外育人实践平台，为大学生创造多样化的实践基地，丰富大学生的学习和生活，总体提高大学生的素质，培养顺应时代潮流的时代新人、破解世界难题的胸怀天下的时代新人和担当民族复兴大任的时代新人。另一方面，新时代高校思想政治工作大格局构建，注重激发大学生的主体性。主体性是人区别于动物的根本标志。围绕学生、关照学生和服务学生必须以尊重学生主体性为前提，尊重学生的主体人格和主体价值。新时代高校思想政治工作大格局构建，以其全方位、多层次的格局要求，系统化、协同化的创新路径，通过潜移默化的思想引领，帮助大学生科学调整学习重心，灵活创新学习模式，系统优化学习方法体系。通过强化理论与实践的有机融合，切实提升学习效能，推动思想政治教育内容由认知层面的内化吸收向行为层面的外化践行转变，最终引导学生在思想淬炼与实践锻炼中实现全面发展，成长为既有扎实专业素养，又具备崇高理想信念、深厚家国情怀和强烈社会责任感的时代新人。

遵循学生成长规律，还体现为不断满足学生成长成才需要。高校思想政治工作肩负着为党育人、为国育才的时代重任。新时代高校思想政治工作大格局构建，本质是育人理念与实践体系的系统革新，需以学生为中心，遵循成长规律，融入时代特色，打造契合大学生成长成才需求的协同育人体系。大学生成长兼具认知发展共性与时代个性。新时代高校思想政治工作大格局构建，不仅需要运用系统思维，纵向贯通大学各学段认知特点，横向对比不同专业培养规律，关注大学生的个性化成长需求；还需要遵循渐进规律，把握大学生世界观、人生观、价值观的塑造关键期，从入学时的适应性教育到毕业时的职业价值观引导，分阶段定制教育内容；也需要统筹专业素养与全面发展，促进思政课程与课程思政同向同行，实现知识传授与价值引领协同，培育德才兼备的时代新人。

第二节　新时代高校思想政治工作大格局 构建的历史依据

高校思想政治工作大格局构建并非新时代特有的产物，只是在新时代更加强调大格局的构建及其质量。高校思想政治工作贯穿我国高等教育改革发展全过程，推动高校思想政治工作体系化、系统化建设一直是党和国家高度关注的重要事项。全面认识事物，就要厘清事物发展的历史进程，考察这个事物在各个不同阶段的发展情况，并预测事物的未来发展趋势。高校思想政治工作大格局是在我国革命、建设与改革各个历史时期的高校思想政治工作充分发展的基础上构建的，尤其是在改革开放后，我国高等教育真正实现改革发展，高校思想政治工作也是从这个时期开始体系化、系统化发展。回顾高校思想政治工作大格局构建的发展历程，从中找出发展规律，对于我们在新的历史起点上进一步开创高校思想政治工作大格局构建的新局面，培养符合社会发展要求的时代新人具有重要意义。

一　高校思想政治工作大格局构建的历史演进过程

任何一种理论的产生、形成和发展，任何一种教育的改革与创新，都是社会整体发展的客观反映。高校思想政治工作大格局构建的发展也不例外。高校思想政治工作大格局构建是从无到有、从弱到强的过程，在我国革命、建设与改革的历程中不断得到发展，并在新时代不断得到加强。伴随着我国思想政治教育的全面推进，高校思想政治工作大格局构建经历了社会主义革命和建设时期的萌芽阶段，改革开放和社会主义现代化建设新时期的初步发展阶段，以及中国特色社会主义新时代的创新发展和跨越式发展阶段。

（一）萌芽阶段（1949~1978 年）

新中国的成立，开辟了中国共产党执政条件下的思想政治教育发展历史新时期。伴随着我国社会主义改造的完成和社会主义制度的确立，高校思想政治工作也随之进行制度创新，建立社会主义教育制度，并为我国培养具有社会主义觉悟的有文化的劳动者作出重要贡献。这一时期，初步形成校内的课程协同育人局面、思政课教师队伍格局和校内外整体育人局面。

新中国成立初期（1949~1956年），初步形成思政课程与课程思政相协同和校企联动的良好局面。

新中国成立初期，国内外形势比较复杂，高校思想政治工作大格局构建面临严峻考验，教育部结合当时国内外形势，从教育内容、教育方法、学校教职员等方面，对在全国范围内推进思想政治教育作出规定，在校内成立思政课教学委员会作为领导机构，为高校思想政治工作大格局构建的体制机制发展奠定前期基础。1950年10月，成立政治课教学委员会（或教学研究指导组）作为政治课教学的领导机构。[1]

1955年提出思政课要与其他课相联系，建立校地联动。《关于高等学校的政治思想教育工作》强调，四门政治课要相互有机地连接起来，并与当时的时事政策教育和其他课程的教学紧密配合起来。[2] 这是课程思政与思政课程相协同的最早形态。除此之外，还组织学生到校外参观工厂、农业生产合作社、国营农场等，[3] 初步建立校地联动机制，为高校思想政治工作大格局构建中的资源整合提供经验参考和借鉴。

1956~1966年，初步构建思政课教师队伍格局，初步形成各个部门齐抓共管的局面。这一时期，毛泽东提出思想政治工作各个部门都要管的重要论断，从补齐数量、提高质量方面，加快构建高校思想政治工作大格局的工作队伍格局。党和国家意识到，在学习苏联教育经验的过程中，一定程度上脱离了我国的政治现实情况，开始关注并重视对青年的思想政治教育工作。1957年，毛泽东提出了思想政治工作需要各个部门齐抓共管的全局性思想。毛泽东指出："思想政治工作，各个部门都要负责任。共产党应该管，青年团应该管，政府主管部门应该管，学校的校长教师更应该

---

[1] 《普通高校思想政治教育课程文献选编（1949—2003）》，中国人民大学出版社，2003，第7页。

[2] 《普通高校思想政治理论课文献选编（1949—2008）》，中国人民大学出版社，2008，第21页。

[3] 《普通高校思想政治理论课文献选编（1949—2008）》，中国人民大学出版社，2008，第21页。

管。"① 毛泽东强调各个部门都应该管思想政治工作，以培养有社会主义觉悟的、有文化的劳动者为目标，促进受教育者在德育、智育、体育方面全面发展，鼓励广大青年为建设富强的国家而奋斗。毛泽东关于思想政治工作需要各个部门齐抓共管的全局性、整体性思想，是高校思想政治工作大格局构建的理论雏形，为高校思想政治工作大格局构建奠定理论基础和树立正确的价值取向。1958 年 4 月，教育部政治教育司颁布《对高等学校政治教育工作的几点意见（草稿）》，提出了今后开设政治课的意见，并提出了补充、培养政治课教师的方法。② 这为高校思想政治工作改革发展提供保障。1958 年9 月，中共中央、国务院发布的《关于教育工作的指示》强调，高校应实行学校党委领导下的校务委员会负责制，并对师资的选拔提出要求。③

（二）初步发展阶段（1978～2012 年）

以党的十一届三中全会为标志，我国进入改革开放和社会主义现代化建设新时期。这一时期，经过拨乱反正，高校思想政治工作的优良传统和教学秩序逐渐恢复。党和国家开始高度重视高校思想政治工作的体系化、系统化建设，高校思想政治工作大格局构建开始初步发展。

改革开放初期（1978～1992 年），围绕培育"四有"新人目标，初步形成学校、家庭、社会协同育人的格局。

党的十一届三中全会以来，邓小平以培养"四有"新人为目标，深入改革高校思想政治工作。1978 年，邓小平指出，"我们希望从事教育工作的同志，各个有关部门的同志，整个社会的家家户户，都来关心青少年思想政治的进步"④，并且提出："学校应该永远把坚定正确的政治方向放在第一位。"⑤ 邓小平认为："一个学校能不能为社会主义建设培养合格的人才，培养德智体全面发展、有社会主义觉悟的有文化的劳动者，关键在教师。"⑥ 因

---

① 《毛泽东文集》第 7 卷，人民出版社，1999，第 226 页。
② 《普通高校思想政治理论课文献选编（1949—2008）》，中国人民大学出版社，2008，第33～36 页。
③ 《普通高校思想政治理论课文献选编（1949—2008）》，中国人民大学出版社，2008，第39 页。
④ 《邓小平文选》第 2 卷，人民出版社，1994，第 105～106 页。
⑤ 《邓小平文选》第 2 卷，人民出版社，1994，第 104 页。
⑥ 《邓小平文选》第 2 卷，人民出版社，1994，第 108 页。

此，不仅要关注和重视教师发展，尊重和爱戴教师，还要全面提高教师的整体素质和水平，以提升"四有"新人的质量。党的十一届三中全会以来，党和国家相关部门先后下发文件，例如，1980年，教育部、共青团中央印发《关于加强高等学校学生思想政治工作的意见》；1984年，中央宣传部、教育部印发《关于加强高等学校思想政治工作队伍建设的意见》；等等。这些文件的制定和下发，推动高校思想政治工作大格局构建在体制机制、工作队伍建设、资源整合、社会参与等方面形成丰富经验，为新时代高校思想政治工作大格局构建提供依据。1987年，提出构建专兼结合的高校思想政治工作队伍格局。1987年5月29日，出台了党的十一届三中全会以来首个以中央名义颁发的文件——《中共中央关于改进和加强高等学校思想政治工作的决定》，该文件从继续进行校长负责制的试点工作、专兼结合的工作队伍构建及其要求以及全社会共同参与等角度，对高校思想政治工作大格局构建进行全面部署，为这一时期高校思想政治工作大格局构建提供遵循。

1992~2002年，社会主义市场经济体制初建时期坚持德育为先，突出素质教育，形成全方位德育格局、"三全育人"格局。

这一时期，经济全球化、政治多极化和文化多元化发展，引发人们价值观的多元化，对高校思想政治工作大格局构建提出更高要求。自党的十三届三中全会以来，以江泽民同志为核心的党的第三代中央领导集体，高度重视思想政治工作并把思想政治工作上升到巩固党的领导地位和完成党的历史任务的战略高度。1994年8月31日，中共中央出台了具有纲领性意义的文件，即《关于进一步加强和改进学校德育工作的若干意见》，该文件提出，学校要与社会和家庭紧密结合，形成育人合力。[1] 通过建立校外教育网点，将学校德育延展至校外教育空间，充分整合校外资源为德育服务，推动形成校内外整体育人合力。1996年初，国家教委颁布《中国普通高等学校德育大纲》提出，"建立全方位德育格局"[2]，对学生的整体德

---

[1]　《普通高校思想政治教育课程文献选编（1949—2003）》，中国人民大学出版社，2003，第154页。

[2]　《普通高校思想政治教育课程文献选编（1949—2003）》，中国人民大学出版社，2003，第162页。

育作出重要部署。学生良好的道德修养和较高的道德品质的养成是一个过程，需要增强教育主体整体育人意识，提高教育主体的协作育人能力，形成育人合力。此外，不同德育内容对学生产生的影响不同，需要把握德育教育的重点内容，对不同学段的学生采用不同的教育内容和教育方式，逐步提高整体规划德育内容体系、整合多元德育资源、组建多元德育主体形成合力的能力。不断加强学校教育、家庭教育和社会教育的紧密配合，使三种教育形成相互补充的育人合力。

1999年，提出构建学校、家庭和社会共同参与德育工作的新格局。《关于深化教育改革全面推进素质教育的决定》提出，社会各方面应当共同努力，打造具有影响力的文化品牌，建设具有教育意义的基地，丰富德育教育的平台，为青少年的德育工作创造和提供优质的文化产品，"形成学校、家庭和社会共同参与德育工作的新格局"①。这一时期，我国即将进入实施现代化建设第三步战略的关键时期，对培养新世纪的人才提出更高要求。劳动者的整体素质直接决定国家力量的强弱。因此，需要学校、家庭、社会共同参与全面推进素质教育，构建一个充满生机的有中国特色社会主义教育体系，形成整体参与德育的新格局。思想政治工作深受社会主要矛盾的影响，受到经济、政治等的影响。同时，思想政治工作确实也涉及经济、社会的各个方面，也对其产生深刻的影响。因此，坚持党的全面领导，充分调动社会各方面的积极性，凝聚社会各个方面的力量，是确保思想政治工作取得实效的关键。于是，1999年，《中共中央关于加强和改进思想政治工作的若干意见》提出，要"形成职责明确、齐抓共管、覆盖全社会的工作机制"②。2000年，中央思想政治工作会议召开，江泽民在会上发表讲话时充分阐述了思想政治工作的重要地位和作用。他指出："党的思想政治工作，是经济工作和其他一切工作的生命线，是团结全党和全国各族人民实现党和国家各项任务的中心环节，是我们党和社会主义国家的重要政治优势。"③ 可以看出，改革开放以来，我们党一直强调要"扩大覆盖面""建立新格局"，促进高校思想政治工作的体系化、系统化

---

① 《十五大以来重要文献选编》（中），人民出版社，2001，第861页。
② 《十五大以来重要文献选编》（中），人民出版社，2001，第1040页。
③ 《江泽民文选》第3卷，人民出版社，2006，第74页。

建设，这为构建高校思想政治工作大格局提供丰富经验。

2002~2012 年，进入全面建设小康社会时期，高校以培养全面发展的人为目标，促进形成教书、管理、服务的高校"三育人"格局，乃至全党全社会共同关心育人的大格局。

2004 年 8 月 26 日，中共中央、国务院第一次联合发文，颁发《关于进一步加强和改进大学生思想政治教育的意见》，提出要"形成教书育人、管理育人、服务育人的良好氛围和工作格局"①。党和国家通过颁发文件的方式，从加强和改进大学生思想政治教育的指导思想、基本原则和主要任务等方面，全面推进大学生的思想政治教育工作。在具体构建内容上，强调通过加强队伍建设、加大财政支持力度、加强对思想政治工作的领导等，增强思想政治工作的实效性。2005 年，胡锦涛提出"三全育人"，这是"三全育人"首次被国家领导人提出并得到高度重视。他指出，要建立健全"全体教职员工全员育人、全方位育人、全过程育人的工作机制"②，形成高校思想政治工作的强大合力。同年，《〈中共中央宣传部 教育部关于进一步加强和改进高等学校思想政治理论课的意见〉实施方案》从优化思政课内容、丰富教育手段、提高教师能力等方面对进一步加强和改进高校思政课作出指导，以期全面提升思政课的质量。2006 年 5 月，教育部颁布《普通高等学校辅导员队伍建设规定》。这些文件的出台，将高校思想政治工作大格局构建推向新的发展阶段。经过长期的积累和发展，高校思想政治工作大格局构建，在课程体系建设、体制机制构建、工作队伍建设、教育空间扩建等方面逐步得到发展，推动高校思想政治工作大格局构建在实践领域开启了新的发展局面。

（三）创新发展阶段（2012~2017 年）

党的十八大以来，中国特色社会主义进入新时代，对自由全面发展的时代新人的呼唤，要求加快新时代高校思想政治工作大格局构建，全面提升人才培养质量和水平。

随着经济的快速发展，国家对高校人才培养的多样化、多规格提出更

---

① 《十六大以来重要文献选编》（中），中央文献出版社，2006，第 187 页。
② 《十六大以来重要文献选编》（中），中央文献出版社，2006，第 645 页。

高要求。通过协同校内外，全面了解当前社会所需人才，以社会人才需求为导向，为国家和社会提供差异化的人才培养服务。2016 年 12 月 4 日，中共中央、国务院印发《关于加强和改进新形势下高校思想政治工作的意见》（以下简称"31 号文件"），提出要建立部门协作常态机制，"形成党委统一领导、党政齐抓共管、职能部门组织协调、社会各方积极参与的工作格局"①。该意见提出，要形成教书育人、科研育人、实践育人等"七育人"长效机制，推动学校、家庭、社会三个不同主体紧密联系，构建"三结合"的教育网络。文件出台以后，2016 年 12 月 7 日，在全国高校思想政治工作会议上，习近平总书记发表重要讲话并强调，"要坚持把立德树人作为中心环节，把思想政治工作贯穿教育教学全过程"②。31 号文件的出台和习近平总书记关于思想政治工作的重要论述和重要指示精神，确立了新时代高校思想政治工作大格局构建的战略地位。

（四）跨越式发展阶段（2017 年至今）

党的十九大以来，党和国家高度重视新时代高校思想政治工作大格局构建，大格局构建的整体育人理念不断更新、整体育人要素不断完善、结构不断优化，高校思想政治工作学科发展不断得到深化，并取得丰硕成果，实现跨越式发展。

为深入贯彻落实党中央的 31 号文件精神和习近平总书记关于思想政治工作的重要讲话精神，2017 年 12 月，教育部下发《高校思想政治工作质量提升工程实施纲要》，强调要充分发挥课程、科研、实践、文化等方面的育人功能，全面推进"十大"育人体系建设。"十大"育人体系的提出，要求积极探索和构建高校思想政治工作一体化育人格局，并在实践过程中，增强高校思想政治工作实效，推动新时代高校思想政治工作内涵式发展，为新时代高校思想政治工作大格局构建奠定经验基础。实践是检验真理的唯一标准，"三全育人"的改革试点，为"三全育人"的实施提供广阔平台。2018 年，围绕建设"三全育人"改革试点区、高校和院（系）三个层面进行全方位改革试点，整合思想政治教育资源，将高校思想政治

① 《十八大以来重要文献选编》（下），中央文献出版社，2018，第 494 页。

② 《习近平谈治国理政》第 2 卷，外文出版社，2017，第 376 页。

工作融入人才培养各环节，全面推进校地联动建设，形成校内外协同育人局面。

　　大学生的思想政治工作是一项庞大的工程，为全面激发多元主体的育人活力，习近平总书记于2019年提出要"建立党委统一领导、党政齐抓共管、有关部门各负其责、全社会协同配合的工作格局"①。新时代高校思想政治工作是一项综合的教育工程，形成整体育人格局，不仅需要坚持党的全面领导，党政齐抓共管，有关部门各负其责，还需要全社会的共同参与。

　　世界正经历百年未有之大变局，思想政治工作面对着复杂的国际国内形势，为了促进全党全社会在思想上进一步凝聚和团结，充分激发全党全社会的力量共同参与思想政治工作，中共中央、国务院于2021年7月印发《关于新时代加强和改进思想政治工作的意见》，提出构建共同推进思想政治工作的大格局。相比31号文件，该意见把教育主体扩展到人民群众，促使育人主体更加多元。同时，该意见提出了从健全和完善体制机制、打造专兼结合的工作队伍、用好各级各类设施和阵地、建立科学有效的评价体系等方面全方位构建大格局，明晰了思想政治工作大格局构建的具体实施路径，为推进新时代高校思想政治工作大格局构建提供了直接政策支持和实践思路。

　　进入新时代，迈向新征程，进一步完善思想政治工作体系，对推进高校思想政治工作高质量发展和在推进中国式现代化的进程中发挥政治优势具有重要意义。2022年，党的二十大报告再次强调"完善思想政治工作体系"②。可以看出，在新时代高校思想政治工作大格局构建的历史进程中，育人主体、体制机制、设施阵地、评价考核体系等要素的协同发展，已经向全党全社会共同参与思想政治工作的全新发展阶段迈进，并取得相对成熟的理论成果和宝贵的经验。教育是党之大计、国之大计，教育以立德树人为根本。落实立德树人根本任务，需要营造全社会共同育人的氛围。2024年1月，全国教育工作会议提出，"着力构建落实立德树人根本任务

①　《习近平谈治国理政》第3卷，外文出版社，2020，第331页。
②　习近平：《高举中国特色社会主义伟大旗帜　为全面建设社会主义现代化国家而团结奋斗——在中国共产党第二十次全国代表大会上的报告》，人民出版社，2022，第44页。

新生态新格局"①。会议强调，立德树人是一项复杂工程，需要用习近平新时代中国特色社会主义思想铸魂育人，需要发挥多元育人主体、多种育人平台协同的育人功能，全面加强教材建设和管理，推动人才培养高质量发展，实现人才高质量就业。新时代高校思想政治工作大格局构建，全面落实立德树人根本任务，彰显教育的人本属性，真正关照人、理解人，满足现代化人的成长需求和期待，促进现代化人的全面发展。2024 年 5 月 11 日，习近平总书记对学校思政课建设作出重要指示。他指出："要坚持以新时代中国特色社会主义思想为指导，全面贯彻党的教育方针，落实立德树人根本任务，坚持思政课建设与党的创新理论武装同步推进，构建以新时代中国特色社会主义思想为核心内容的课程教材体系，深入推进大中小学思想政治教育一体化建设。"② 同时，他还进一步指出："要着力建设一支政治强、情怀深、思维新、视野广、自律严、人格正的思政课教师队伍。"③

高校思想政治工作大格局构建的历史演进过程，在形式上反映了高校思想政治工作育人格局从"各个部门共管"到"全方位德育格局"再到"思想政治工作的大格局"的逐步发展与深刻变化。事实上，它深刻地反映了党和国家、高校、高校思想政治工作者对全要素整体育人认识的不断提高和深化；反映了高校思想政治工作不断适应时代、社会的发展要求和教育对象的变化，对高校思想政治工作内部要素、内部结构、内部功能进行更新和调整的意识增强；也反映了国家和社会对高校思想政治工作高质量发展的要求越来越高、对整体育人功能发挥的要求越来越高、对高校思想政治工作人才培养的要求越来越高。

二　高校思想政治工作大格局构建的相关经验借鉴

改革开放以来，高校思想政治工作大格局构建从探索、整体提升到跨

---

① 《2024 年全国教育工作会议召开》，《中国教育报》2024 年 1 月 12 日，第 1 版。
② 《习近平对学校思政课建设作出重要指示强调 不断开创新时代思政教育新局面 努力培养更多让党放心爱国奉献担当民族复兴重任的时代新人》，《人民日报》2024 年 5 月 12 日，第 1 版。
③ 《习近平对学校思政课建设作出重要指示强调 不断开创新时代思政教育新局面 努力培养更多让党放心爱国奉献担当民族复兴重任的时代新人》，《人民日报》2024 年 5 月 12 日，第 1 版。

越式发展，形成丰富的经验成果，尤其是党的十八大以来，高校思想政治工作大格局构建受到党和国家的高度重视，从召开会议和颁发文件到实际实施，全面推动了新时代高校思想政治工作科学化、体系化、系统化发展。新时代高校思想政治工作大格局构建在不同阶段取得的丰富成果和宝贵经验，既是党和国家高度重视的结果，也是高校思想政治工作内部主体协同、制度建设、阵地建设、评价考核一体化建设进一步发展的具体体现，展现了高校思想政治工作改革发展的新理念和新方法。这些宝贵经验成为推动新时代高校思想政治工作大格局构建的重要历史依据。

（一）坚持党的全面领导

意识形态工作是党的一项极端重要的工作，高校是意识形态斗争的主要战场，坚持和加强党的全面领导，是新时代高校思想政治工作大格局构建的有力保障。改革开放以来，党和国家对高校思想政治工作大格局构建高度重视，颁发一系列规章制度、政策文件，给予财力物力支持，明确高校思想政治工作大格局构建的领导体制和运行机制。党的十八大以来，新时代高校思想政治工作"七育人"长效机制、"十大"育人体系、"三全育人"、"思想政治工作大格局"等得到稳步构建，推动新时代高校思想政治工作内涵式发展。这些成就离不开党和国家的坚强领导。当前，中国共产党的中心任务是团结带领全国各族人民以中国式现代化全面推进中华民族伟大复兴。办好中国的事情，关键在党。新形势新任务对新时代高校思想政治工作大格局构建提出更高要求。坚持和加强党的全面领导，确保新时代高校思想政治工作大格局构建始终坚持社会主义办学方向，避免在复杂的国际国内环境中出现偏差；始终高举马克思主义真理旗帜，引领高校发展；用正确的理论和思想武装大学生的头脑，汇聚起全要素育人的思想共识、理念共识和价值共识。

（二）坚持围绕党的中心任务培养适应时代发展要求的人

高校是人才培养的重要基地，高校思想政治工作承担着全面贯彻落实党的教育方针的重要责任。高校思想政治工作的目标要求、工作任务随着时代的变化而变化，随着党和国家中心任务的变化而变化。这既体现了党对高校思想政治工作的重视和关心，也反映了党对人才培养规律的深刻认识和把握。高校思想政治工作根据不同阶段党和国家中心任务的变化调整对大学生的培养任务。以毛泽东同志为核心的党的第一代中央领导集体，在德育、智育、体育方面对人才培养提出了要求，体现了全面发展的教育理念，要求培养有社会主义觉悟的有文化的劳动者。这一时期，党和国家的中心任务就是推翻"三座大山"，实现民族独立和人民解放，投身社会主义革命和建设。高校思想政治工作大格局构建着重强调培养人的思想品德和提高人的社会主义觉悟，强调培养具有社会主义觉悟的劳动者，为社会主义建设服务。

邓小平同志在培养有社会主义觉悟的劳动者的基础上，提出了培养"有理想、有道德、有文化、有纪律"的"四有"新人目标。[1]"四有"是国家对青年的基本要求，是提高大学生思想道德素质和科学文化素质的基本内容。国家对人才培养的四个要求，共同构成了"四有"新人的培养目标，既为推进社会主义现代化建设提供了重要的人才保障，也明确了高校思想政治工作大格局构建的重要任务。这一时期，特别需要培养投身于改革发展的新型人才。高校思想政治工作紧密结合时代要求，引导和帮助大学生在实现社会主义和共产主义理想的伟大进程中确立个人理想，并在社会主义改革实践中践行。在世纪交汇的大背景下，面临经济全球化、世界多极化的国际国内形势，江泽民同志提出"五个成为"的育人目标。胡锦涛同志强调了德育培养的关键地位，促进人的能力与其他素质全面发展。面对国际国内形势的深刻变化，高校思想政治工作大格局构建的主要任务也发生巨大变化，着重强调对大学生进行主流意识形态的教育，帮助大学生树立正确的价值观，牢牢守好高校意识形态主阵地。

习近平总书记聚焦新时代新征程中国共产党的使命任务，提出"着力培养担当民族复兴大任的时代新人"[2]。新的使命任务要求高校思想政治工作凝聚起培育时代新人的强大合力，要求新时代高校思想政治工作形成全要素协同、全程跟踪、全方位贯彻的合力育人大格局，承担起培养具有世界眼光、国际视野和广阔胸怀的国际型现代化人才的责任，为推进中

---

① 《普通高校思想政治教育课程文献选编（1949—2003）》，中国人民大学出版社，2003，第106页。

② 《习近平著作选读》第1卷，人民出版社，2023，第36页。

国式现代化提供智力支持和人才支撑，为实现中华民族伟大复兴奠定人才基础。

（三）形成整体育人局面

新时代高校思想政治工作大格局构建是一项庞大的教育工程，需要内部要素的分工与合作。党和国家的领导人在不同时期，都在强调高校思想政治工作内部要素协同育人的重要意义。经过长期发展，高校思想政治工作大格局已初步建立，在推动高校思想政治工作高质量发展、全面提升育人实效方面起着关键作用，为不同时期、不同阶段培养适应时代发展的人才。新时代背景下，世界现代化、经济全球化、中国式现代化向纵深发展，对新时代高校思想政治工作大格局构建提出新的要求。新时代高校思想政治工作要适应新的要求，促进自身改革发展，推动内部各个要素整体协同、内部结构优化和功能耦合，形成整体育人局面。

第三节　新时代高校思想政治工作大格局
构建的现实依据

新时代高校思想政治工作大格局构建是一项特殊的教育活动，其内在发展的需要、回应挑战的需要和功能优化的需要，确定了新时代高校思想政治工作大格局构建过程，就是不断回应现实问题、解决现实问题、优化结构、强化功能的过程。

一　回应时代挑战的客观要求

新发展阶段，中国式现代化不断取得新进展新突破。现阶段，从国际国内环境的变化来看，主要体现为世界现代化、经济全球化和中国式现代化的深入发展，信息技术的全面发展。国内国际环境的变化为新时代高校思想政治工作大格局的构建提供物质条件，同时，也给新时代高校思想政治工作大格局的构建带来挑战。

（一）应对国际环境变化引起价值观选择的困惑

中国式现代化推动了生产力的发展、交往领域的扩大以及社会结构的变化，这些变化必然引起上层建筑的变化，引起人的思想道德和价值观念的变化。在此基础上，人们开始重新审视自己的价值取向，重新调整并确立自己的价值目标。同时，世界现代化推动了全球文化的交流互鉴。文化在交流互鉴中发展，不断汲取其他文化中的精华，为文化的交流传播创造条件。但我们越是深入学习其他国家的民族文化、文化取向、价值取向，越会对本民族的文化定位、文化取向等问题产生困惑。美国学者亨廷顿指出，文明冲突的实质是价值观和文化的冲突。因为，文化是一个国家、一个民族的灵魂，文化的核心是价值观，文化的较量其实质是价值观的较量。中国式现代化蕴含着独特的文明观，以文明交流超越文明隔阂，以文明互鉴超越文明冲突，以文明共存超越文明优越，尊重不同国家人民对自身发展道路的探索，为各个国家的文化交流互鉴创造条件，有利于形成世界文明百花齐放的局面。与此同时，多元价值观的存在，也引发人的思维方式的深刻变革，一定程度上影响社会主义核心价值观的培育和践行。世界现代化引发了人们对价值观选择的困惑，同时也引发我们思考。我们既要看到高校思想政治工作在塑造大学生思想观念方面的优势，也要从新的视域中思考，在世界现代化进程中，新时代高校思想政治工作大格局如何发挥思想政治工作的积极作用，并使新时代高校思想政治工作大格局更加具有时代精神，以及如何通过改革发展更好发挥自身的作用。

（二）应对国内环境变化引发的思想问题

中国式现代化向纵深发展，为经济发展带来巨大活力，也产生一些亟待解决的矛盾。如个人发展需求与社会供给的矛盾，个人富裕要求与全体人民共同富裕的差距，精神文明的多样性需求与精神产品供给单一的矛盾，人与自然和谐相处的需求和环境问题凸显的矛盾。这些复杂的利益矛盾和冲突影响了人们推进中国式现代化的积极性。社会上产生的这些问题，其实质是人的世界观、人生观、价值观和道德观等出现了问题。高校思想政治工作在解决人的思想问题方面发挥着不可替代的作用。而只有把握好正确的教育方法，才能更加有效地对大学生进行思想政治教育。因此，应鼓励教育者采用说服教育、民主讨论和理论引导等多种思想政治教育方法，引导广大受教育者妥善处理个体与国家、近期发展与长远发展的关系。引导和帮助大学生正确认识和尊重个人的利益诉求，增强对社会组织、个人及政府的理解和信任，促进人与人之间的交流和合作。从源头上解决在推进中国式现代化过程中人的世界观、人生观、价值观和道德观等产生的问题，调动大学生参与并推动中国式现代化的积极性。

（三）应对网络环境带来的冲击，充分利用信息技术开展思政工作

信息技术的发展，改变了人们的生产方式、生活方式和交流沟通方式，为各种文化和价值观的传播提供了平台。人们可以接触到来自世界各地的不同观点和思想，有利于拓宽视野，为新时代高校思想政治工作大格局构建提供便利。同时，信息技术也给新时代高校思想政治工作大格局构建带来挑战。新时代大学生作为"数字原住民"，对网络的使用频率较高，受网络影响较大。互联网使信息传播变得迅速而广泛，但同时也导致了信息的碎片化。人们往往只能获取关于某个事件或话题的片段信息，难以形成全面的认识。这种碎片化的信息可能导致人们对事物产生误解和偏见，甚至产生极端化的观点。社交媒体的使用，也可能会带来隐私泄露等问题，导致人们对现实的认知产生偏差，带来许多网络伦理问题。网络环境中的信息繁杂多样，人们往往难以辨别真伪。长期接触虚假信息和误导性内容可能导致人们丧失独立思考的能力，甚至产生盲目从众的行为。新时代高校思想政治工作大格局构建要与互联网进行深度融合，充分利用信息技术开展思想政治工作，使线上线下教育得以连接，实现双线教育，全方位引导和帮助大学生处理好自己与网络的关系，对大学生进行正确的教育，引导大学生遵守网络伦理，正确看待和使用网络技术。

二　适应高校思想政治工作现代化发展的必然要求

新时代高校思想政治工作大格局构建是推动高校思想政治工作更高水平、更高质量地承担立德树人的根本任务，推动我国高校治理现代化、增强思想政治工作实效、提高思想政治工作质量的关键途径。新时代高校思想政治工作大格局构建是一项具有教育意义的战略行动，是适应国家治理

体系和治理能力现代化、高校治理现代化和实现教育现代化的必然要求，也是适应教育内涵式发展的必然要求，对于提高大学生思想政治素质和科学文化素质、培养"堪当民族复兴重任的时代新人"① 具有重要意义。

首先，新时代高校思想政治工作必须根据高等教育现代化要求、中国式现代化要求进行变革，增强工作实效、提高工作质量、达到与高等教育现代化相符合的高质量标准。高校思想政治工作是一个动态发展的教育工程，具有时代性和创新性，始终围绕党的中心任务、时代发展要求和人的全面发展需求不断变化。新时代高校思想政治工作大格局构建，是为适应高等教育创新发展而进行的改革创新，对育人理念、体制机制、育人主体、育人资源、育人空间、考核评价等要素进行全面改革，调动不同要素育人积极性，推动形成全要素合力育人局面，促进新时代高校思想政治工作现代化发展、高质量发展。从育人要素的现代化来看，人的现代化是一项复杂的社会工程，需要多种力量形成合力，共同承担起育人责任，促进人的现代化。新时代高校思想政治工作大格局构建，能够调动全党、全社会共同参与对人的教育，实现校内、校外协同育人，形成强大的育人合力，对大学生进行全面教育、全方位教育，培养现代化的人，为高等教育现代化提供现代化主体。

其次，教育是国之大计、党之大计。教育的本质在于育人，而育人的根本在于立德。新时代高校思想政治工作承担着解决"培养什么人、怎样培养人、为谁培养人"这个教育的根本问题的责任。自中国共产党成立以来，思想政治工作在党的形成、发展、壮大的过程中发挥了生命线的作用，在"两个大局"加速演进的新时代，高校思想政治工作不仅承担着为高等教育指引方向的举旗帜作用，还承担着为推进中国式现代化凝心聚力的作用。新时代高校思想政治工作大格局构建的大格局理念和思维，指导着新时代高校思想政治工作为推进中国式现代化培养具有大格局视野、大格局胸怀的国际型人才。新时代高校思想政治工作大格局构建，能够调动全党、全社会的育人要素共同承担育人责任，对大学生进行全面教育，促进其自由全面发展，使其成为完整意义上的人。大学生正处于可塑性最强

① 习近平：《论党的青年工作》，中央文献出版社，2022，第241页。

的"拔节孕穗期"，新时代高校思想政治工作大格局构建，能够全面提升教育质量和扩大教育主体，坚持以人为主体，激发人的主体性，更加尊重大学生，关注大学生，全面提升思想政治工作的主体性、针对性和有效性，增强高校思想政治工作的感染力和亲和力，全面贯彻党的教育方针，落实立德树人根本任务，培养更多让党放心、爱国奉献、堪当民族复兴大任的时代新人，推动现代化教育强国建设、教育现代化、中国式现代化向纵深发展。

最后，高校思想政治工作决定着高等教育的发展方向，影响着高等教育的质量。党的十八大以来，我国高等教育得到全面发展，高校思想政治工作得到深入发展，并取得重要成就。党和国家高度重视高校思想政治工作体系化、系统化建设，为适应新时代社会发展需求和时代新人的成长需要，提出"构建共同推进思想政治工作的大格局"①"完善思想政治工作体系"②"着力构建落实立德树人根本任务新生态新格局"③ 等重要举措。为新时代高校思想政治工作大格局构建提供政策遵循，不断推进高校思想政治工作高质量发展。新时代高校思想政治工作大格局构建，既是促进高校治理现代化、增强高等教育实效的重要方式，也是为中国式现代化提供人才支撑和智力支持的重要抓手。党的十八届三中全会提出："全面深化改革的总目标是完善和发展中国特色社会主义制度，推进国家治理体系和治理能力现代化。"④ 思想政治工作是治党治国的重要方式，高校思想政治工作作为治党治国的重要方式，承担着为推进国家治理体系和治理能力现代化提供治理主体的重要使命。但新时代高校思想政治工作依然存在着育人要素凝聚不够、育人主体分离、整体育人意识不强、育人质量不高等问题。新时代高校思想政治工作大格局构建，突出强调全要素、全过程、全方位育人，形成不同主体、不同平台、不同空间等的合力育人局面，促进

---

① 《中共中央国务院印发〈关于新时代加强和改进思想政治工作的意见〉》，《人民日报》2021年7月13日，第1版。

② 习近平：《高举中国特色社会主义伟大旗帜　为全面建设社会主义现代化国家而团结奋斗——在中国共产党第二十次全国代表大会上的报告》，人民出版社，2022，第44页。

③ 《2024年全国教育工作会议召开》，中华人民共和国教育部网站，2024年1月11日，http://www.moe.gov.cn/jyb_zzjg/huodong/202401/t20240111_1099814.html。

④ 《十八大以来重要文献选编》（上），中央文献出版社，2014，第512页。

高校思想政治工作高质量发展，为培养高质量的治理主体夯实基础和提供条件。

三 新时代高校思想政治工作大格局构建的内在要求

新时代高校思想政治工作大格局构建是一个动态发展的过程，格局化、规范化、体系化、科学化、现代化作为新时代高校思想政治工作大格局构建的现实结果，同时也反作用于新时代高校思想政治工作大格局构建。

（一）有利于促进内部要素整体发展

一方面，人的自由全面发展是新时代高校思想政治工作大格局构建的最终价值指向。马克思、恩格斯认为，每个人都应该承担起全面发展自己的职责。"任何人的职责、使命、任务就是全面地发展自己的一切能力，其中也包括思维的能力。"① 人的自由全面发展具有全面性、整体性特点，包括人的各个方面能力的发展，如人的思维能力、表达能力、专业能力、生活能力、抗挫能力等。新时代高校思想政治工作大格局构建，有利于高校思想政治工作大格局中的各个要素协同起来，共同为人的自由全面发展提供服务，并进行全程跟踪和全方位教育，提升大学生全面认识问题、科学解决问题的能力，提高大学生的思想道德素质和科学文化素质，帮助大学生树立正确的世界观、人生观和价值观，解决大学生的价值观信仰问题。也就是说，新时代高校思想政治工作大格局构建，能够凝聚高校思想政治工作大格局内部要素的力量形成合力，促进大学生的自由全面发展。自由全面发展的人是整体的人，不仅是单个个体的人，还是现实的人的集合。新时代高校思想政治工作大格局构建，是为了提高绝大多数人的素质和能力，不是为某个人而进行的。整体的人具有群体性，群体性工作需要多方力量的配合才能达到实效。因此，人的自由全面发展的整体性，成为新时代高校思想政治工作大格局构建的内在要求。

另一方面，新时代高校思想政治工作大格局构建的实践性统一于其科学性和价值性。新时代高校思想政治工作大格局构建，因其提升人的思想

---

① 《马克思恩格斯全集》第 3 卷，人民出版社，1960，第 330 页。

道德素质、科学文化素质，丰富人的精神世界，推进人的自由全面发展，使人成为完整意义上的人而具有重要价值。为了不断推动自身完善、发展和进步，新时代高校思想政治工作大格局构建，始终坚持创新发展，坚持与时俱进，遵循"因事而化、因时而进、因势而新"的思想政治工作规律，针对新形势的要求和变化进行改革。新时代高校思想政治工作大格局构建，因其随着时代变化不断促进内部要素、内部结构的科学化，不断促进自我完善和更新而具有科学性。新时代高校思想政治工作大格局构建，通过全面提高人的综合素质，适应并推动社会生产力的发展，而社会生产力的发展又为人的发展提供物质基础和创造精神生活条件，符合人类社会发展的总趋势和一般规律。新时代高校思想政治工作大格局构建本身就是科学性和价值性的统一。新时代高校思想政治工作大格局构建是一项特殊的教育实践活动，教育活动的实践性要求大格局构建紧密结合时代发展步伐和社会发展对时代新人的要求，在主体协同、体制构建、设施完善、阵地建设和评价体系科学化等方面进行整体提升，推动内部要素全面协同。同时，根据新形势新要求，及时更新教育目标、教育内容、教育方法，制定新的教育方案，以适应时代新人的发展需求。

（二）有助于促进内部结构优化

功能、结构和要素是系统得以存在和发展的重要基础。要素通过排列组合形成系统的结构，功能是结构的产物。可以看出，要素是系统的最基本的组成部分。每一个要素都具有自己的特征与功能，并能通过与其他要素进行联结形成结构。功能的大小取决于结构的有序与否。有序的结构造就功能强大的系统，无序的结构阻碍系统功能的发挥。功能优化的前提是系统要素的科学完善与结构的合理布局。通过科学构建新时代高校思想政治工作大格局，促进大格局内部子系统、内部要素的科学组合和排列，发挥大格局内部各个子系统的功能，促进系统功能之间的耦合，进而最大限度地发挥系统的整体功能。

一方面，促进系统内部结构的完善。结构的科学取决于系统内部要素的科学与完整，系统功能及功能发挥归根结底取决于系统的部分或要素。由于构成系统的各个要素不是孤立存在的，而是相互联系、相互依赖、相互制约和相互作用的，优化了的系统整体为各部分或要素提供了最理想的环境，使其能发挥远比其单独存在时更大、更有效的作用。也就是说，尽管系统中的部分或要素有其独特的功能，但离开整体，其功能的发挥就要大打折扣，而一旦部分融合在整体中，就能发挥更大的功能，甚至创造出新的功能。新时代高校思想政治工作大格局作为适应时代背景、以中国式现代化全面推进中华民族伟大复兴的发展需求和时代新人的成长需要的复杂系统，其内部由体制机制、队伍建设、阵地建设和评价考核等四大要素构成。这四大要素是新时代高校思想政治工作大格局必不可少的要素，保证了新时代高校思想政治工作大格局作为系统的完整性与科学性，同时，这四大要素还适应时代发展与世界现代化发展需求，保障了新时代高校思想政治工作大格局功能的正常发挥。

另一方面，促进内部矛盾转化。大格局内部要素的本质和特征是大格局发挥整体性功能的基础，但这只是大格局整体功能发挥的客观条件，只有大格局内部要素或子系统相互作用、相互激发和相互补充才能使大格局更好发挥整体功能。在要素确定的情况下，要素之间的不同组合会使整体产生不同的功能。因此，系统的整体功能取决于系统内部要素之间的作用方式，即系统的结构。系统内部各个层次的子系统既有共同的运动规律，也有其各自的演变特点。其在一定条件下是可以互相转化的。

一是保持新时代高校思想政治工作大格局构建的差异的动态性。差异是指系统中的矛盾、突起、涌现等影响系统稳定的非平衡要素。系统之所以得以更新、发展，都源于系统内部的差异存在。保持差异的动态性，即保持系统内部矛盾的动态性，有利于激发系统的活力，使系统保持活跃和发展的状态。系统的差异体现为系统与其他事物相区别的特点。系统的差异主要源于系统的要素、结构、功能、表现等方面的差异，这些差异可以从系统内部的构成、系统内部的交互、系统与外部环境的关系等几个方面进行概括总结。系统内部要素的不同直接决定着系统的不同。要素的不同，决定结构的不同，导致功能的差异、表现的差异。要素相同，结构不同，系统的功能和表现亦不相同。要素相同、结构相同，与外界环境交互获取的能量和信息不同，依然导致功能和表现的差异。保持系统差异的动态性，是指不断完善系统要素，使要素处于不断更新和发展的状态，不断与环境进行交互，获取促进系统发展的关键力量，促进能量交换。新时代高校思想政治工作大格局构建，是大格局这个系统不断更新发展的过程，要不断处理大格局构建过程中出现的矛盾，把差异对系统的伤害和阻碍降到最低。不断增加教育者，为新时代高校思想政治工作大格局构建补充新鲜血液，激活大格局构建的活力。紧跟时代步伐，更新教育目标内容、更新教育理念和创新工作方式，增强新时代高校思想政治工作大格局构建的动态性。

二是强化新时代高校思想政治工作大格局构建的非线性作用。非线性是与线性相对应的一种方式，系统的线性体现为一种因果关系，即外界环境对系统的输入在很大程度上会使系统对环境进行输出。系统的非线性，体现为系统目的性的具体彰显，外界环境对系统的输入，会使系统根据要达到的目的和效果，对输入的能量和信息进行分析和处理，输出与外界环境输入大致相同的能量信息。系统的非线性，还体现为系统发生作用的复杂性，具体表现为，对于外界对内部系统的输入，系统并不能直接实现输出，而是需要进行过滤、加工、调节和创造后形成新质再向外输出。这个过程是系统进行创造的过程，需要激活系统内部所有要素以对新输入的能量和信息进行分析和处理，这无形中提升了系统发展的活力，提升了系统处理问题的能力和对外界环境的适应力。新时代高校思想政治工作大格局构建，深受世界现代化的影响，受到人的成长发展要求变化的影响，因此，需要不断强化大格局作为系统的非线性作用，及时作出调整以应对外界环境的变化，使得大格局构建符合国家发展要求和人的发展要求。

三是把握好新时代高校思想政治工作大格局构建的涨落，促进系统更新发展。涨落是系统中普遍存在的形式，任何一个系统都存在涨落。涨落，通俗来讲，是指影响系统发展的具体因素对其进行影响的结果，那些促进系统进一步优化的因素被称为正向涨落，对系统造成破坏的因素被称为反向涨落。涨落具有双重作用，一定条件下可以相互转化。因此，把握好系统的涨落，对促进系统更新、维护系统稳定具有重要作用。其一，消除阻碍系统发展的反向涨落。反向涨落是指破坏系统稳定、阻碍系统发展或者导致系统崩溃的干扰、矛盾或者突起。系统的反向涨落，来自系统内外的不良因素，如不稳定的环境、与外界交换不畅、资源短缺，系统内部落后的要素、不科学的排列等。因此，要消除反向涨落，保持系统相对稳定。其二，继续强化系统的正向涨落。正向涨落是促进系统优化和发展的要素，具体体现为科学的要素构成、稳定的结构、稳定的外界环境、资源合理配置等，要继续强化系统的正向涨落，推动系统发展。正向涨落和反向涨落是系统涨落的两个方面，对系统产生交叉影响。在系统发展过程中，要综合考察系统的发展状态，及时关注涨落的存在，整体提升系统自由优化的能力，以应对可能出现的反向涨落，确保系统的平衡与稳定。新时代高校思想政治工作大格局构建，是正向涨落与反向涨落双重影响下的改革创新。不良的舆论导向、错误的社会思潮、错误的价值观念、错误的理论等不良外界环境，以及教育者的协同意识不够和协同能力不足、沟通机制不畅等内部原因，会阻碍大格局构建的顺利进行。党和国家的政策指引、物质充裕、良好的社会风气、整体协同的内部系统，能够促进新时代高校思想政治工作大格局构建。因此，在大格局构建过程中，需要调整和处理反向涨落，消除反向涨落对大格局构建的不利影响，继续强化正向涨落对大格局构建的支持作用。

（三）有益于促进内部功能强化

功能是指事物自身发展或者与外界环境交互而表现出来的效能和作用。事物的性质不同、内部结构不同，其发挥的功能也不同。事物的整体功能是事物内部各个子要素或者子系统功能的集合，具有整体性特征。新时代高校思想政治工作大格局构建的功能，是指其内部诸要素之间以及子系统与环境之间相互作用所产生的结果，表现为新时代高校思想政治工作大格局构建对社会发展和人的发展所起的作用。美国社会学家帕森斯和斯梅尔瑟认为，"整个社会趋向于分化为子系统（社会结构），它们分别按专门划分为四个主要功能"[①]。各个社会彼此之间存在不同程度的差异，其原因是组成社会的集体都是根据其最主要的功能而进行分化的，这些功能包括"适应、目标达成、统一和紧张处理"[②]。新时代高校思想政治工作大格

---

① 〔美〕塔尔科特·帕森斯、尼尔·斯梅尔瑟：《经济与社会——对经济与社会的理论统一的研究》，刘进等译，华夏出版社，1989，第43页。

② 〔美〕塔尔科特·帕森斯、尼尔·斯梅尔瑟：《经济与社会——对经济与社会的理论统一的研究》，刘进等译，华夏出版社，1989，第17~18页。

局作为一种复杂的社会系统，在发挥系统的结构功能中提高人的思想道德素质和科学文化素质，以促进人的自由全面发展为目标，实现系统的整体优化。

促进适应功能的发挥。我们生活的现实世界是不断变化的，需要我们不断调整自己去适应这个变化着的世界。适应功能，是一切事物得以生存的重要能力。对于系统而言，只有不断与外界进行交换，适应外界环境的变化，才能推进结构的完善和优化。对于人类而言，人是具有主观能动性的主体，具有主动适应外界的意识和能力，能够通过自我提升，适应社会发展的整体要求。新时代高校思想政治工作大格局作为新时代社会系统中的一个自组织系统，是系统与环境相互作用的结果，自组织过程中出现的涨落、差异、矛盾等现象，需要系统自我适应、自我调节，推动系统的进化与优化。新时代高校思想政治工作大格局作为一种特殊的系统，在同外界环境进行物质、能量和信息交换时，既能通过调节内部结构，保持自身的稳定态，又能通过调整内部要素和结构以适应环境的变化。这种适应功能是通过要素调整、结构调适等方式实现的。新时代高校思想政治工作大格局构建是传播主流意识形态的主要途径，本质上具有意识形态性，属于上层建筑范畴，为经济基础所决定。新时代高校思想政治工作本质上是做人的工作，理应调整内部各个要素及其结构与功能，以适应时代发展要求和时代新人的成长需要。中国式现代化促进社会结构的变化、利益格局的调整，进而使人们的思想观念也发生变化。时代新人生活在现实社会中，深受外界环境的影响，难免会产生不良的生活习惯、错误的思想和价值信仰。新时代高校思想政治工作大格局构建，正是在反映和回应中国式现代化对高校思想政治工作改革发展的客观要求而进行的整体创新。通过不断调整教育方式，扩大教育面，辐射教育更多的时代新人，纠正他们的错误思想观念和行为习惯，引导和帮助时代新人接受正确的思想浸润，树立科学的价值信仰，为推进中国式现代化培养全面发展型人才。

强化目标达成功能的发挥。新时代高校思想政治工作大格局作为一种特殊的系统，以促进人的自由全面发展和满足社会发展要求为根本目标。人的自由全面发展具有整体性，单个个体无法完成对人的全面教育工作，需要高校全要素协同、全程参与和全方位贯彻，以整体之力促进人的自由全面发展。新时代高校思想政治工作大格局构建具有满足社会要求的功能。一是新时代高校思想政治工作大格局构建有利于推进国家治理体系和治理能力现代化。思想政治工作是治党治国的重要方式，承担着为国家培养建设者和接班人的重要责任。高校思想政治工作大格局构建，意味着全员、全程、全方位培育时代新人，促进时代新人的全面发展，为推进国家治理体系和治理能力现代化提供人才支撑，并凝聚现代化的人，促使其形成强大的力量，推进中国式现代化发展。二是持续推进我国精神文明建设成为新时代高校思想政治工作大格局构建的重要任务。新时代高校思想政治工作大格局构建是我国精神文明建设的重要方式，其主要目的与我国精神文明建设目标一致，即提高人的思想道德素质和科学文化素质，促进人的自由全面发展和社会的整体进步。三是新时代高校思想政治工作大格局构建能够推进思想政治工作高质量发展。高校思想政治工作大格局构建，有利于推动共同推进思想政治工作的大格局形成，提高思想政治工作的整体水平，促进思想政治工作高质量发展。

推动整合功能的发挥。整合功能又叫统一功能。新时代高校思想政治工作大格局构建，在动员人民的思想、增强人民的精神力量、整合多元价值观、加强和改善思想政治工作方面发挥了不可替代的作用，为实现中华民族伟大复兴提供了思想保证和精神支持。一方面，新时代高校思想政治工作大格局能够统一人们的思想，统率人们的多元价值观，使之形成统一的价值信仰，确保人民群众朝着正确的方向发展。整合功能是新时代高校思想政治工作大格局构建的首要功能，具体表现为统率大学生的多元思想、多元价值观的能力。通过深入领会党的大政方针和教育政策，向时代新人灌输主流意识形态，帮助和引导时代新人形成正确的价值观，对共产主义形成清晰而深刻的认知，全面了解中国梦、了解当前全党全人民的远大理想，形成科学的信仰体系和价值体系。另一方面，新时代新征程，新时代高校思想政治工作大格局构建，把以中国式现代化全面推进中华民族伟大复兴这个党的中心任务深入人民群众中去，把实现中华民族伟大复兴作为人们的精神支柱和精神向往，将人民群众紧紧团结在一起。新时代高校思想政治工作大格局构建，凝聚高校全要素育人力量，整合校内校外资源，为大学生搭建大平台，通过广泛、全面地宣传中国式现代化理论体系，促使人们对中国式现代化产生全面认知，使人们全面认知当前党的中心任务以及深刻认识自己的责任担当，整合人们多元的价值取向和行为选择，为以中国式现代化全面推进中华民族伟大复兴凝心聚力。

深化差异转化功能的发挥。矛盾是推动事物发展的根本动力。系统内部的矛盾同样经历着对立、转化、统一等阶段。"矛盾是差异发展的特殊阶段及特殊表现。"① 矛盾、对立是被推到极端的"最大差异"。系统内部的矛盾是少数的，且可以通过转化实现统一。通过转化，旧系统随之消亡，新系统得以产生。新时代高校思想政治工作大格局作为整体系统，其内部存在着对立统一的矛盾，而这些矛盾通过转化，能够促进大格局整体优化与发展。现代化社会的思想品德要求与人的思想品德水平之间的矛盾，是新时代高校思想政治工作大格局构建的最主要矛盾。解决社会要求与人的思想道德水平之间的矛盾，对新时代高校思想政治工作大格局构建提出更高要求的同时，也为其指明方向，是高校思想政治工作大格局构建的关键所在。新时代高校思想政治工作大格局构建顺利进行的关键在于，使大学生形成符合一定社会、一定阶级所需要的思想品德。因此，围绕新时代高校思想政治工作大格局构建的根本矛盾出现新的矛盾圈，即时代新人对思想政治素质的真实需要与高校思想政治工作的有效供给之间的矛盾、民族复兴的政治要求与时代新人所具备的政治素质之间的矛盾、大学生的现代化程度与社会现代化要求的矛盾。主要矛盾决定次要矛盾。教育者与教育对象都具有社会人和自然人双重身份，每个人在对受教育者进行教育之前都需要接受教育，教育主客体之间相互依存相互转换之间的关系问题决定着矛盾的解决程度。新时代高校思想政治工作大格局构建在解决主要矛盾的过程中，促进内部矛盾的解决，推动形成新的内部结构和功能，整体推动新时代高校思想政治工作发展。

促使育人功能的发挥。新时代高校思想政治工作大格局构建的育人功能是其最根本的功能，它的育人功能是多维度、全方位的，涵盖了对人进行政治引领、道德教化和思想引导等方面，旨在培养有理想、敢担当、肯吃苦、能奋斗的新时代好青年。新时代高校思想政治工作大格局构建，凝

① 乌杰主编《系统哲学基本原理》，人民出版社，2014，第250~251页。

聚高校所有育人要素，调动不同主体的育人积极性，形成全员育人的局面，对大学生进行全面思想政治教育，搭建多元育人平台，整合多种教育资源，为大学生提供多样化的实践平台，促进大学生的理论知识与社会实践的有机统一，打通实体网络与虚拟网络的现实壁垒，实现线上线下同时育人，延展育人空间，促进全方位育人，通过前后延伸，实现育人的全程贯通，确保大学生整体教育的有效衔接。通过全要素协同育人，培养信仰坚定、道德情操高尚和具有创新意识的时代青年。新时代高校思想政治工作大格局构建，从根本上讲是做人的工作，以育人为目的，提高时代新人的认知水平、交往能力，使其获得健康的心理和拥有丰满的精神生活，要根据大学生健康成长过程中的发展需要，全面系统地为受教育者灌输马克思主义理论、中国特色社会主义理论体系，对受教育者进行爱国主义教育、法律法规教育，使受教育者全面掌握理论知识，提升理论素养，提高受教育者对客观世界的认知和改造能力。新时代高校思想政治工作大格局构建，实现全员、全程、全方位育人，全面提高时代新人的道德素质、科学思维能力、劳动能力、思想认识、心理素质，促进受教育者的个性发展和人格完善，培养时代新人的综合能力，培养受教育者良好的心理素质和耐挫能力，使其认知、情感、评价、行为之间达到协调统一，成为身心健康的时代新人。

第三章

新时代高校思想政治工作大格局
构建的应然样态

　　党的十八大以来，习近平总书记提出了大市场①、大循环②、"大思政课"③、大格局④、"国之大者"⑤以及"大先生"⑥等许多有关大的概念。新时代高校思想政治工作大格局构建，依托大战略，形成"共同但有差序"结构，展现大力量，培养大学生，立足眼前，着眼长远，调动高校内外育人要素形成整体育人结构。新时代高校思想政治工作大格局构建，应具有广阔的视野，站在全局高度，服务国家战略，赋能中国式现代化，全面推进中华民族伟大复兴，为实现全人类美好生活培养具有世界胸怀、大格局、大视野的国际型人才。

① 习近平：《携手合作 共同发展——在金砖国家领导人第五次会晤时的主旨讲话》，《人民日报》2013年3月28日，第2版。
② 习近平：《在省部级主要领导干部学习贯彻党的十八届五中全会精神专题研讨班上的讲话》，《人民日报》2016年5月10日，第2版。
③ 《"大思政课"我们要善用之》（微镜头·习近平总书记两会"下团组"·两会现场观察），《人民日报》2021年3月7日，第1版。
④ 习近平：《谋求持久发展 共筑亚太梦想——在亚太经合组织工商领导人峰会开幕式上的演讲》，《人民日报》2014年11月10日，第2版。
⑤ 《习近平在陕西考察时强调 扎实做好"六稳"工作落实"六保"任务 奋力谱写陕西新时代追赶超越新篇章》，《人民日报》2020年4月24日，第1版。
⑥ 习近平：《论教育》，中央文献出版社，2024，第157页。

第一节 新时代高校思想政治工作大格局构建依托大战略

新时代高校思想政治工作大格局构建，在培养党和国家需要的人才方面，发挥着不可替代的作用。新形势下为了适应新的发展要求，统筹把握"两个大局"，党和国家比任何时候都关注新时代高校思想政治工作的高质量发展。高校思想政治工作的改革发展背后有国家战略作支撑，有大的思想作指导。

作为党的政治优势，新时代高校思想政治工作大格局构建，全面把握党和国家的现实需求，为其提供精准服务。在"两个一百年"奋斗目标的历史交汇期，高校思想政治工作大格局构建要服务于破解世界百年未有之大变局难题，依托于国家战略大蓝图、教育战略大布局和高校治理现代化进行统筹谋划。

一 服务于应对世界大变局

高校历来是意识形态斗争的主要战场，是知识密集、社会思潮相互激荡的地方。作为学术交流、学术争鸣、学术研究机构，高校面临着被不良社会思潮侵蚀的挑战和风险。新时代高校思想政治工作大格局构建推动全方位筑牢意识形态安全网，阻挡世界大变局带来的意识形态风险。当前，世界正经历着百年未有之大变局，在这个大变局中，中国作为关键的变量影响着世界格局。第二次世界大战以后，世界形成以美国为首的资本主义阵营和以苏联为首的社会主义阵营。苏东剧变以后，以美国为首的西方国家一直处于世界领导中心，掌握着世界的话语权。党的十八大以来，我国逐步走向世界舞台，走近世界舞台中央，积极推动建立更加公正合理的国际政治经济新秩序。中国作为新崛起的大国，其存在、壮大与发展定会遭到西方国家的遏制与阻挠，产生资本主义与社会主义的交锋、西方价值观与社会主义核心价值观的较量，这些较量关乎举什么旗、走什么路，关乎国家的政治安全和意识形态安全。高校作为意识形态斗争的主要战场，大学阶段又是青年价值观形成的关键时期，信息技术的飞速发展，使网络成为意识形态传播的重要渠道。意识形态工作具有很强的战略性和政治性，世界百年未有之大变局下的意识形态风险防范化解，需要形成合力共同应对。新时代高校思想政治工作大格局构建，要加强党对高校的全面领导，形成严密的、纵向的党的领导体制，加强党对高校意识形态工作的全面领导。坚持党的全面领导，确保高校办学的社会主义方向。坚持马克思主义在意识形态领域的指导地位，强化马克思主义统率多元思潮、整合多元价值观的能力。新时代高校思想政治工作大格局构建，以其兼容性、联结性，整合全要素协同育人，结合线上线下、校内校外资源，搭建丰富的、多样化的教育平台，形成整体育人大格局，对大学生进行全面思想政治教育，筑牢意识形态和政治安全屏障，规避世界大变局带来的意识形态风险。新时代高校思想政治工作大格局构建牢牢把握"两个巩固"根本任务，帮助和引导大学生在多元意识形态的较量中坚定共产主义信仰，用正确的理论武装头脑，学会解决思想问题，不断提高学生的思想道德素质和科学文化素质，提高大学生认识世界和改造世界的能力，引导大学生确立正确的价值观，自觉抵制错误意识形态的干扰，坚决维护意识形态安全。

二　站位于国家发展大蓝图

新时代高校思想政治工作大格局构建服务于国家战略需求。国家战略的推行离不开科学理论的指导。新时代高校思想政治工作大格局构建以科学理论为指导。大格局构建的过程既是检验理论的过程，也是推动理论不断创新和发展的过程。新形势下，高校思想政治工作面临新的时代任务与要求。新时代高校思想政治工作大格局构建顺应时代发展，构建具有科学性、时代性和先进性的理论架构，为充分发挥新时代高校思想政治工作在推进党的事业发展和推进国家治理体系和治理能力现代化中的作用奠定基础。新时代高校思想政治工作大格局构建，从国家宏观战略需求出发，服务于实现中华民族伟大复兴的战略全局，为国家战略的实施，培养全面发展的具有现代化能力和素质的高层次人才，提高他们进行物质生产和社会实践的能力。新时代高校思想政治工作大格局构建为推进中国式现代化凝聚思想共识，为以中国式现代化全面推进中华民族伟大复兴提供服务。新时代高校思想政治工作大格局构建，要广泛宣传习近平新时代中国特色社会主义思想和中国式现代化理论体系，从思想上掌握群众，推动大学生对新时代新理论形成科学认知。当今世界是经济全球化、世界现代化、中国式现代化向纵深发展的大时代，大时代需要具有大格局的时代新人。新时代高校思想政治工作大格局构建，适应时代要求与时代新人的发展需要，构建全要素协同育人、全程跟踪教育、全方位贯彻的新时代大格局。这个大格局更加侧重党和国家以及社会未来发展的客观趋势、目标和人们精神世界发展的长远需要，把实现中华民族伟大复兴的中国梦融入新时代高校思想政治工作中，使培养堪当民族复兴重任的时代新人的目标更加具有整体性和具体性。新时代高校思想政治工作大格局构建，注重培育和践行社会主义核心价值观。核心价值观是一个国家共同的思想道德基础，承载着一个民族、一个国家的精神追求。新时代高校思想政治工作大格局构建，注重对大学生进行社会主义核心价值观教育，搭建丰富的实践平台，强化实践养成，发挥社会主义核心价值观丰富大学生精神世界的功能。青年是时代的晴雨表，青年的价值取向决定了未来整个社会的价值取向。新时代高校思想政治工作大格局构建，把培育和践行社会主义核心价值观与办学治校、立德树人、教育教学紧密联系起来，确保大学生坚定共产主义信仰，确立正确的价值观，丰富和提升大学生的精神世界，以应对可能出现的不同价值观的影响。

三 服从于优化教育大布局

党的二十大报告提出："教育、科技、人才是全面建设社会主义现代化国家的基础性、战略性支撑。必须坚持科技是第一生产力、人才是第一资源、创新是第一动力，深入实施科教兴国战略、人才强国战略、创新驱动发展战略，开辟发展新领域新赛道，不断塑造发展新动能新优势。"[①] 新时代高校思想政治工作大格局构建，是立足于更广阔的视角、更宽阔的眼界和更宏大的格局，推进教育、科技、人才"三位一体"协同融合发展而进行的深化改革。教育是国之大计、党之大计，世界各国综合国力的

---

① 习近平：《高举中国特色社会主义伟大旗帜 为全面建设社会主义现代化国家而团结奋斗——在中国共产党第二十次全国代表大会上的报告》，人民出版社，2022，第33页。

竞争，乃是科技的竞争、人才的竞争。作为社会发展的重要基石的关键组成部分，新时代高校思想政治工作大格局构建，不仅向大学生传授知识和技能，更注重培养全面的人才，为国家繁荣发展和社会进步提供强有力的人才保障。习近平总书记强调："办好中国的世界一流大学，必须有中国特色。"① 一流大学，需要与之相适应的一流的教育水平和发展质量。新时代高校思想政治工作大格局构建，通过整合校内外各个要素的育人力量，调动不同主体的积极性，形成全要素协同育人局面，发挥整体育人功能，全面提升高校育人质量和水平，促进高校高质量发展。新时代高校思想政治工作大格局，不仅强调在时间维度上持续性、发展性育人，突出全程育人，还突出强调全方位育人，更加强调全要素之间的协同，这是思想政治工作体系的创新升级形式。新时代高校思想政治工作大格局构建，坚持党的全面领导，确保建设中国特色世界一流大学的正确方向，推动体制机制、工作队伍、设施阵地、考核评价等的全面改革发展，整体促进新时代高校思想政治工作高质量发展，培养践行教育家精神的"大先生"，培育符合新时代发展要求的具有大格局的"大学生"，为中国特色世界一流大学的建设提供方向指引和人力支撑。

四　耦合于推动高校大变革

为了全面增强国家的治理效能，党和国家根据新的任务、新的战略安排和新的工作需要，提出要深入推进国家治理体系和治理能力现代化。国家治理体系和治理能力现代化是各个领域的现代化。国家治理体系和治理能力现代化是国家进行全面深化改革而提出的新要求，思想政治工作是治党治国的重要方式，作为思想政治工作的子系统，高校思想政治工作现代化是国家治理体系和治理能力现代化的重要领域。国家治理体系和治理能力现代化对高等教育现代化提出新的要求，思想政治工作作为学校一切工作的生命线，决定着高校的发展方向，其发展质量也关乎高校治理现代化。作为推进国家治理体系和治理能力现代化的子系统，新时代高校思想政治工作充分吸纳高校治理现代化的科学思维、系统观念、体系思维，结

① 《习近平谈治国理政》，外文出版社，2014，第174页。

合新形势新要求，从场域共建、资源共享、主体协同、体制机制共建、内容更新、方法选择等方面，推动新时代高校思想政治工作大格局的整体构建。新时代高校思想政治工作大格局构建的内部各要素形成有机协同、有效运行的系统，通过全程参与、全方位贯彻，全面推进大学生的思想政治教育，为推进国家治理体系和治理能力现代化培养具有现代化能力的时代新人，牢牢守好高校意识形态主阵地，为推进国家治理体系和治理能力现代化提供智力支持和凝聚思想共识。

第二节　新时代高校思想政治工作大格局构建形成"共同但有差序"结构

大时代需要大格局。新时代高校思想政治工作大格局构建以"共同但有差序"格局为理论构型。"共同但有差序"格局，基于高校思想政治工作的共同价值和共同责任，坚持共性与个性相统一、坚持统一性与多样性相统一、坚持主导性与主体性相统一原则，尊重内部要素、内部结构的差异性与多样性，促进全要素协同形成整体育人局面。新时代"共同但有差序"的高校思想政治工作大格局，这种共同的特性来源于共同价值基础。同时，"共同但有差序"的大格局也是一个有差序的工作结构，既有横向的有弹性的"差"，也有纵向的有次序的"序"，是一种立体的结构。"共同但有差序"结构，以立德树人为石子，击打水面，以击打的点为圆心向外推形成多层水波纹涟漪，向外辐射的涟漪越多、范围越大，整体育人的局面越广，不断向外推的涟漪形成多层有差序的育人圈，形成全要素整体育人同心圆，构成全党全社会共同参与育人的新时代高校思想政治工作大格局，实现增值效应（见图3-1）。

一　新时代高校思想政治工作大格局构建的规律性与目的性

新时代高校思想政治工作大格局构建形成"共同但有差序"结构，是合规律性和合目的性的统一。从理论上说，"共同但有差序"格局，凸显结构的异因同果性、整体性和层次性特点，符合系统发展的客观规律，具有科学性和规律性。恩格斯指出："没有共同的利益，也就不会有统一的

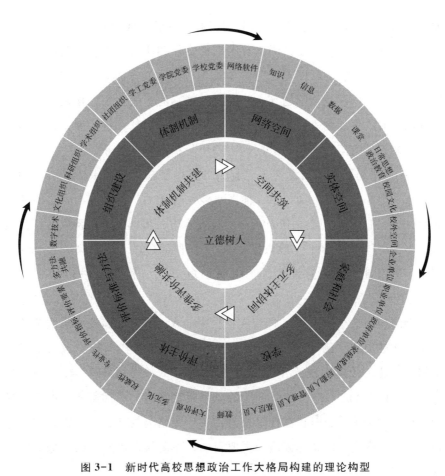

图 3-1　新时代高校思想政治工作大格局构建的理论构型

目的，更谈不上统一的行动。"①"共同但有差序"格局，统一于党和国家的共同意志，基于共同的价值追求、满足大学生的实际发展需要而构建，具有目的性。

（一）廓清新时代高校思想政治工作大格局构建的概念

新时代高校思想政治工作大格局构建形成"共同但有差序"格局，这个提法源于全球气候谈判中的重要原则"共同但有区别的责任"和费孝通先生提出的"差序格局"。1992 年《里约环境与发展宣言》正式明确了"共同但有区别的责任"原则。习近平总书记强调："共同但有区别的责任

—————————

① 《马克思恩格斯选集》第 1 卷，人民出版社，1995，第 490 页。

原则是全球气候治理的基石。"① 共同但有区别的责任原则，"强调各缔约国在公平的基础上，根据共同但有区别的责任和能力，为人类共同的利益履行保护气候系统的共同责任"②。共同但有区别的责任原则还用于处理国际关系问题、国际政治问题等。共同但有区别的责任原则，强调履行共同责任的同时，更加侧重行为体之间有差别的个体责任。这一原则，为新时代高校思想政治工作构建"共同但有差序"格局提供参考。

"差序格局"是由费孝通先生提出的并用于描述中国宗法社会中的亲属关系、地缘关系等社会关系。他以水波纹做比喻，指出人与人之间的关系是"以'己'为中心，像石子一般投入水中，和别人所联系成的社会关系，不像团体中的分子一般大家立在一个平面上的，而是像水的波纹一般，一圈圈推出去，愈推愈远，也愈推愈薄"③。作为差序格局中心的"己"有两层意思。第一层意思，"己"表示自己，"表示它是社会实体，是社会结构的最小单位"④，即现实社会中的人。新时代高校思想政治工作大格局构建中的"己"，是指大学生这个实体。新时代高校思想政治工作大格局构建，就是围绕大学生这个实体进行的改革发展。第二层意思，"己"表示自己的人格，是由自己的思想道德观念、心理素质、态度、能力等构成的整体。新时代高校思想政治工作大格局构建，以增强人的思想道德观念、提高人的整体素质为主要目的，强调为个体的"己"服务的特殊性。

本书用"共同但有差序"而不用"共同但有区别"这个概念，具有深层原因。在费孝通先生的差序格局中，差序有等级之差，具有主次关系，序即排列、系列。差序格局以感情的亲疏为核心，像水波纹一样，一层一层往外推，越推越薄，各个圈层之间存在内在关系。而有差别的责任，同样强调主体之间共同承担责任，但无法体现要素之间、主体之间的内在联系。格局，有框架、圈子的意思，表示主体存在于一个共同的空间中，其

<hr />

① 习近平：《论坚持人与自然和谐共生》，2022，中央文献出版社，第 276 页。
② 刘晗：《气候变化视角下共同但有区别责任原则研究》，博士学位论文，中国海洋大学，2012，第 4 页。
③ 费孝通：《乡土中国》，作家出版社，2019，第 30 页。
④ 卜长莉：《"差序格局"的理论诠释及现代内涵》，《社会学研究》2003 年第 1 期。

内在联系更加紧密。因此，本书使用"共同但有差序"，而不用"共同但有区别"这个表述。

"共同但有差序"中的"石子"，是指立德树人这个根本任务。新时代高校思想政治工作大格局构建，以立德树人这个石子击打水面，向外形成一圈一圈的水波纹，构成巨大的育人同心圆。离圆心越近，对大学生进行思想政治教育的任务越重，离圆心越远，对大学生进行思想政治教育的任务越轻。离圆心最近的核心圈是对大学生进行思想政治教育的核心主体，发挥主导作用。圆心外的涟漪是对大学生进行思想政治教育的次要主体，发挥着辅助作用。圆心与圆心向外形成的层层涟漪，构成整体育人的同心圆。习近平总书记指出，"正确处理一致性和多样性关系，关键是要坚持求同存异"，"只要我们把政治底线这个圆心固守住，包容的多样性半径越长，画出的同心圆就越大"。① 新时代高校思想政治工作大格局构建，整合多种资源，搭建多种平台，协同多方力量，寻求最大公约数，形成多元主体共建、资源共享、时间共同、空间共筑、机制共建、多方共赢、风险共担的全要素协同、全程参与、全方位贯彻的同心圆。"共同但有差序"中的共同，体现为新时代高校思想政治工作大格局构建立足于共同的伦理基础、利益基础和情感基础，体现统一性。差序中的"差"是指差别，"序"则指序列、排序，体现不同教育主体承担思想政治教育责任的多样性与差序性。新时代高校思想政治工作大格局构建，是由发挥主导作用的要素，如核心主体、主渠道、主阵地、主战场，与发挥辅助作用的多元次要主体、多元育人资源、多样化的育人方式等共同构成的整体育人结构。新时代高校思想政治工作大格局构建，应坚持统一性与多样性相统一原则，不仅要继续强化发挥主导作用的关键育人要素的功能，还要充分发挥多元要素的育人功能，共同促进全要素整体育人功能的发挥。

（二）新时代高校思想政治工作大格局构建的规律性

从理论上说，新时代高校思想政治工作大格局是一种结构，是系统的重要组成部分，系统的异因同果性、整体性、层次性，深化了"共同但有差序"格局的规律性。

---

① 《习近平谈治国理政》第 2 卷，外文出版社，2017，第 304 页。

"共同但有差序"格局具有异因同果性。异因同果性是指，"在有机体过程中从不同的初始条件出发和沿着不同的路线进行却可以到达同一个终态、同一个'目标'"①。在现实生活中，异因同果的现象十分普遍。这里的因，并不单指原因，也可以指因素。可以理解为，不同的原因可能导致相同的结果。不同因素之间的交互作用也可能产生相同的结果。系统的异因同果性，为新时代构建"共同但有差序"格局提供理论借鉴与参考。新时代高校思想政治工作大格局构建是一个多元主体、多元要素协同育人的过程。不同的主体、不同的空间、不同的评价方法、不同的体制机制，虽然所承担的对大学生进行思想政治教育的责任大小不同，但他们都为实现立德树人这个共同目标而发挥各自的功能。各个不同主体之间的不同组合，也会产生不同的功能，但无论主体发挥的功能如何，他们都为实现立德树人这个共同目标而排列组合，发挥功能。

"共同但有差序"格局具有整体性。我们生活的世界是一个整体，在这个整体中，不仅需要专业化分工，也需要专业化整合。专业化分工促进专业化知识水平的提高，推动精细化、精准化发展，提高物质生产的效率。专业化整合通过对资源进行优化配置，整合多元主体的力量，形成强大的合力，为社会持续发展提供强劲动力。新时代高校思想政治工作大格局构建是由内部各个要素组织起来的具有整体功能的结构，有利于协同高校所有育人要素，整合课堂内外、校内校外资源，形成整体育人的结构。作为整体的结构，新时代高校思想政治工作大格局构建具有统一的目标指向，其目标统一于党和国家的意志，意在培养能为国家发展分忧、能为社会发展出力的时代新人。目标具有整合性和统率性，因此，可以将不同的人的目标进行整合，形成一个共同的目标。共同的目标统率着新时代高校思想政治工作大格局构建朝着统一、正确的方向前进。新时代高校思想政治工作大格局构建的整体性结构决定着其整体性功能，整体性功能不是各个子系统功能的简单相加，而是各个子系统结构功能的总和，意味着"共同但有差序"的格局具有整体功能。

---

① 〔美〕冯·贝塔朗菲：《一般系统论：基础、发展和应用》，林康义等译，清华大学出版社，1987，第123页。

"共同但有差序"格局具有层次性。系统具有层次性,这种层次性源于结构内部构成要素的差异。结构是由各个不同要素组成的,不同要素的构成、性能、功效、特点不同,形成结构内部要素的层次性存在。结构的层次性,也体现为结构从低层向高层的发展。一定程度上,结构的层次性表现为发展的阶段性与持续性的统一。可以说,高层次的结构决定着低层次的结构,高层次结构是由低层次结构发展而来的。结构是系统的关键部分,决定着系统的稳定与否。当系统出现涌现或者差异时,针对不可控的系统混乱,高层次系统也可能降为低层次系统。就新时代高校思想政治工作大格局构建而言,体制机制、多元主体、考核评价、教育内容、教育时间、教育空间等作为高层次系统,高层次系统内部又包含着低层次系统。如多元主体为新时代高校思想政治工作大格局构建的高层次系统,又根据对大学生进行思想政治教育的程度和重要性,形成承担不同任务的主体层次。教育内容内部又包括政治教育、思想教育、心理教育等不同层次的教育内容。不同层次的子系统形成不同的结构,承担着不同的系统任务,产生不同的功能。这就决定了,新时代高校思想政治工作大格局构建的内部要素之间形成不同的层次系统,不同层次的系统和子系统承载着不同的育人责任,"共同但有差序"的大格局真正凸显了新时代高校思想政治工作大格局构建的内部要素结构、功能、作用的等级秩序性。

(三) 新时代高校思想政治工作大格局构建的目的性

从现实来讲,新时代高校思想政治工作大格局构建是一种思想政治工作改革方式。

新时代高校思想政治工作大格局构建是促进思想政治工作改革发展的重要方式。新时代高校思想政治工作大格局构建是由多元主体、多种体制机制、多种教育空间、多维评价方式相协同形成整体育人局面的过程。不同主体、不同体制机制、不同教育空间、不同评价方式承担着不同的责任,但这些育人要素都朝着共同的方向前进,都有共同的目标。从主体来看,学校党政领导班子、思政课教师、辅导员、班主任承担着对大学生进行思想政治教育的主要责任,发挥着主导作用。从教育空间来看,实体空间承担着对大学生进行思想政治教育的主要责任。从体制机制来看,党的领导发挥着主导作用，决定着新时代高校思想政治工作大格局构建的方向问题。从考核评价来看，不同评价方式产生不同的评价功能，要采取多维评价方式对新时代高校思想政治工作大格局构建进行质量评价。不同育人要素发挥不同作用，但最终指向都是人的自由全面发展。

新时代高校思想政治工作大格局构建是调动人的主体性的实践活动。新时代高校思想政治工作大格局构建是内部全要素协同育人的整体性构建，大格局有效运转的前提是内部要素基于共同的价值追求和相对平衡的利益追求，这使得大格局成为非单一化系统。新时代高校思想政治工作大格局是一个较为典型的因利益相关者共同治理而形成的组织，这些利益相关者围绕"立德树人"这个根本任务形成利益相关关系，每一个利益相关者在大格局构建过程中，都会衡量大格局构建对自身效用的最大化而对大格局构建的设计、实施、检验施加影响，以使体制机制的构建、资源平台的搭建和评价考核更有利于自身。其中，大学生是新时代高校思想政治工作大格局构建最直接的利益相关者，当其他利益相关者追求的自身效用与立德树人目标一致时，大格局构建得以顺利推进。当利益相关者的自身追求与立德树人任务相悖时，大格局构建将出现混乱。随着我国大学规模的扩大，大学生的数量不断增多，高校思想政治工作队伍不断扩大，各利益相关者的主体意识、权利意识不断增强。不同利益相关者对新时代高校思想政治工作大格局构建有着差异化要求，并在大格局构建的合作过程中产生矛盾。满足和平衡大格局构建内部多元行为体的利益诉求，减少多元主体因利益矛盾产生的内耗，增强多元主体的合作意愿，使其为大格局的构建创造最大价值和有利条件，推动大格局科学协同和有效运行成为新时代高校思想政治工作大格局构建所面临的现实难题。从工具理性与价值理性相统一的角度看，"共同但有差序"的格局坚持统一性与差异性相结合，在坚持资源共享、主体共建、风险共担等共同理念基础上，尊重主体性差异，通过呈现不同教育主体对大学生的思想政治教育所承担的不同责任，来协调多元利益相关者之间的差异，满足不同主体的需要，减少他们之间的内耗，使多元利益相关者趋向共同的目标，完成共同的任务。

二　新时代高校思想政治工作大格局构建的具体形态

每一种体系都有对应的结构。以往，学者们在研究体系时，对体系的结构进行深入研究，如"中心—边缘"结构、"差序—协同"关系、矩阵组织结构、"四梁八柱"思想政治教育体系、"五维协同"模式、"一核四维"思想政治工作格局等。而本书的新时代高校思想政治工作大格局构建，是以"共同但有差序"的格局得以呈现，体现为大格局构建的内部各要素以立德树人为根本任务，以大学生为中心，向外辐射形成多层涟漪的同心圆。

（一）坚持党委领导下的校长负责制，形成同心同向的体制机制格局

坚持党委领导下的校长负责制，是新时代高校思想政治工作大格局构建顺利推进的前提。新时代高校思想政治工作大格局构建，要坚持党委领导下的校长负责制，推动高校治理现代化，这既是高校思想政治工作高质量发展的重要途径，也是推动构建中国特色世界一流大学的必备条件。新时代高校思想政治工作大格局构建，必须坚持党的全面领导，确保新时代高校思想政治工作大格局构建朝着正确的方向前进。党委领导下的校长负责制是中国共产党成立以来，在实践探索中形成并确立的高校领导体制和运行机制，是中国特色现代大学制度的重要内容。党委领导下的校长负责制经历漫长的发展过程。1958 年，中共中央、国务院颁布的《关于教育工作的指示》要求，在一切高等学校中应当实行学校党委领导下的校务委员会负责制；1978 年，教育部颁布的《全国重点高等学校暂行工作条例（试行草案）》规定，高等学校的领导体制是党委领导下的校长分工负责制；1985 年，《中共中央关于教育体制改革的决定》规定，学校支部实行校长负责制；1990 年，中共中央印发的《关于加强高等学校的党的建设的通知》明确规定，高等学校实行党委领导下的校长负责制。1998 年，《中华人民共和国高等教育法》以法律形式确定了党委领导下的校长负责制。从党委领导下的校长负责制的发展历程可以看到，高校领导体制的健全与稳定是高校有效治理的基础保障。高校思想政治工作事关党对高校领导的根

本问题。新时代高校思想政治工作大格局构建，应处理好党委领导与校长负责的关系，处理好集体领导和分工负责的关系，处理好行政管理与学术权力的关系，形成党政齐抓共管、宣传部门组织协调、有关部门和院（系）共同参与的同心同向的体制机制格局。

（二）以学校教师为中心向外形成全员育人的主体格局

随着大学自身功能的不断拓展、组织结构的日益复杂和高等教育大众化，大学已经从"象牙塔"发展为社会的"轴心机构"，成为一种典型的利益相关者组织。思想政治工作作为学校一切工作的生命线，承担着确保高校教育的社会主义方向、培养时代新人的重要使命，构建新时代高校思想政治工作大格局能更好应对国家、社会对高校思想政治工作的新要求。新时代高校思想政治工作大格局是多元利益相关者共同治理的工作体系和结构。高校因承担对大学生不同的教育任务而形成多元利益相关者。有学者认为，高等教育的利益相关者划分为"核心利益相关者（高校行政人员）、关键利益相关者（政府、高校教师、学生）、紧密利益相关者（企业、用人单位）和一般利益相关者（学生家长和社区）"①。新时代高校思想政治工作大格局围绕着立德树人这个中心，形成类似同心圆的结构，以对学生的直接教育和间接教育为辐射度划分为四个育人圈，其中，学校各级党政领导班子、学工人员、思政课教师为第一层育人圈，对大学生进行最直接的思想政治教育，属于核心层；学校行政人员、课程思政教师为第二层育人圈；管理人员、学校基层工作者为第三层育人圈；政府、家庭、校友、企事业单位等校外育人主体为第四层育人圈。这些不同层次的育人圈以大学生为本，以学校教师为核心层，形成了大学生、家庭、社会等立体化、多层次育人主体共同育人的新时代"共同但有差序"的高校思想政治工作大格局。

（三）以课堂教学为中心向外辐射形成全方位育人的空间格局

新时代高校思想政治工作大格局构建的设施阵地，以思想政治理论课为主渠道、以日常思想政治教育为主阵地、以网络思想政治教育为主战

---

① 左崇良：《高等教育治理的社会学分析——基于差序格局的视角》，《国家教育行政学院学报》2016 年第 12 期。

场。其中，新时代高校思想政治工作大格局构建的设施阵地以课堂教学为核心。课堂是高校思想政治教育受众面积最大的教育场域。美国批判教育学家阿普尔认为，课程不仅是一个教育问题，而且是一个意识形态和政治问题。课程其实质是一种特殊的意识形态，深受社会经济制度和政治制度的影响，是国家意志的体现。课堂教学在高校育人体系中具有重要地位，承担着"立德树人"的使命。《关于进一步加强和改进大学生思想政治教育的意见》指出，"高等学校思想政治理论课是大学生思想政治教育的主渠道"，"高等学校各门课程都具有育人功能，所有教师都负有育人职责"，并进一步指出，"广大教师要以高度负责的态度，率先垂范、言传身教，以良好的思想、道德、品质和人格给大学生以潜移默化的影响"。① 同时，习近平总书记指出："要用好课堂教学这个主渠道，思想政治理论课要坚持在改进中加强，提升思想政治教育亲和力和针对性，满足学生成长发展需求和期待，其他各门课都要守好一段渠、种好责任田，使各类课程与思想政治理论课同向同行，形成协同效应。"② 无论是课程思政还是思政课程，其本质都是育人，核心内涵在于思想价值引领。思想政治理论课，是对大学生进行思想政治教育的主渠道，具有显性的思想政治教育功能，有利于对大学生全面深入地传授马克思主义，是马克思主义在高校发挥领航作用的课程载体，是我国主流意识形态的价值规范和理想信念的正确反映，旨在通过系统讲授马克思主义及其中国化的理论成果和创新实践，使大学生树立共产主义远大理想和坚定中国特色社会主义共同理想。课程思政是一种教育改革，是教育理念的更新，它要求思想政治教育很好地融入各门各类课程的教学中，形成协同效应，实现全课程育人，是对现有教育体系的深化改革和发展，体现了高校不同课程主体全员育人的要求，促进高校形成整体育人局面。课程思政蕴含思想政治教育隐性因素，是思想政治理论课对大学生进行思想政治教育的有益补充。新时代高校思想政治工作大格局构建目标的实现，离不开思政课程与课程思政发挥显性育人与隐

---

① 《中共中央 国务院发出〈关于进一步加强和改进大学生思想政治教育的意见〉》，中华人民共和国教育部网站，2004 年 10 月 15 日，http://www.moe.gov.cn/jyb_xwfb/gzdt_gzdt/moe_1485/tnull_3939.html。

② 《习近平谈治国理政》第 2 卷，外文出版社，2017，第 378 页。

性育人的共同育人作用。

（四）以综合评价为中心向外辐射形成功能互补的评价格局

综合评价是指对产品或服务进行测量、检查、测试和质量检测，是判断是否满足规定的条件。教育活动的综合评价是对教育活动的育人成效、育人过程进行价值检测，检验教育是否满足人的发展需求、是否满足社会发展需求。综合评价对提高产品质量和服务水平具有重要意义。对于教育活动而言，综合评价推动教育目标内容、方式方法的更新与发展。为了保证评价的科学性，需要多维评价共同发生作用，即要"改进结果评价，强化过程评价，探索增值评价，健全综合评价"①。结果评价侧重强调结果的达成度，以及结果所产生的影响。过程评价是对活动或者项目的实施过程进行阶段性、全程性的监测，是一种及时性的评价方式，有助于人们及时处理过程中的问题，节约活动或者项目实施的成本。增值评价是一种发展性评价，更加关注大学生学习和成长的增值过程。综合评价，是多元评价主体用多个指标对活动或者项目进行全面评价的过程，具有全面性和客观性。新时代高校思想政治工作大格局构建，以综合评价为中心，向外辐射形成结果评价、过程评价、增值评价等多种功能互补的评价体系，推动转变评价观念、增加评价维度、优化评价结构、丰富评价方法，促进评价的多样化、全面化和科学化。

（五）以大学时段为中心向前后延伸形成全程育人的时间格局

全程育人从时间维度强调了新时代高校思想政治工作大格局育人的持续性与阶段性的统一。一方面，教育过程的非线性发展决定了育人的全程性。新时代高校思想政治工作大格局构建是一个有组织的、持续引导大学生学习和交流的教育过程。教育过程是大学生身心产生变化发展的过程。通过构建大格局，育人要素得以形成教育合力对大学生进行全面教育，教育主体、教育内容、教育资源、教育场域等得以与大学生建立联结。在教育过程中，信息、技术、知识、技能、能力等会在大学生身上发生、保持，但不代表会在大学生身上真正发生变化。新时代高校思想政治工作大

---

① 《中共中央 国务院印发〈深化新时代教育评价改革总体方案〉》，中国政府网，2020年10月13日，https://www.gov.cn/gongbao/content/2020/content_5554488.htm。

格局构建的目的，是通过教育促进大学生的身心健康、全面发展。可见，在教育过程中，教育主体对教育对象进行有目的的意识输出，并不一定能直接引起教育对象的变化。这就需要拉长教育过程，向前追溯到中小学向后延伸到社会教育，形成纵向贯通的教育时间链条，对大学生进行持续性、阶段性相统一的全程教育。另一方面，人的思想观念的非线性发展决定了育人的全程性。"人的思想观念系统是非线性的动态开放系统。"① 人是一切社会关系的总和，人的思想观念的形成受到社会关系的影响，是物质生活和精神生活相互交织影响的结果。人的思想观念的发展会受到良好社会环境的影响，形成积极的思想观念，也会受到消极社会关系的影响，形成错误的思想观念。错误思想观念的矫正不是一蹴而就的，因为思想观念的形成需要时间，矫正也需要时间。为使大学生形成正确的思想道德观念，我们既要对大学生进行全面而系统的正面教育，使大学生形成正确的思想观念；还要纠正大学生的错误观念，规避错误思想对大学生的影响。人是社会中的现实的人，人所处的环境瞬息万变，人的思想观念也在不断变化发展，良好思想观念的形成需要长时间的维系。就大学生而言，大学阶段只是对他们进行思想政治教育的一个阶段，大学生思想观念的形成和维系，需要向前延伸形成大中小一体化育人机制，向后延伸构建终身教育体系。因此，人的思想观念的发展决定新时代高校思想政治工作大格局构建需要全程育人。

（六）以政治教育为核心向外辐射形成同频共振的内容格局

新时代高校思想政治工作大格局构建以政治教育为核心，向外扩展形成思想教育、心理教育、道德教育、法治教育的层次关系。政治教育是最高层次、最为艰巨的教育内容。统治阶级的思想在每一时代都是占统治地位的思想。政治教育内容，是对国家意识形态的直接反映，统率和制约着其他教育内容，处于最高层次，发挥引领作用。马克思主义理论教育是思想教育中根本性、主导性的教育内容，解决大学生的世界观、人生观和价值观的形成等深层次问题。心理教育、道德教育和法治教育是最基础、最

① 冯刚：《新时代高校"三全育人"的理论蕴含与深化路径》，《厦门大学学报》（哲学社会科学版）2023年第1期。

基本的内容。人是生理、心理和社会相适应的统一体。心理教育、道德教育和法治教育所形成的健康心理、高尚道德和法治意识，促进人成为具有完整意义的人，是人适应社会、融入社会的基础，影响甚至决定着人的政治观念和价值取向。

三 新时代高校思想政治工作大格局构建的共同表现

马克思恩格斯认为："人创造环境，同样，环境也创造人。"① 共同的价值和目标将不同的人凝聚起来，使成员为了实现共同的目标，而具有大局意识，形成强大的整体合力，促进共同体形成。新时代高校思想政治工作大格局从本质上来说，是一种共同体，大格局构建的内部要素统一于党和国家的共同意志，具有共同的伦理基础、共同的情感基础、共同的利益基础。

（一）共同的伦理基础

新时代高校思想政治工作大格局构建基于共同的伦理基础。人因具有道德而成为完整的人。新时代高校思想政治工作大格局构建以人为主体，以人为作用对象，因其促进人的思想道德的形成和使人成为完整的人而具有更高价值和重要意义。人是一切社会关系的总和，具有社会属性，人不能离开社会而独立存在。社会为人的生存、生活和发展提供必要的条件，人只有在社会中才能与他人交流、合作，建立必要的联系。可以说，人只有在生活中才能成为真正意义上的人，因此，"人的需要或利益总是呈现为个体性和整体性的双重特点"②。人为了生存必须满足个人的需要，在满足个体性需要的同时，又不能只考虑自己，还要考虑其他个体需要的满足，甚至整体需要的满足。而人又是自私的，因此，为了使整个社会平稳发展，需要用道德进行调节。道德是调节人与人之间的关系及行为规范的总和。因此，人对社会的依赖体现为对社会规则和道德的依赖。马克思将人类社会发展分为三个阶段。他认为："人的依赖关系（起初完全是自然发生的），是最初的社会形式，在这种形式下，人的生产能力只是在狭小

---

① 《马克思恩格斯选集》第 1 卷，人民出版社，1995，第 92 页。
② 唐凯麟编著《伦理学》，高等教育出版社，2001，第 32 页。

的范围内和孤立的地点上发展着。以物的依赖性为基础的人的独立性，是第二大形式，在这种形式下，才形成普遍的社会物质变换、全面的关系、多方面的需要以及全面的能力的体系。建立在个人全面发展和他们共同的、社会的生产能力成为从属于他们的社会财富这一基础上的自由个性，是第三个阶段。"① 可见，人的发展不仅仅停留在对物的依赖上，还有更高追求。追求自由全面发展既是人成为人的职责任务，也是根本目的。人的全面发展是多层次、多维度的发展，不仅包括道德、体力和智力的发展，还涵盖了更广泛的内容。道德发展与个体的道德素质、道德判断和道德行为有关，对构建和谐社会、维护社会稳定具有重要意义。因此，道德发展是人的自由全面发展的必要条件之一。新时代高校思想政治工作大格局构建，以提高人的道德素质和道德修养为主要目的，对人进行思想引导、行为规范，促进人的思想道德素质和科学文化素质的整体提升。因此，新时代高校思想政治工作大格局构建的过程，既是提高人的道德素质的过程，也是促进人的自由全面发展的过程，促使人成为完整意义上的人。

新时代高校思想政治工作大格局构建是承载伦理价值的协调活动。新时代高校思想政治工作大格局构建是一项多元主体协调管理的实践活动，涉及对不同教育资源的整合利用与分配。对教育资源的分配、对时间的分配、对主体的分配、对信息的分配等，需要我们坚持教育公平原则，坚守道德原则，遵守伦理道德。新时代高校思想政治工作大格局构建的协调主体是大格局构建的利益相关者，其中，最直接的利益相关者是大学生。大格局构建是为大学生服务的。新时代高校思想政治工作大格局构建，制定的方案、计划需要符合大学生的成长需要、社会发展要求，需要关注利益相关者的利益，这样大格局的构建才能顺利推进，才有价值。新时代高校思想政治工作大格局构建，受到协调主体自身伦理道德的影响和社会总的价值观的支配。因此，新时代高校思想政治工作大格局构建，需要遵循正确的伦理导向，遵守伦理道德及道德原则，确保多元行为体的利益分配、时间分配和资源分配公正合理。

① 《马克思恩格斯文集》第8卷，人民出版社，2009，第52页。

（二）共同的情感基础

情感是思想政治工作的基础和先导，是思想政治工作不可或缺的关键因素。情感是指人对客观事物是否满足人的需要而产生的一种复杂但又持续稳定的内在心理体验。借用社会心理学的观点，它与较高层次的心理境界相联系，能长时间地影响甚至支配人的行为。列宁说："没有'人的感情'，就从来没有也不可能有人对于真理的追求。"① 高校是培养高层次人才的重要场所，共同的情感基础是新时代高校思想政治工作大格局践行"为谁培养人"的客观要求。新时代高校思想政治工作大格局是基于共同的信仰和共同的期待构建的，重在培养堪当民族复兴重任的时代新人。

新时代高校思想政治工作大格局构建基于共同的信仰。信仰不仅关乎社会的整体发展，还涉及个人的发展问题。对于个人而言，信仰是人的行动指南，给人以巨大的驱动力。对于社会而言，坚定的信仰蕴藏着巨大的凝聚力和整合力，推动整个社会的进步与发展。习近平总书记指出："要让有信仰的人讲信仰。"② 共产主义信仰是当前最科学、最先进的信仰。新时代高校思想政治工作大格局构建，不仅要体现新时代高校思想政治工作体系的大境界、大视野，更要培养大学生的大情怀、大信仰。新时代高校思想政治工作大格局构建是基于为党育人、为国育才，培养堪当民族复兴重任的时代新人的大情怀，是基于对共产主义的忠诚信仰、对中国特色社会主义的坚定信念的具体践行，是"心有大我、至诚报国"的理想信念的具体体现。新时代高校思想政治工作大格局构建是对中国共产党执政的坚定支持，共同的情感是落实立德树人根本任务，增强政治意识、大局意识、核心意识、看齐意识的基础。

新时代高校思想政治工作大格局构建基于共同的期待。全面推动大学生自由全面发展是新时代高校思想政治工作大格局构建的共同期待。期待效应是人们基于对某种情境的认识而形成的期待和预测，具有使这种情境适应期待和预测的效果。教育者的期待要发挥作用，在于相信大学生存在无限潜能，以及对大学生的真实情感。一方面，教育者的期待在于相信大学生存在

---

① 《列宁全集》第 25 卷，人民出版社，2017，第 117 页。

② 习近平：《思政课是落实立德树人根本任务的关键课程》，人民出版社，2020，第 12 页。

无限潜能。新时代高校思想政治工作大格局构建，是在教育者对大学生有共同期待的基础上进行的。教育者的共同期待建立在教育者相信大学生是善的、积极的、可信赖的，相信大学生具有自主性和能动性，相信大学生有自我完善、自我成长的强烈愿望，相信大学生具有自我控制、自我调整、自我适应的能力，以及相信大学生能够树立并坚持正确的价值观。教育者的共同期待，有利于提升教育者在大格局构建中的热情，更好地服务于大格局构建，发挥大格局构建在实现人的自由全面发展中的作用。另一方面，教育者的共同期待在于教育者对大学生的真实情感。如果要与大学生进行真正的情感交流，与大学生达成共鸣，不仅需要教育者用心感受大学生，还需要教育者对大学生有真实的情感。因此，新时代高校思想政治工作大格局构建，需要教育者对大学生有真实的情感。这种希望大学生进步、发展的真实情感无意中支配自己的行为，推动教育者全面关注大学生，充分关注大学生的个体差异，为大学生提供丰富的教育资源，为大学生营造良好的学习环境，不断提高自己教书育人的能力，以全面引导和帮助大学生。只有真正做到与大学生同进步、同发展，真正为大学生发展考虑，大学生才会把教育者的这种期待转化为内化的力量，进而促进自我全面提升。

新时代高校思想政治工作大格局构建基于对大学生共同的爱。情感是在人的实践活动中产生的，反过来又对人的实践活动产生重要作用。马克思认为："人作为对象性的、感性的存在物，是一个受动的存在物；因为它感到自己是受动的，所以是一个有激情的存在物。激情、热情是人强烈追求自己的对象的本质力量。"① 爱是新时代高校思想政治工作大格局构建的情感形式。新时代高校思想政治工作大格局构建从本质上说是一种教育活动。没有爱就没有教育。"教育没有了情爱，就成了无水的池，任你四方形也罢，圆形也罢，总逃不了一个空虚。"② 爱是教育主体的一种能力，体现为教育者对教育事业的认同及对教育对象成长成才的关注。一方面，教育者的爱体现为对职业的全面认知和深刻认同。舍勒在《爱与认识》这篇文章中提到歌德。文中是这么描述的："歌德年轻时曾经写过这么一句话：'人们只能认识自己

---

① 《马克思恩格斯文集》第 1 卷，人民出版社，2009，第 211 页。
② 〔意〕亚米契斯：《爱的教育》，夏丏尊译，中央编译出版社，2015，第 1~2 页。

所爱的，爱或激情越强烈越充沛，认识就越深刻越完整。'"① 舍勒认为，歌德将爱与认识引入了一种最深刻、最内在的相互促动的关系，即认识行动始终奠基于爱。新时代高校思想政治工作大格局构建是一种基于爱的教育实践活动，教育者对大学生的爱，源于对大学生的整体认识以及对这份职业的深刻洞察与全面认识。教育者共同的爱，体现为对教育事业的真诚追求，对所从事的职业的意义及价值的深刻认识。教育者对所从事的职业的价值的全面认识，产生对职业的认同，进而产生教育者的角色认同和身份认同，彰显为对这份职业的热爱与忠诚，执着于教书育人，具有较强的自我效能。另一方面，教育者的爱体现为对大学生的爱。教育者对大学生的爱体现为真正尊重大学生、关心大学生、全面认识大学生，为大学生的发展承担起教育责任。新时代高校思想政治工作大格局构建的教育对象是人，教育者遵循大学生成长成才规律，践行人与人之间的道德原则，尊重大学生的主体性，关注大学生身心发展，乐教爱生、甘于奉献，满足大学生成长成才的心理需求，进而推动培养自由全面发展的时代新人，用大爱书写"大教育""大文章"，培养"大学生"。

（三）共同的利益基础

相对于伦理与情感，利益是社会存在和发展的必要前提。在人的社会交往中，常常伴随着在利益基础上的不同程度的相互满足。可以说，利益存在于任何关系之中，基于利益这一维度，还可以能动地构建相互关系。共同的利益基础是新时代高校思想政治工作大格局构建的重要因素。一是为统治阶级的利益服务。思想政治工作的本质属性就是为统治阶级利益而存在的，为统治阶级利益服务。统治阶级在意识形态的生产、传播和社会化过程中，运用一定意识形态，影响和塑造社会成员，维护统治阶级的实践活动，达到"思想掌握群众"，使群众服从统治阶级利益，实现统治阶级的统治。新时代高校思想政治工作大格局构建就是为了调动高校所有要素，为了更好地实现思想政治工作的意识形态功能，为了推动统治阶级实现自身阶级利益而开展的实践活动，是新时代高校思想政治工作发挥政治优势、巩固意识形态主阵

---

① 《舍勒选集》下，刘小枫选编，上海三联书店，1999，第776页。

地的重要方式。二是为人民的利益服务。马克思恩格斯指出："'思想'一旦离开'利益'，就一定会使自己出丑。"① 所有利益问题背后都是人的思想问题、人的价值观问题。人的思想与物质是紧密联系的，离开人的社会关系，离开利益谈思想政治工作是不切实际的。从新民主主义革命时期解决农民的土地问题，社会主义革命和建设时期解决人民的温饱问题，到改革开放和社会主义现代化建设新时期解决社会的发展问题、人民的小康问题，再到中国特色社会主义新时代解决人民的美好生活问题，中国共产党一直把人民群众的利益放在第一位，并通过思想宣传掌握群众，切实维护人民群众的利益，关注和实现人民群众的利益诉求。思想政治工作一直是为中国共产党服务的，也是为人民的利益服务的。可以看出，新时代高校思想政治工作大格局构建的根本也是为了解决人们的利益问题，因为只有人们的思想问题得到妥善解决，其利益问题才能得到较好解决。三是实现个人利益与社会利益的统一。新时代高校思想政治工作大格局构建就是为了适应中国式现代化的要求，协调人们之间的关系，满足个体利益和群体利益，实现社会发展的整体利益。新时代高校思想政治工作大格局构建，通过传播主流意识形态，用社会主义核心价值观整合社会多元价值观，统一人们的思想，提高人的思想道德素质和科学文化素质，使人们遵守法律法规并自觉维护社会秩序，推动社会正常运转。新时代高校思想政治工作大格局构建关乎社会主义事业后继有人的根本问题，通过向大学生灌输我国主流意识形态，对大学生进行社会准则和规范教育，引导大学生追求自己的价值目标，增强人的主体性和积极性，提高人的素质和能力，确证人的存在价值与意义，满足个人的社会化需求，从而为社会发展培养具有正确价值观的人，为民族复兴培养可靠的建设者。

四　新时代高校思想政治工作大格局构建的差序呈现

新时代高校思想政治工作大格局构建是一个多元主体协同育人的系统，系统的差异性及主体性差异，决定了新时代高校思想政治工作大格局构建具有纵向的次序差序和横向的亲疏差序。

---

① 《马克思恩格斯文集》第 1 卷，人民出版社，2009，第 286 页。

（一）纵向差序

新时代高校思想政治工作大格局构建的灌输性体现差序。马克思恩格斯指出："任何一个时代的统治思想始终都不过是统治阶级的思想。"[①] 新时代高校思想政治工作大格局构建，作为一种传播主流意识形态的社会实践活动，具有其鲜明的阶级性和社会性，决定了新时代高校思想政治工作大格局构建的纵向差序。新时代高校思想政治工作大局构建本质上是做人的工作，具有灌输性质，体现为教育者通过具体的思想政治教育方法，向大学生传达党的思想、政治观点和道德规范。这种灌输具有自上而下的特性，教育者所传达的内容，是经过党和国家严格审核过的内容，是科学的理论、正确的价值观、正确的思想以及正确的道德规范。此外，实施自上而下灌输的教育者是经过正规训练、达到政治标准的从事思想政治工作的教育者，对教育者的政治性和道德性要求最高。新时代高校思想政治工作大格局构建，承担着为党育人、为国育才的重任。教育者通过自上而下地传播主流意识形态，用社会主义核心价值观统领大学生多元价值取向。教育者通过对大学生进行马克思主义理论教育，用正确的理论武装大学生，使大学生形成比较完整的理论体系和价值体系，并使其在接受教育内容后，进行自我内化，形成新的思想观念和道德规范，指导自己的行为选择。教育者通过对大学生进行价值观教育，对大学生进行价值塑造，使大学生形成正确的价值观。坚持对大学生进行党性教育，使大学生懂政治、讲政治，培养拥护党的领导的时代新人，这也正是新时代高校思想政治工作大格局构建发挥意识形态功能的体现。新时代高校思想政治工作大格局构建是传达主流意识形态的主要途径，目标设定、课程设置、教材，以及师资培养都体现党和国家意志。

新时代高校思想政治工作大格局构建的政治任务体现纵向差序。作为高等教育这一特定领域的基本实践方式，新时代高校思想政治工作大格局构建深刻体现了党对高校的绝对领导，体现鲜明的政治性和组织性。新时代高校思想政治工作大格局构建的政治任务，是教育者以大学生为对象，通过有目的、有计划、有组织地开展思想政治教育，以提高大学生的思想

①　《马克思恩格斯文集》第2卷，人民出版社，2009，第51页。

政治素质、动员他们凝心聚力为党为国奋斗。新时代高校思想政治工作大格局构建的政治性由它的特殊任务所决定，向大学生传达党和国家的意志，使大学生充分理解党和国家的方针和政策，树立与国家同频共振的理想。对大学生进行历史教育，使大学生认清中国共产党发展的历史规律，引导大学生在尊重历史规律的基础上，推动社会发展。此外，新时代高校思想政治工作大格局构建，还要对大学生进行规范教育，使大学生树立正确的规范意识。这意味着新时代高校思想政治工作大格局构建所倡导的意识形态、传播的教育内容都是由党和国家所制定和要求的。新时代高校思想政治教育大格局构建的根本任务，因不以个人意志为转移的政治性而存在纵向等级差序。

（二）横向差序

新时代高校思想政治工作大格局的横向差序体现为，大学生的思想道德水平与高校思想政治工作大格局构建目标之间的关系状况，以及新时代高校思想政治工作大格局构建中非基本要素的多样化存在。新时代高校思想政治工作大格局构建以培养自由全面发展的时代新人为目标，大学生的实际思想道德水平与教育目标之间呈现类似向外推的水波纹的横向差序格局。大学生的思想道德水平越接近构建目标这个中心，高校思想政治工作越有实效，大学生的实际道德水平离构建目标这个中心越远，高校思想政治工作成效越低。育人要素离大学生越近，育人要素承担思想政治教育的任务越重，离大学生越远，育人要素承担的思想政治教育任务越轻。育人要素的共同要求与差异性并存。

大学生的实际思想道德水平与国家对时代新人的要求之间的差序。以国家对时代新人的要求为中心，教育水平越高的地区，大学生实际道德水平与国家对时代新人的要求越接近。教育水平相对落后的地区，大学生的实际教育水平与国家对时代新人的要求相对越远。教育水平的高低影响时代新人的培养程度。大学生个体的自身发展也具有差序。人的发展是有差异的，不同的人，发展的能力不同，自我更新的能力也不同。自身个体接受能力的差异，态度积极与否，以及不同的成长经历和学习背景，可能导致同样的教育内容，不同的大学生对其领悟力不同，受到的教育程度也不同。对教育内容进行积极消化、接受能力较强的大学生，对教育内容的理解可能更加深刻，从教育内容中得到的帮助越大，受到的思想政治教育越充分。对教育内容的理解不够积极、理解接受能力较低的大学生，对教育内容的内化能力就越低，受教育的程度就越低。越是努力健康发展的大学生，综合素质越高，越接近国家对人才的整体要求。越是堕落的大学生，整体素质离国家对人才的要求越远。

新时代高校思想政治工作大格局构建的差异与共同要求之间的差序。从总体上说，新时代高校思想政治工作大格局构建要求所有育人要素对大学生的思想政治教育都承担主要作用。但由于系统的差异性存在，系统中各个子系统的要素不同，形成的结构不同，发挥的功能也存在差异，所以其对大学生承担的思想政治教育的责任也不同。新时代高校思想政治工作大格局构建是一个复杂系统，系统的整体性与差异性存在使得大格局内部存在整体性与差异性、统一性与多样性有机结合的情况，也就存在多元育人要素功能的差异。

五 新时代高校思想政治工作大格局构建的共同与差序有机结合

新时代高校思想政治工作大格局构建，因其内部要素的差异，形成了纵向的次序差序与横向的亲疏差序。纵向的次序差序与横向的亲疏差序，在共同价值目标指导下，围绕立德树人根本任务，形成共同与差序协同、差序向共同转化以及差序为共同分压的特殊交互关系。

(一) 共同与差序协同

新时代高校思想政治工作大格局构建是多元主体、多元体制机制、多元资源、多元评价方式等全要素协同共建的过程。育人要素的发展变化往往复杂多变，在教育过程中，育人要素构成紧密关联的不同层面，而且不同要素、不同层面的育人要素对大学生的思想政治教育功能和影响也存在差异。有学者强调："思想政治教育过程要素可以划分为基本要素和非基本要素。"[①] 基本要素是承担关键教育任务的要素，也可以理解为离开基本

① 廖小琴:《思想政治教育过程要素再探究》,《思想教育研究》2022 年第 1 期。

要素，新时代高校思想政治工作大格局构建无法进行，体现基本要素的无可替代性。非基本要素是为大格局构建提质增效的要素。笔者以为，新时代高校思想政治工作大格局构建的基本要素主要是指离大学生最近的，在落实立德树人根本任务的过程中起着主导作用的要素，帮助解决大学生的政治问题、思想问题、价值观问题等。思想政治理论课作为主渠道，对大学生进行系统的马克思主义理论教育；日常思想政治教育是主阵地，对大学生进行充分的实践教育，检验理论教育的成功与否；网络思想政治教育作为主战场，对大学生进行网络意识形态教育，使大学生具有抵御网络意识形态风险的能力。这些基本要素承担大学生思想政治教育的主要任务，发挥着主要作用。非基本要素是新时代高校思想政治工作大格局构建同心圆圆心外的涟漪，承担大学生思想政治教育的次要任务，发挥着辅助作用。无论是新时代高校思想政治工作大格局构建中的基本要素还是非基本要素，无论他们对大学生思想政治教育发挥的功能如何，他们都围绕立德树人这个根本任务，朝着培养时代新人这个目标发展。就新时代高校思想政治工作大格局构建的教育主体而言，学校教师是对大学生进行思想政治教育的基本要素，承担着主要的教育任务，家庭成员与社会成员发挥辅助作用。学校教师这个基本要素，又以学校党政领导干部、思政课教师、辅导员、班主任为基本要素，承担大学生思想政治教育的主要任务。此外，管理部门人员、课程思政教师、学工组织宣传人员、社区保卫人员、后勤服务人员等起着辅助作用。虽然不同要素所承担的思想政治教育任务不同，但是他们都以新时代高校思想政治工作大格局构建的共同价值目标为指向，发挥不同要素的功能与作用，形成全要素协同育人的整体局面。

（二）差序向共同转化

一是育人的空间要素的转化。信息技术飞速发展，大学生成为网络"原住民"，活跃在网络空间。随着网络技术的发展，网络空间不再是一方净土，网络空间中的错误思想对大学生产生深刻影响，因此，进行网络思想政治教育非常必要。在这种情况下，网络思想政治教育成为主导要素，成为思想政治教育的主要战场。当下以及未来社会，在虚拟仿真等技术支持下的教学，以其强烈的亲临感，将成为对大学生进行思想政治教育的主要要素。二是育人主体要素的转化。当前，高校心理健康教育专职教师的师生比不低于 1∶4000。从当前大学生工作队伍的配比来看，心理教师并不是对大学生进行思想政治教育的关键要素。而且，我国高校心理健康教育还存在许多问题，对大学生的心理健康教育，除了开设公共心理通识课以外，还没有形成系统化、整体化的心理教育，只对那些有心理问题的大学生进行单独辅导。而大学生的心理问题又具有很大的监测难度，这就造成大学生的心理健康教育辐射面较小。随着党和国家对大学生心理健康教育的重视，心理健康教育专职教师的师生配比将提高，成为对大学生进行思想政治教育的主要要素，大学生的思想空间、心理空间也将成为对大学生进行思想政治教育的主要要素。三是体制机制的转化。新时代高校思想政治工作大格局构建，离不开体制机制为其保驾护航。坚持党的全面领导，是新时代高校思想政治工作大格局构建朝着正确方向发展和有效推进的根本保证。随着我国政党制度不断完善和优化，新时代高校思想政治工作大格局构建的体制机制也要不断完善和优化，摒弃烦琐的程序，不断增强体制机制融通能力，形成与高校治理现代化相匹配的高质量体制机制。四是评价体系的转化。评价是对新时代高校思想政治工作大格局构建进行价值判断的过程。建立科学的考评体系是新时代高校思想政治工作大格局构建有效推进的关键。要使少数不科学的评价体系向共同的、总体科学的评价体系转化，促进建立科学有效的评价体系。

（三）差序为共同分压

新时代高校思想政治工作大格局构建中差序为共同分压，一方面是指非基本育人要素为基本要素分担思想政治教育的育人压力；另一方面是指大学生主动进行自我提升，提升个体的思想道德素质，达到社会共同要求水平，为实现社会共同目标分压。

新时代高校思想政治工作大格局构建的基本要素与非基本要素承担着不同的思想政治教育任务，发挥着不同的作用。其中，基本要素发挥着主要作用，非基本要素发挥着辅助作用。可以说，不管是基本要素还是非基本要素，他们都对大学生承担着重要的教育责任。新时代高校思想政治工作大格局构建，是多元平台共同发力的教育活动，基本要素承担着更多的教育任务，非基本要素发挥辅助作用，但依然存在着"主渠道超载，微循环闲置"①的问题。这里的主渠道既不是指思想政治理论课那个主渠道，也不是指课堂教育这个主渠道，而是指对大学生进行思想政治教育的主要路径。主渠道超载是指承担思想政治教育的主要干道承担超负荷任务，而思想政治教育的微循环是指对教育起着辅助作用的途径、方式、要素等。新时代高校思想政治工作大格局构建的主渠道，是指对大学生进行思想政治教育的基本要素，承担着关键教育任务的主要载体，也包括对大学生承担主要教育责任的教育者。从对大学生进行思想政治教育的空间来划分，他们主要包括思想政治理论课、日常思想政治教育、网络思想政治教育。从主体来划分，对大学生承担关键思想政治教育任务的主体包括学校教师，如党政领导干部、思政课教师、辅导员、班主任等。从内容来划分，主要包括政治教育、思想教育、道德教育、价值观教育、心理教育等。这些主渠道，不仅对大学生的思想政治教育承担超负荷的教育任务，而且依然存在需要改进的问题。新时代高校思想政治工作大格局构建，是在高校思想政治工作改革发展基础上的继续深化，需要坚持统一性与多样性的基本原则，既需要继续强化主渠道的主要育人作用，也需要激发非基本要素的育人功能，充分发挥微循环的育人作用，分担主渠道的育人压力，形成基本要素、非基本要素全要素协同育人的整体局面。

人因确证自身存在的价值而为实现共同目标分压。人的思想道德素质受不同地区教育水平的影响，受个体接受能力、内化外化能力的影响，从而造成个体思想道德素质高低的差异，出现个人的思想道德素质与社会要求不相符的差序。大学生是具有主观能动性的主体，具有自我提升和自我进步的主观愿望。大学生通过积极主动地内化教育者所传达的教育内容，全面提升个体的思想道德素质和科学文化素质，促进思想解放。思想道德素质与社会要求的统一性之间的差序得以改善，达到个人的思想道德素质与社会要求相符合的标准，实现社会成员的思想道德素质整体提升。大学生在自我提升和自我发展的过程中，不断提升个人的思想道德素质和整体

①　刘建军：《论思想政治教育的主渠道与微循环》，《思想理论教育》2014 年第 9 期。

水平，不断调动自身的主体性和能动性，促进人成为完整意义上的人，确证人的价值与意义。此外，信息技术的发展改变了人的生存和生活方式，可以让人节约时间，有更多时间和精力从事精神生产，在休闲时间中创造更多的价值。人创造价值的过程是人不断实现自我提高的过程，是与社会发展规律不断吻合的过程。人创造的价值不断转化成精神成果和物质成果，为新时代高校思想政治工作大格局构建提供教育资源，为实现共同目标分压。

总体而言，无论是共同与差序的转化还是差序为共同的分压，都体现为共同与差序之间的协同发展。新时代高校思想政治工作大格局构建是一个不断优化的过程，构建过程中的问题、要素多样化、差异、涌现、突现、矛盾都是客观存在。允许存在差序、允许存在不完美，新时代高校思想政治工作大格局构建才有上升空间、发展空间。解决问题、差异、突现，是系统自我更新的前提，解决思想政治工作的实效性难题，是新时代高校思想政治工作大格局构建的原因。

第三节　新时代高校思想政治工作大格局
构建体现大优势

新时代高校思想政治工作大格局构建，是在中国共产党的全面领导下进行的改革创新，有利于形成多元主体整体育人局面，涉及多主体、多平台、多资源等，体现了纪律严明的组织优势、统观全局的理念优势、意志坚定的精神优势、"共同但有差序"的结构优势、大格局的规模优势等。

一　凸显纪律严明的组织优势

严密的组织体系是新时代高校思想政治工作大格局构建的重要保障。新时代高校思想政治工作大格局构建具有强大的战斗力、影响力和凝聚力，这些强大的力量主要源于坚持中国共产党的全面领导，源于组织严密、纪律严明的组织优势。新时代高校思想政治工作大格局构建，具有鲜明的意识形态性，具有高度的政治意识、大局意识、核心意识、看齐意识。一方面，新时代高校思想政治工作大格局构建具有强大的组织和纪律保障。大格局构建涉及范围广泛、参与主体众多，这就需要大格局构建的主体讲政治，具有高度的政治意识和纪律意识。习近平总书记在党的二十大报告中提出："严密的组织体系是党的优势所在、力量所在。"①经过几代共产党人的共同努力，特别是党的十八大以来，党的纪律建设取得突出成就，为从体制机制建设方面推动新时代高校思想政治工作大格局构建提供坚实的支撑和保证。例如，《关于新时代加强和改进思想政治工作的意见》指出，要"完善领导体制和工作机制，完善党委统一领导、党政齐抓共管、宣传部门组织协调、有关部门和人民团体分工负责、全党全社会共同参与的思想政治工作大格局"②。新时代高校思想政治工作大格局构建，凸显了中国共产党的制度优势，具有服务党的中心任务的大局意识，坚持党的全面领导，坚定维护党的领导核心，向党中央看齐，遵循并宣传党的政策，形成了严密的组织优势和纪律优势。另一方面，新时代高校思想政治工作大格局构建保持了优良的作风。新时代高校思想政治工作大格局构建，坚持以马克思主义为指导，坚持辩证唯物主义和历史唯物主义，运用科学的方法分析问题和解决问题，尊重大学生的主体能动性，确保科学性和正确性。新时代高校思想政治工作大格局构建，坚持社会主义方向，坚持政治上的坚定性和原则性，旗帜鲜明地反对错误的意识形态和不良作风，以大学生为中心，不断进行创新改革，最大限度地满足社会发展要求和大学生成长需要。

二　展现统观全局的理念优势

大格局既是一种理念、一种思维，也是一种视野。新时代高校思想政治工作大格局构建，是大格局理念指导下的大结构的构建，能够体现宽广深远的精神格局、反映教育者的大视野。一方面，新时代高校思想政治工作大格局构建体现了宽广深远的精神格局。新时代高校思想政治工作大格局构建，不是脱离社会孤立发生的实践，而是关乎民族、国家乃至全世界的交往与联系。新时代高校思想政治工作大格局构建，是中国共产党领导下的教育改革，以解放全人类为价值指引，既立足眼前又高瞻远瞩，不仅

①　习近平：《高举中国特色社会主义伟大旗帜　为全面建设社会主义现代化国家而团结奋斗——在中国共产党第二十次全国代表大会上的报告》，人民出版社，2022，第67页。
②　《中共中央　国务院印发〈关于新时代加强和改进思想政治工作的意见〉》，中国政府网，2021年7月12日，https://www.gov.cn/zhengce/2021-07/12/co-ntent_5624392.htm。

强调高校思想政治工作本身落实立德树人根本任务，为国家培养现代化人才，也为实现全人类对美好生活的向往培养具有世界眼光和胸怀天下的国际型人才。因此，新时代高校思想政治工作大格局构建，不是纯粹的思想政治工作改革，还关乎民族发展、国家进步与世界交往，能够展现新时代大国担当。另一方面，新时代高校思想政治工作大格局构建反映教育者的大视野。新时代高校思想政治工作大格局构建，既是多元主体共同育人的过程，也是整体育人的结果。从过程而言，新时代高校思想政治工作大格局构建，反映了主体把控全局的能力。新时代高校思想政治工作大格局构建，不仅承担着立德树人的使命，还服务国家战略需求。因此，新时代高校思想政治工作大格局构建的主体，应具有胸怀天下的世界观、为人民服务的人生观，具有远大的人生理想和宽广豁达的人生境界以及把控全局的能力。拥有大格局思维和大视野的教育者，以其宏大的心胸感染大学生，以其掌控全局的能力把大学生培养成为胸怀宽广的现代化人。

三 彰显意志坚定的精神优势

坚定的意志支配和调节着人们的情感，是驱动人前进的精神力量。强大的意志是人特有的高尚的思想品质，体现为当人遇到困难和挫折时，能克服困难、勇往直前。马克思指出："动物和自己的生命活动是直接同一的。动物不把自己同自己的生命活动区别开来。它就是自己的生命活动。人则使自己的生命活动本身变成自己意志的和自己意识的对象。"① 人在社会实践过程中，可能会遇到困难、挫折，拥有强大意志的人，会努力克服困难、战胜困难。坚定的意志对人的情感具有调节作用，驱动人为了目标不断调整自己，为实现目标竭尽全力。列宁认为，在革命过程中，无产阶级的革命意志是革命取得胜利的关键，即"起决定作用的是工人阶级的觉悟性和坚定性"② 。任何高难度的社会实践，都离不开作为内驱力的人的坚强意志。新时代高校思想政治工作大格局构建是一项复杂的教育工程，是一项新的改革举措，参与的主体多元、资源整合度高、涉及范围广，没有

① 《马克思恩格斯文集》第 1 卷，人民出版社，2009，第 162 页。
② 《列宁全集》第 38 卷，人民出版社，2017，第 286 页。

现成的直接经验可以参照和借鉴，存在很大的风险，也会出现很多问题，是一项高难度的工作，这对主体的意志提出更高要求。新时代高校思想政治工作大格局构建的教育主体是由以高校教师为主的校内外多元主体组成，这些主体一直以马克思主义为指导，深受共产主义思想的熏陶，具有崇高的理想信念和坚定的意志，有着在新时代高校思想政治工作大格局构建过程中战胜困难的强大精神力量。新时代高校思想政治工作大格局构建，推动校园文化建设与校外红色文化建设有机结合，优良的校风与良好社会风气相融合，整合多种教育资源，丰富大学生的精神文化生活，不断提升大学生的精神境界，形塑其坚定的强大的意志。新时代高校思想政治工作大格局构建，将课堂教育、日常思想政治教育与网络思想政治教育有机整合，校内教育与校外教育有机衔接，促使大学生积极参加多样化的社会实践，为大学生磨炼意志提供广阔的空间与平台。

四　反映"共同但有差序"的结构优势

任何系统都有一定的结构，系统的结构是系统功能的基础。只有结构是科学的，才能使系统具有良好的功能，功能才能得到全面发挥。可以说，系统的结构优化和功能发挥是联系在一起的。新时代高校思想政治工作大格局构建形成"共同但有差序"结构，为实现不同主体之间的协同育人带来结构优势，提高多元主体的聚合效力。一是"共同但有差序"的结构优势体现为有明确的目标方向。新时代高校思想政治工作大格局构建，以促进人的全面发展和满足社会发展要求为长远目标，以实现共同的目标为指引，将大格局构建的主体调动和凝聚起来，形成全员育人的局面；以学校为主体向外辐射形成全社会共同参与育人的整体育人格局。在全员育人的基础上，以领导体制为主导、以思想政治理论课为主要教育阵地、以综合评价为主要评价方式的多层同心圆，形成全要素协同育人的"共同但有差序"结构。结构的实质是关系，结构有效运行的关键在于结构内部要素的科学、完整与合理以及结构内部要素的科学组合。新时代高校思想政治工作大格局构建的主体、目标、客体、方式和环境有机协同，具有鲜明的整体性、层次性和差异性。新时代高校思想政治工作大格局构建，为了实现共同的目标，推动内部要素与外部环境不断进行交换，促进内部要素与外部环境进行充分融合，减少内部系统的差异，将矛盾转化为促使内部结构稳定的力量，促进新时代高校思想政治工作大格局构建的功能发挥。二是"共同但有差序"的结构优势体现为承认差异、包容多样，即尊重系统的差异性、尊重主体的差异性，以及遵从思想政治工作统一性与多样性相统一的原则。在共同的价值追求基础上，承认不同主体承担育人任务差异、能力差异以及育人效果差异，充分发挥不同育人主体的优势，用互补、协同的方式解决差异带来的问题，推动高校内部要素与外部支持系统共同作用，形成整体育人效应。三是"共同但有差序"的结构优势体现为主体之间的相互信任。新时代高校思想政治工作大格局构建以落实立德树人根本任务为重点，以大学生全面发展为中心，为完成共同的任务形成多层同心圆关系，无论同心圆的外延辐射到哪里，这些不同圈层的同心圆都以大学生为中心建立起内部联系和信任。不同主体之间的信任、支持与依赖，提高了主体间的沟通效率和工作效率。

五　发挥大格局的规模优势

新时代高校思想政治工作大格局构建形成体制机制共建、多元主体共在、多种空间共筑、多种资源融合以及多维评价共融的整体育人局面，形成庞大的育人规模，具有强大的潜在能量，存在巨大的规模优势。新时代高校思想政治工作大格局构建的规模优势，不仅体现为推进思想政治工作高质量发展和推动高校治理现代化，还表现为发挥规模效应，为高等教育大格局构建、教育大格局构建以及国家治理大格局构建提供借鉴。从微观角度看，新时代高校思想政治工作大格局构建在高校内部形成规模效应，能够调动高校内部育人要素，形成整体育人格局，增强高校思想政治工作实效，推动高校思想政治工作高质量提升，进而推动高校治理现代化。从中观角度看，新时代高校思想政治工作大格局构建是一种新型的改革创新方式，是高等教育变革的重要组成部分。大格局构建形成一定的规模优势，会引领高等教育其他学科、其他专业的改革创新，促进不同学科、不同教育领域的改革和创新。从宏观角度看，新时代高校思想政治工作大格局构建是思想政治工作参与治党治国的有效途径。新时代高校思想政治工作大格局构建以高校为主体，凝聚校内外育人主体，形成强大的人才力量，形成全党、全社会共同育人的格局。新时代新征程，要将这种大格局思维，将这种凝聚主体力量的优势，运用到实现中华民族伟大复兴的中国梦上，凝聚全体中华儿女的思想共识，展现新时代高校思想政治工作大格局构建作为治党治国重要方式的大作为。新时代高校思想政治工作大格局构建的规模效应，要从高校思想政治工作的改革发展、教育的整体发展，过渡和延伸到社会其他领域的改革发展。

第四节　新时代高校思想政治工作大格局构建的主要目的是育人

人是教育改革的主体，也是改革的目的。新时代高校思想政治工作大格局构建的主要目的是育人。大学生的思想政治工作是一项重要的工作，关系着大学生的全面发展和健康成长。大学生是国家战略的重要参与者，是实现中国梦的主力军。在党的二十大报告中，习近平同志强调："广大青年要坚定不移听党话、跟党走，怀抱梦想又脚踏实地，敢想敢为又善作善成，立志做有理想、敢担当、能吃苦、肯奋斗的新时代好青年，让青春在全面建设社会主义现代化国家的火热实践中绽放绚丽之花。"① 新时代高校思想政治工作大格局构建，应着眼于培养堪当民族复兴大任的时代新人，培养顺应世界发展潮流的新时代弄潮儿和突破世界未有之大变局的破局者，展现时代新人"立大志、明大德、成大才、担大任"的格局。

一　培养理想远大的时代新人

理想信念对个人的成长成才起着方向指引和动力支持的重要作用。习近平总书记指出："青年理想远大、信念坚定，是一个国家、一个民族无坚不摧的前进动力。"② 理想信念是对增强做中国人的志气方面的要求。人的理想信念不会自发形成，需要加以引导、帮助和持续性的教育。当前，世界正经历百年未有之大变局。新的时代背景和社会要求对时代新

① 习近平：《高举中国特色社会主义伟大旗帜 为全面建设社会主义现代化国家而团结奋斗——在中国共产党第二十次全国代表大会上的报告》，人民出版社，2022，第71页。
② 《习近平谈治国理政》第3卷，外文出版社，2020，第334页。

人提出新要求。时代新人是时代的弄潮儿，肩负着顺应世界潮流，甚至逆流而上，以中国式现代化全面推进中华民族伟大复兴的使命任务。重大的历史使命要求时代新人树立远大理想，与中国梦同频共振。构建新时代高校思想政治工作大格局，应通过整合校内校外资源、凝聚多元主体力量，形成整体育人格局，为时代新人理想的实现创造条件，为时代新人坚守大理想、实现大理想提供坚实保障。

二 培养胸怀天下的时代新人

当前世界百年未有之大变局加速演进，世界之变、时代之变、历史之变正以前所未有的方式展开。时代新人能够为破解世界难题贡献力量，成为未来社会的主导者。大时代需要大格局，大格局呼唤大胸怀。中国式现代化是世界现代化的重要组成部分，中国的发展离不开世界，世界的发展离不开中国，中国逐渐走向世界，因此，需要培养具有世界眼光、国际视野和胸怀天下的时代新人，承担起推动中国式现代化向纵深发展、实现人类美好生活的重要使命。新时代高校思想政治工作大格局构建，作为推动高校治理现代化、推进中国式现代化的重要子系统，承担着培养符合时代发展要求的人才，为推进中国式现代化提供智力支持的重要责任。新时代高校思想政治工作大格局构建，紧跟时代步伐，以更广阔的教育场域和更具时代性的教育内容，用中国化时代化的马克思主义、中国式现代化理论体系武装大学生的头脑，着眼于新形势新需求，破解时代难题，引导和帮助时代新人正确看待国际关系，认清"两个大局"，树立正确的国际观。

三 培养勇担大任的时代新人

青年强则国家强，青年一代有理想、有本领、有担当，国家就有希望。培养适应人类社会发展规律的人、培养担当民族复兴重任的人、培养全面发展的人，是新时代高校思想政治工作大格局构建的人才培养目标。青年大学生作为社会发展的重要力量，应加强自我提升和自我发展，全面提升自己，以达到党和国家、社会发展的客观要求。时代新人作为当前社会的弄潮儿、未来社会的顶梁柱，需要挑起祖国发展的重担。时代新人的担当精神表现为敢于担责、善于担责，敢于直面问题、敢于发声、敢于亮剑，敢于斗争、敢于牺牲，敢于开拓创新等。新时代高校思想政治工作大格局构建，推动现实空间与网络空间互嵌，将第一课堂与第二课堂相连接，将思政课程与课程思政相融合，将校内资源与校外资源相整合，为增强时代新人的担当精神提供更广阔的空间格局。新时代高校思想政治工作大格局构建，依托信息技术的发展，有利于"讲活"担当精神，促进担当精神入脑入心、内化与外化。

四　培养身心强大的时代新人

身心强大是身心健康的重要体现，是时代新人理想远大、胸怀博大和勇担大任的前提和基础，也是时代新人堪当民族复兴大任和破解世界难题的底气。身心强大是每个人都应该追求的重要目标，它涉及人的身体强健和心理健康，二者相辅相成，构成人的整体健康的状态。身心强大的时代新人体现为，身体的各个器官无损伤和无疼痛，身体机能可以正常运转，情绪稳定、心态积极，具有应对挫折的能力和抗压能力。身心健康不仅是个人发展的需要，也是社会发展的需要，更是中华民族伟大复兴的需要。新时代高校思想政治工作大格局构建，通过丰富大学生的课外活动，全面建设校园文化，丰富大学生的精神生活，不断提高大学生的思想道德素质和科学文化素质，提升大学生的精神境界，以促进人的思想解放，实现大学生的精神自由和心理自由。马克思曾说："整个所谓世界历史不外是人通过人的劳动而诞生的过程，是自然界对人来说的生成过程。"① 人通过劳动制造劳动工具，将人和动物区别开来。劳动创造人，劳动解放人的身体。新时代高校思想政治工作大格局构建，以大学生的价值为主导，基于人的内在需求，加强大学生的劳动课、体育课建设，通过探索"校企合作、家校合作、校校合作"等多样化的劳动教育形式，实现学校、家庭、社会全方位的协同育人，使人成为"完整的人"。

---

① 《马克思恩格斯文集》第 1 卷，人民出版社，2009，第 196 页。

| 第四章 |

新时代高校思想政治工作大格局
构建的实然状态

新时代高校思想政治工作大格局构建，以"共同但有差序"格局为理论构型。从现实对照来看，新时代高校思想政治工作大格局构建虽然取得了相对可喜的成效，但也存在不足。因此，应对新时代高校思想政治工作大格局构建取得的成效、存在的问题及问题存在的原因进行分析，为新时代高校思想政治工作大格局构建研究提供现实依据。

第一节 新时代高校思想政治工作大格局
构建取得的成效

新时代高校思想政治工作的改革发展受到党和国家的高度重视。党的十八大以来，全国各地不断推进高校思想政治工作大格局构建，总体向好的方向发展，取得新的进展和显著成效，形成了丰富的成果。

一 共同育人理念不断增强

新时代高校思想政治工作大格局构建，调动全党全社会共同育人的积极性和主动性，推动形成整体育人局面。新时代高校思想政治工作大格局构建是一种整体育人局面，旨在调动全要素进行协同育人，发挥整体育人功能，增强育人实效。一是推动主体共同育人。新时代高校思想政治工作大格局构建，将学校、家庭和社会主体紧密联系起来，形成协同育人局面，充分发挥不同主体的育人功能。二是促进教育空间共同育人。新时代高校思想政治工作大格局构建，初步构建实体空间与虚拟空间互动的教育空间，促进形成线上线下同时育人局面。三是强化共同内容育人。新时代高校思想政治工作大格局构建，强调高校所有课程都要承担育人责任，将思想政治理论课、公共基础课、专业课等课程联结起来，形成同向同行的课程协同育人大局。四是加强资源共同育人。新时代高校思想政治工作大格局构建，建立起校内校外整体联动的育人基地，不断延展育人空间。五是推进纵向衔接的全程育人。新时代高校思想政治工作大格局构建，将大学教育与中小学教育、社会教育相衔接，形成全程贯通的共同育人局面，有利于对大学生进行终身教育。总体而言，新时代高校思想政治工作大格局构建的共同育人理念不断增强，育人实效不断增强。

二　内部要素不断完善

当前，党和国家面临的国际国内局势的严峻性、立德树人根本任务的复杂性、大学生成长需求的层次性以及高校思想政治工作体制的系统性，决定了新时代高校思想政治工作大格局构建是一项复杂的系统工程。新时代高校思想政治工作大格局构建是由主体要素、客体要素、目标要素、方式要素、环境要素组成的有机整体。近年来，国家高度重视新时代高校思想政治工作大格局构建，从确定目标、加强队伍建设、构建载体、优化环境要素、完善监督评价要素等方面作出指导。

加强统筹设计，明确新时代高校思想政治工作大格局构建的目标任务。把握全局、加强统筹设计是新时代高校思想政治工作大格局构建的着眼点。新时代高校思想政治工作大格局是一个党政齐抓共管、分层负责、垂直纵向的组织架构，其构建是一项复杂、庞大的系统工程，需要在依托国家战略部署，全面把握大格局构建的根本任务、价值指向、基本要求的基础上，立足当前、着眼长远，对新时代高校思想政治工作大格局构建进行整体设计。加强统筹设计，有助于大格局构建朝着正确的方向前进，推动内部各个要素的整体协同。一是以全要素有机协同为目标。新时代高校思想政治工作大格局构建，以全要素有机协同为目标，是把为谁培养人的使命、培养人的规格落实在如何培养人的方法上的逻辑中介，也是以立德树人为中心，向外辐射形成多元行为体、多样化资源和全程育人的整体育人格局的重要方式。二是以协同联动为运行方式。新时代高校思想政治工作大格局构建，以学校为主导，以学院为主体，以各部门为协作主体，形成多维、多元协同组织。学校是总设计师，主导着整个大格局构建的过程。学院是将大格局构建落地生根的主体，依托学科专业落细落实。学工部门、宣传统战部门、学生社区、学术组织等围绕大格局构建的要求，分工合作，形成多维、多元协同组织。新时代高校思想政治工作大格局构建，从目标确定、方案制定到具体实施，必须坚持党的全面领导，不断增强高校领导班子的整体领导能力，提高统筹规划能力、对新形势新发展的把控能力和适应能力，增强管理部门、学工部门等的统筹协作能力以及处理问题的能力。

建强工作队伍，打造新时代高校思想政治工作大格局构建的行家里手。任何实践活动都需要人来开展，人是新时代高校思想政治工作大格局构建的承载主体，其整体素养直接关系大格局构建的质量和水平。新时代高校思想政治工作大格局构建关键在教师。在人员建设上，国家高度重视并逐渐补齐新时代高校思想政治工作大格局构建的主体要素。党的十八大以来，新时代高校思想政治工作队伍建设在人才选拔、培养、激励、考核、职称评定、学历提升等方面取得巨大成绩，为新时代高校思想政治工作大格局构建夯实人力基础。新时代高校思想政治工作大格局构建是培养堪当民族复兴大任的时代新人，是培养立大志、明大德、成大才、担大任的时代新人、培养有理想、敢担当、肯奋斗、能吃苦的新时代好青年、培养为国家战略服务的战略型人才的过程。新时代高校思想政治工作大格局构建的培养对象是具有大格局的时代新人，因此，教育者也应该是教书育人的大先生，是思想政治工作的行家里手。行家里手是指各个领域的大专家，包括大师、战略科学家、卓越工程师、大国工匠、大教育家等。可见，新时代高校思想政治工作大格局构建对教育主体的整体素质要求之高。首先，需要整体提升教育者的政治素养。教育者应先受教育。对教育者进行政治引领、价值引导，用中国化时代化的马克思主义武装头脑，使教育者深刻领悟"两个确立"的决定性意义，坚定"四个自信"、做到"两个维护"，成为信仰坚定、理想远大的教育者。其次，坚持对教育者进行马克思主义理论教育，使教育者熟练掌握并运用马克思主义基本原理和方法论来解决实际问题。要引导教育者践行中国特有的教育家精神，使教育者牢记为党育人、为国育才的使命，弘扬和展现中国特有的教育家精神。最后，新时代高校思想政治工作大格局构建是多元行为体合力育人的过程。因此，要根据岗位需要，对教育者进行专业化建设，增强教育者的专业素养、理论素养、信息素养，提高教育者的业务能力、沟通能力、合作能力、抗挫能力，推进大格局构建中的主体协同。

营造促进新时代高校思想政治工作大格局构建的良好环境。环境一般是指系统整体存在和发展的全部外界条件的总和，是对大学生的思想政治品德的形成、发展具有极大影响的外部因素，是新时代高校思想政治工作大格局构建有效进行的根本条件。近年来，党和国家不断营造适合大格局构建的氛围，在各地建立红色教育基地、革命场馆、历史纪念馆等，不断推进校园文化建设，扩大新时代高校思想政治工作大格局构建的育人空间。

逐步完善载体建设。载体是指某些能传递或运载其他物质的物质，是一种客观存在，只要有思想政治工作的地方，就有载体存在，载体具有中介性，承载着新时代高校思想政治工作大格局构建中的内容目标、结构功能等信息。不同历史阶段，高校思想政治工作具体的呈现方式不同。新时代高校思想政治工作大格局构建的载体包括日常思想政治教育活动以及承载目标内容的革命场馆、设施阵地、教育培训基地、虚拟空间等。

促进新时代高校思想政治工作大格局构建的评价体系不断完善。评价是新时代高校思想政治工作大格局构建的关键环节。在高校思想政治工作的开展过程中，应构建逐步完善的立德树人的评价标准、教育工作者的评价标准与考核标准，形成对高校思想政治工作的长效监督和反馈机制。

三　思想政治引领功能不断强化

思想政治引领是新时代高校思想政治工作大格局构建的核心功能。对大学生开展思想政治教育，向大学生阐释中国式现代化理论体系，讲清中国式现代化与西方现代化的区别与联系，使大学生全面认识当前党的中心任务，明确个体身上担负的责任与使命，深化对以中国式现代化全面推进中华民族伟大复兴的认知、认同，实现对大学生的思想政治引领。

新时代高校思想政治工作大格局构建的内部结构的实践功能不断增强。功能的强弱取决于系统内部要素的完善程度与内部结构的合理程度。新时代高校思想政治工作大格局构建在主体、空间、资源等方面不断实现能级跃升。在主体方面，党和国家高度重视新时代高校思想政治工作大格局构建，从领导班子配备、工作队伍组建等方面不断给予支持，不断充实工作队伍，提高人员素质。在教育空间方面，建设多样化的纪念馆、革命场馆等教育基地，充分运用信息技术，打造 VR 沉浸式体验馆，整合多种教育资源，为大学生搭建丰富的平台。不断完善内部要素，促进内部结构优化，增强新时代高校思想政治工作大格局构建的实践能力。不断丰富思想政治工作理念，更新实践形态，改善工作方式，提升实践能力。

新时代高校思想政治工作大格局构建内部结构的自我优化功能不断强化。系统是开放的，能够不断与外界进行交换，获取新的能量和信息。当外界信息进入系统后，系统迅速作出反应，对外界信息进行加工、处理和创造，形成系统内部新的要素，促进新的结构形成。新时代高校思想政治工作大格局构建深受外部环境的影响。新的社会要求对大格局构建提出新的要求，因此，大格局构建应准确把握新的要求，不断更新教育理念、教育目标、教育内容，不断优化内部结构，适时调整高校思想政治工作的内容和方式，不断提高其工作效率，增强其针对性。

四　与环境协同育人的新生态不断跃升

系统通过与外界环境进行交换不断完善内部要素，促进内部结构优化。新时代高校思想政治工作大格局构建，与外部环境形成协同育人新生态。社会环境对人的成长发展起到了非常关键的作用。新时代高校思想政治工作大格局构建不断向外开放，与环境建立联系，使系统与环境充分交换。新时代高校思想政治工作大格局构建，深入了解新时代大学生的生活环境，在总结和遵循当代大学生成长规律的基础上，整体促进大学生成长成才。

与外部环境相互促进。辩证唯物主义认为，内因是变化的根据，外因是变化的条件，外因通过内因起作用。环境是影响新时代高校思想政治工作大格局构建的外部因素。为了使外因通过内因发生作用，环境与新时代高校思想政治工作大格局就需要相互联系、相互作用。外部环境通过不断影响新时代高校思想政治工作大格局，使潜在的可能性变为现实。当前，中国式现代化对新时代高校思想政治工作大格局构建提出新要求，要求推动新时代高校思想政治工作系统化、体系化建设，为推动中国式现代化提供精神动力和智力支持。新时代高校思想政治工作大格局构建整合校内外教育资源，使多元主体形成合力，推动全员参与、全程跟踪和全方位教育，形成上下一盘棋，为新时代高校思想政治工作的开展提供合力，全面推动新时代高校思想政治工作现代化建设，推进新时代高校治理现代化。可以说，新时代高校思想政治工作大格局正是在回应时代要求和社会需要的基础上而构建的工作结构。新时代高校思想政治工作大格局构建通过与外部环境进行交换，通过外因对内因的作用，将世界现代化、经济全球化、中国式现代化带来的挑战转化为自身发展的能量。

与外部环境相互包容。新时代高校思想政治工作大格局是在现实环境中构建的教育系统，具有开放性特征，其目标样态的确定、内部结构的运行、系统功能的发挥、基本原则的构成以及内容方法的运用都与环境有关。它与环境构成互嵌关系，新时代高校思想政治工作大格局构建离不开环境的影响，外部环境也为新时代高校思想政治工作大格局构建创造条件。当前，我国经济、文化等全面发展，为新时代高校思想政治工作大格局构建奠定坚实的基础。随着社会的不断发展，人们的物质生活和精神生活不断丰富，人们的经济状况、生活环境、思想认识、文化素质、心理素质不断发生变化，这就强调在新时代高校思想政治工作大格局构建过程中，要通过结合教育对象的差异，制定不同的教育目标，完善教育要素，优化功能发挥，丰富教育方法、教育载体和教育途径，推动新时代高校思想政治工作高质量发展，全面提升育人质量和水平。马克思认为："环境是由人来改变的，而教育者本人一定是受教育的。"① 经过教育的人们进入社会后，又能动地利用环境和改造环境，以此推动新时代高校思想政治工作大格局构建与外部环境的互动发展。

与外部环境相互融合。家庭、社会是新时代高校思想政治工作大格局构建的重要组成部分，家庭教育、社会教育是对大学生思想政治教育的重

---

① 《马克思恩格斯选集》第 1 卷，人民出版社，1995，第 55 页。

要环节和有益补充，家庭和社会的参与，有利于扩大教育的覆盖面，提高实效性。由于目标一致、教育过程的连续性以及教育作用的互补性，家庭、社会成为新时代高校思想政治工作大格局构建不可或缺的重要部分，它们相互联系、相互作用、相互融合，构成协同育人的共同体。这个共同体的构建改变了过去封闭运作的模式，变为由多方参与、多层次相互支持的协同教育模式，为大学生搭建多元化的学习平台和实践平台，有利于提高人才培养质量，创新人才培养模式，促进大学生全面发展。

五　形成统一与多样相结合的育人整体

新时代高校思想政治工作大格局构建，强调对大学生进行全方位、全程跟踪教育。教育主体、教育空间、教育评价、体制机制等既体现横向育人的融合性，也强调教育纵向贯通的特性。教育时间维度的全程性，更凸显了教育纵向贯通的价值。新时代高校思想政治工作大格局构建，以高校为圆心，形成新时代高校思想政治工作的内部格局，向外辐射形成家庭、社会、学校横向融通的整体育人格局以及大中小一体化的纵向贯通格局。高校思想政治工作是连接中小学教育与社会教育的桥梁，也是对大学生进行全程教育的关键环节。在高校内，调动高校全育人要素，形成"三全育人"格局。在高校外，从纵向角度看，以高校为中心，形成大学、中学、小学的大中小一体化贯通的教育联盟。近年来，全国各地纷纷成立思政课一体化备课联盟、思政课教学联盟、思政课教师培训联盟，为推进大中小学思政教育一体化建设提供平台、汇聚力量。从横向角度看，以学校为圆心，向家庭和社会辐射，形成全党全社会共同参与的横向贯通的整体育人格局。

第二节　新时代高校思想政治工作大格局构建存在的问题

思想政治工作是学校一切工作的生命线，是贯通高校育人体系的关键要素，有利于将高校各分散环节联结成相互关联的一个链条。新时代高校思想政治工作大格局是由高校思想政治工作内部各要素组成的以及各要素之间有效联结的工作结构。在国际国内复杂的形势下，新时代高校思想政治工作大格局构建面临多元化环境，机遇与挑战并存。大格局构建的内部要素之间的疏离与错位，也导致新时代思想政治工作大格局构建存在问题，即体制机制有待进一步完善、主体共在能力仍需提升、空间共通效果尚待增强、多维评价共融亟待强化、纵向贯通有待加强等。

一　体制机制有待进一步完善

体制机制健全并协同对推进新时代高校思想政治工作改革发展，推动新时代高校思想政治工作大格局有效运行具有重要意义。当前，新时代高校思想政治工作大格局构建存在体制机制有待进一步完善的问题，主要表现为领导体制有待完善、运行机制有待健全、管理机制与高校治理现代化耦合不佳等。

领导体制有待完善。新时代高校思想政治工作大格局构建是一项复杂的教育工程，必须有组织、有计划地进行，形成健全完善的领导体制。在长期发展中，党中央及相关部委、各级单位都把新时代高校思想政治工作体系化、系统化建设摆在突出位置，将新时代高校思想政治工作内部各要素积极调动起来，推动构建全党全社会共同参与的"大思政"格局。新形势下，新的社会发展要求、新的时代需求以及人的发展需要，对大格局构建提出新的要求。面对新的国际国内局势及新的人才培养标准，新时代高校思想政治工作大格局构建也存在一定的问题。例如，尚未成立专门负责的部门以指导大格局构建，尚未对新时代高校思想政治工作大格局构建的标准、规范、评价标准进行统筹设计等，尚未形成专门的方法指导，以及尚未对新时代高校思想政治工作大格局构建给予专门经费支持等。

运行机制有待健全。新时代高校思想政治工作一直是党的政治优势和制度优势，具有鲜明的政治性与时代性，需要根据党的政策、方针变化及大学生的成长需要进行更新，高校思想政治工作大格局体系化、系统化构建是个长期的过程，在此过程中，需要不断探索形成有效的运行机制，促进高校思想政治工作大格局取得持续性的教育实效。近年来，时代新人自由全面发展需求和国际化人才培养需求，要求新时代高校思想政治工作调动全要素形成"大思政"格局，以应对人才培养要求的变化。新时代高校思想政治工作大格局构建涉及学校、家庭、社会等多重领域、多方主体协同。党中央通过制定相关法律法规、印发文件等形式，以党和国家的意志划分任务，明确不同主体的责任和任务，确保新时代高校思想政治工作大格局构建顺利推行。由于大格局构建涉及多元行为体，新时代高校思想政治工作大格局构建存在育人要素协同不够、合作阻隔、沟通不畅等问题，少数地方及高校甚至存在形式主义的倾向，这不仅浪费了教育教学资源，更弱化了新时代高校思想政治工作大格局的地位和影响，降低了新时代高校思想政治工作大格局构建对育人主体及大学生的吸引力、感召力和影响力。

管理机制与高校治理现代化耦合不佳。新时代高校思想政治工作大格局构建承担着坚持"两个巩固"的根本任务和围绕中心、服务大局的基本职责。新时代高校思想政治工作大格局构建既是推动高校治理现代化的重要方式，也是促使新时代高校思想政治工作充分发挥国家治理功能的重要途径。但就目前来看，新时代高校思想政治工作大格局构建的管理体制与高校治理现代化之间存在以下问题。一方面，新时代高校思想政治工作大格局构建的统筹谋划尚未充分凸显现代大学现代化治理逻辑。新时代高校思想政治工作大格局是回应当前党的中心任务、推进国家治理体系和治理能力现代化以及培养现代化的人而构建的工作结构，在推进现代化的过程中，存在一定的滞后性，而且新时代高校思想政治工作大格局从开始构建到完成再到真正运行，需要时间，难以在第一时间对现代化大学的治理模式作出反应。另一方面，不同学段的贯通衔接不够。学段的无缝衔接与有机链接是不同学段教育者育人的重要基础。当前，新时代高校思想政治工作大格局构建缺少科学的学段衔接意识和方案。以大学本科为例，本科不同学段的人才培养尚未形成清晰的人才培养方案，因此出现了隆重的开始、潦草的中间及仓促的结尾现象。这表现为本科一、二年级，高度重视大学生的思想政治教育；本科四年级，相对重视毕业生的就业引导。但对中间学段，相对不太重视大学生的思想教育、道德教育、政治教育和心理教育等。

二 主体共在能力仍需提升

新时代高校思想政治工作大格局构建是一项庞大工程，需要多元主体形成合力。然而，在这个过程中，不同专业、不同经历、不同年龄的人表现出育人能力差异、专业素养差异及个人特长差异等，一定程度上造成多维主体之间的离散。

（一）育人主体的大格局意识有待增强

一是课堂教学的主体之间的沟通意识有待加强。课堂教学是对大学生进行思想政治教育的主渠道。近年来，新时代高校思想政治工作体系化、系统化发展，深入推进思政课建设内涵式发展、大中小学思想政治教育一体化建设、课程思政与思政课程同向同行等，课堂教学形成了整体育人的局面，但依然存在主体沟通不畅的问题。一方面，思政课教师之间的沟通不够。近年来，随着教材的更新、教学体系的完善，党和国家加大了对高校思政课教师的集中培训力度，但思政课教师之间在集体备课、同行听课、同行评课方面存在沟通阻隔，导致教育内容在不同学科之间重复讲授等问题。另一方面，思政课程与课程思政的任课教师之间的交流有待深化。思政课程与课程思政的任课老师专业背景不同、研究方向不同、关注点也不同，导致他们存在沟通不畅与合作不佳的情况。

二是课堂教育与日常思想政治教育的教育主体融通意识有待强化。新时代高校思想政治工作大格局构建，需要课堂教育与日常思想政治教育进行深度融合。课堂教育是受众面积最大的教育载体，侧重对大学生进行理论教育，具有较强的普适性和理论性，相对集中、高效，有利于大学生统一接受相同的知识传授。日常思想政治教育是对大学生进行思想政治教育的主阵地，为大学生提供丰富多彩的活动，使课堂教育的内容得以实践，是对课堂教育的有益补充。课堂教育与日常思想政治教育的协同育人的前提是教育主体的融合与协同。但在新时代高校思想政治工作大格局构建过程中，课堂教育与日常思想政治教育的主体授课时间、授课形式存在差异，有效融通较少，沟通频率不高，课堂教育的主体只能集中在课堂上得到大学生的信息，日常思想政治教育的主体只能在课外获得大学生的信息，导致二者都不能获得大学生相对完整的信息，没有找到课堂教育与日常思想政治教育的共同结合点，在培养目标、培养内容、培养方式、考核评价方面出现协同差异。

三是校内校外育人主体的合作意识有待强化。高校、家庭、社会是对大学生进行教育的重要场所，承担着不同的教育责任。校内校外协同是新时代高校思想政治工作大格局构建的必然要求。高校具有集中的教育教学资源、专门的教育主体和教育场地，对大学生思想政治教育承担着最重要的责任。家庭对大学生思想政治教育起着补充作用，家庭成员的生活学习习惯、家风、家教对大学生具有耳濡目染的作用。社会拥有红色文化基地、爱国主义教育基地、历史人文景观、自然地理景观等丰富的资源、多元的教育平台、多样的教育基地，为大学生的思想政治教育提供广阔的舞台。但在大格局构建过程中，学校、家庭、社会的育人主体之间的交流较少，除了辅导员、班主任与家长、企事业用人单位进行交流沟通之外，其他育人主体之间的交流沟通较少。

（二）育人主体的协同能力有待提升

一方面，育人主体的合作能力有待提高。新时代高校思想政治工作大格局构建过程是育人主体分工合作的过程，需要育人主体与不同部门、不同学科、不同专业的主体合作。当前，在新时代高校思想政治工作大格局构建过程中，育人主体存在着对大格局构建的目标、教育内容、教育方式等理解不到位，与其他育人主体沟通的频率不高，共情能力有待提升等问题，除此之外，育人主体还存在教学科研能力、创新能力有待提高的情况。另一方面，育人主体教书育人的能力有待提升。高校承担着教书育人的重要使命，是培养担当民族复兴大任的时代新人的重要机构。高校思想政治工作大格局构建贯穿学校所有工作，具有落实立德树人根本任务的优势。教书与育人是一致的，是育人主体同一工作的两个方面。新时代高校思想政治工作大格局构建，对育人主体把教书与育人相结合提出更高要求。当前，新时代高校思想政治工作大格局构建的主体在教书与育人的融合发展中存在以下问题。部分育人主体在知识传授与价值观塑造过程中，侧重知识传授，忽视对大学生价值观的引导，存在重知识传播、轻价值引导的问题。在对大学生的评价过程中，重大学生的课堂成绩，轻大学生的实践能力的培养，重大学生的考试分数，轻大学生的思想道德的培养等情况，没有真正把教书与育人相融合。

三　空间共通效果尚待增强

新时代高校思想政治工作大格局构建是在一定的空间中进行的。空间共通为大格局构建整合资源、为大学生的全面发展搭建多元平台提供便利。新时代高校思想政治工作大格局构建，需要将实体空间与虚拟空间相贯通，打破实体空间中的各个教育空间的融通壁垒。然而，当前思政课程与课程思政的融通不够、第一课堂和第二课堂衔接存在阻隔、现实空间与虚拟空间交互不深，影响着新时代高校思想政治工作大格局构建的资源整合效果。

（一）思政课程与课程思政的融通不够

课程思政与思政课程在育人过程中有共同目标——培养自由全面发展的时代新人。但二者在功能发挥和育人侧重点方面存在很大差异。思政课程与课程思政教师在教育内容、育人方式方面没有深入沟通，导致思政课程教师不知道课程思政应该如何配合开展思想政治工作。课程思政的教师未能深入了解专业课应该如何挖掘思想政治教育元素进行育人，导致思政课程与课程思政内容建设衔接不够。自从高校高度重视课程思政建设以来，课程思政建设取得良好成绩。但是事实上，课程思政应该怎么建，与思政课程如何建立深度联系，这些问题还没有得到很好解决。尽管高校育人主体在申报课程思政的项目、申报课程思政精品课程方面获得可喜的研究成果，但课程思政如何发挥其思政育人作用、思政课程与课程思政的融通还得进一步深入研究。

（二）第一课堂与第二课堂衔接存在阻隔

第一课堂是对大学生进行思想政治教育的主渠道，第二课堂是对大学生开展思想政治教育的重要阵地，二者在育人方面承担着共同的育人责任和任务。新时代高校思想政治工作大格局构建是将第一课堂和第二课堂有机融合的重要途径，是形成育人合力的重要方式。当前，第一课堂和第二课堂的衔接存在两个主要问题。一是课内课外缺乏一体化建设方案。共同的方案为育人主体提供方向。在新时代高校思想政治工作大格局构建过程中，第一课堂和第二课堂缺少一体化方案，例如，第一课堂与第二课堂在内容如何衔接、如何交叉、如何共同建设、如何共同育人方面尚未形成一体化方案。二是课内课外的育人主体沟通较少，思政课程教师、课程思政教师与学工人员、管理人员之间沟通较少，尚未清晰对方在育人方面的工作重点，导致课内课外衔接存在阻隔。

（三）现实空间与虚拟空间交互不深

一方面，新时代高校思想政治工作大格局构建的空间仍以现实空间为主。新时代高校思想政治工作大格局构建仍以教室、社区、运动场、学生活动中心等相对单一的场景为主。没有充分发挥校园文化馆、党史馆、纪念馆等设施与场地的育人功能。同时，校内资源与校外资源尚未充分融合。新时代高校思想政治工作大格局构建，还未充分使用校外革命场馆、纪念场馆、红色教育基地、仿真场馆等，即使使用，也未形成长效机制与融通机制。另一方面，现实空间与虚拟空间连接不够。信息技术赋能新时代高校思想政治工作大格局构建，不仅能够提供丰富的育人资源，还能通过信息技术将教育内容以可视化、立体化的方式呈现，增强教育内容的趣味性。但是由于在虚拟空间中，教育者与大学生的沟通仅局限于"在线"，这种身体缺场的交流，一旦对方下线就无法开展教育。加之，教育者对虚拟空间资源的开发力度有限，以及教育者数字化生存的能力有限，虚拟空间的资源尚未得到充分利用以及虚拟空间与教育内容、教育者、大学生之间联结不够，导致现实空间与虚拟空间未深度融合。

四　多维评价共融亟待强化

科学的考核评价机制既是检验新时代高校思想政治工作大格局构建成效的重要抓手，也是新时代高校思想政治工作大格局构建向前发展的指挥棒。当前，我国各类高校针对增强新时代高校思想政治工作实效已建立起相对完善的考核评价机制。但新时代高校思想政治工作大格局构建，在评价要素、评价过程和评价结果方面存在问题，具体表现在评价要素把握不全、评价过程静态化和评价结果不够科学等方面。

（一）评价要素把握不全

新时代高校思想政治工作大格局构建是一个系统，作为检验其构建成效的重要抓手，新时代高校思想政治工作大格局构建的评价也应是一个系统，应包含大格局构建的目标、主体、受教育者、环境、成效等方面。但目前，新时代高校思想政治工作大格局构建的评价存在对评价要素把握不全的问题。一方面，对评价客体的信息收集不够全面。对评价客体进行信息收集是全面把握评价要素的关键环节，而评价主体在收集评价客体信息时存在信息收集不够全面、不够科学的情况以及信息反映不够充分等问题，导致对评价要素把握不全。另一方面，对评价要素进行单一化评价。评价过程依然存在各个评价要素的联结不够紧密、缺乏相应的沟通互动机制、系统性评价有待提升的问题，导致评价出现以点带面、以偏概全的问题，未能从整体性、全局性反映新时代高校思想政治工作大格局构建的真实状态。

（二）评价过程静态化

新时代高校思想政治工作大格局构建是动态发展的过程，不同阶段收获的成果不同，结果的呈现也具有动态性。作为大格局构建最直接的利益相关者，大学生的成长具有发展性，其思想观念的形成具有动态开放性，道德素质的养成具有长期性，这就要求大格局构建的评价具有过程性。新时代高校思想政治工作大格局构建的评价，依然存在对环境、主体、客体、手段、标准、规范、形式等具体的变化把握不足，未能结合时代发展和评价主体的发展变化更新评价标准、评价方法等，导致注重结果评价、轻过程评价、评价滞后的问题。

（三）评价结果不够科学

评价结果直接反映新时代高校思想政治工作大格局构建取得的成效和存在的问题，是对大格局构建的成效进行检验的重要手段。当前，新时代高校思想政治工作大格局构建的评价结果存在不同评价主体的评价结果相同、不同评价客体的评价结果相同、不同评价要素的评价结果相同、不同评价方式的评价结果相同等评价结果同质化现象，导致评价结果未能正确反映大格局构建的价值指向、大格局构建的目标、大格局构建的实际运行情况、大学生的成长发展情况以及教育主体的整体协同情况。此外，评价结果反馈滞后。评价是检验新时代高校思想政治工作大格局构建成效的重要手段，评价的目的是查找问题进而解决问题。评价结果反馈滞后，延迟了对问题的反应速度，一定程度上加深、加重问题对大格局构建的影响，也影响了大格局构建的成效发挥。

五　纵向贯通有待加强

新时代高校思想政治工作大格局构建，不仅在体制机制、主体、空间、评价等横向要素方面存在不足，在纵向贯通方面，也存在因势贯通不足、大中小贯通不足等情况。一方面，因势贯通不足。这里的势是指国际社会发展大势、当前社会发展态势和未来社会发展趋势。新时代高校思想政治工作大格局构建，是服务国家发展、社会发展和人的发展需要的，理应紧紧跟随时代发展趋势调整工作目标、工作内容和工作方式。但高校思想政治工作具有鲜明的意识形态性。党和国家在依据形势调整教育目标和内容时需要反应时间，政策制定、目标确定和内容审核也需要一定时间，一定程度上，从中央发布政策到地方高校执行存在一定时间差。因此，从反应即时性来看，因势贯通存在不足。另一方面，大中小纵向贯通不足。近年来，党和国家高度重视大中小学思政课一体化、大中小学思想政治教育一体化建设，出台相关的教育政策，成立许多对口帮扶联盟、手拉手联盟、大中小一体化建设联盟。这些政策的出台与联盟、机构的成立，为高校思想政治工作大格局构建奠定基础。但也出现大中小学思想政治教育、大中小学思政课教育教学贯通不足、贯通效果不好的情况。例如，教育目标贯通不足，高校思想政治工作教育目标与中小学思政教育目标衔接不够；教材设计衔接不够，存在中小学教材内容重复出现问题，尤其是高中政治课教材内容与思想政治理论课教材内容相似度较高；大中小学教师沟通不够，集体备课不足等情况。

第三节　新时代高校思想政治工作大格局构建存在问题的原因分析

新时代高校思想政治工作大格局构建存在的问题，背后具有深层原因，既有客观原因，也有主观原因。总体而言，高校思想政治工作大格局构建是一项"百年树人"的事业，需要持续的、长期的完善和优化，推动高校思想政治工作结构趋于完善和科学，实现更加有效育人。

一　内部要素的异质性影响

新时代高校思想政治工作大格局构建内部要素之间具有异质性。异质性是指事物之间存在区别的根本特性，是两个事物之间相互成为那个独一无二的标志。高校思想政治工作大格局构建过程中的项目或活动的异质性影响大格局的构建。新时代高校思想政治工作大格局构建是由多种项目或活动组成的有机体，如课堂教学、日常思想政治教育、校外思政，人员配备、资源开发、环境营造、人员培训等。这些项目在建设或者活动在开展的过程中，无论是管理还是教育要求都存在较大的差别，这是由新时代高校思想政治工作大格局构建的规律所决定的。在新时代高校思想政治工作大格局构建过程中，多种项目或活动的异质性，一定程度上造成内部要素之间的疏离、多元主体间的疏离和内部要素的联结缝隙。新时代高校思想政治工作大格局构建的功能发挥需要内部要素认识不同项目和活动之间的异质性，通过增强要素的性能或者主动增强要素之间的联结与合作，优化新时代高校思想政治工作大格局构建。新时代高校思想政治工作大格局构建说到底是做人的工作，个体间存在异质性。新时代高校思想政治工作大格局构建的育人主体和教育对象都是人。人在气质、性格和能力等方面都存在个性与差异，相同的教育内容，对不同教育群体需要确立不同的目标。相同的教育模式、教育内容，对不同的人进行教育，都可能产生不同的教育结果。人的异质性造成了不同的合作方式、不同的教育方式和不同的教育结果。同一个工作目标，通过不同的教育项目或者不同的教育活动，可能产生不同的教育结果。这种异质性导致大格局育人主体的异同、合作意识的差异、合作方式的差异，也导致合作结果的差异。

二　内在结构的松散联结性影响

新时代高校思想政治工作大格局构建是一个庞杂的教育系统，具有系统的松散联结性。松散联结是指"要素之间彼此响应，但保持明显的独立性和一致性的一种情形"①。改变其内部一个关键要素，会影响到其他要

---

① 钟柏昌、李艺：《教育工程学新探》，教育科学出版社，2012，第58页。

素，整个系统的结构和功能也会随之改变。一是新时代高校思想政治工作大格局构建是一项复杂工程，其内部要素之间是松散联结的，而且松散要素多于联结要素，突出表现为大格局构建的目标不够清晰，大格局构建的边界存在模糊，以及影响大格局构建的要素之间的关系仍不明确。二是新时代高校思想政治工作大格局构建从根本上是做人的工作，以人为目的、以人为主体。人具有自主性和独立性，人的自主性和独立性推动人类的发展。但人的自主性和独立性，如果没有统一的指引，在主体联结过程中难免会造成主体间的沟通不畅，导致联结的不确定。新时代高校思想政治工作大格局构建过程中的诸多松散要素及要素联结的不确定，造成大格局构建结果的不确定。三是新时代高校思想政治工作大格局构建是渐进性和不完美性的。从建设周期来看，新时代高校思想政治工作大格局构建是一项复杂的教育工程，它与一般的教育工程的重大区别在于，新时代高校思想政治工作大格局构建是"百年树人"的教育事业，是渐进的，具有自我优化和自我演化性。这就决定了新时代高校思想政治工作大格局构建的持续性，也意味着不可能有一个完美的理想蓝图来指导我们构建一个完美的大格局。系统的突现、涌现和矛盾，也决定了新时代高校思想政治工作大格局构建的渐进性和不完美性，需要教育主体在构建过程中不断克服出现的问题，不断进行改善和优化。

三 问题情境的复杂性影响

新时代高校思想政治工作大格局构建深受外界环境中复杂的问题链影响。思想政治工作是学校一切工作的生命线，思想政治工作的变化必然引起学校工作的变化。新时代高校思想政治工作大格局构建面临的问题具有复杂性，这体现为，环境的复杂多变性、问题的多样性和不可预测性、问题之间的交互性等。新时代新征程，时代挑战、时代要求、环境变化、主体变化必然对高校思想政治工作大格局的工作理念、工作内容、工作方式以及育人主体提出更高要求，要求高校思想政治工作因时而进、因事而新、因时而变，及时作出反应以适应时代需求和社会要求。高校思想政治工作大格局面临的复杂问题在短时间内不能全部解决并根除，因此，高校思想政治工作大格局构建会受到这些复杂问题的影响。此外，新时代高校思想政治工作大格局的突变问题引起的不可预测。对于系统而言，系统要素的突变被看成系统的涨落，系统中结构的突变、功能的突变，都是系统平衡状态的偏离，同时也是系统从失稳状态转向稳定状态不可避免的环节。在系统中，系统的平衡是相对的，不平衡才是常态。系统的突变打破了系统的平衡，使得系统不断调整内部要素以适应新的突变，通过涨落达到系统的有序状态。新时代高校思想政治工作大格局构建是链接校内外系统的子系统，校内外千变万化的环境、遇到的多变的问题成为系统突变的重要组成部分。新时代高校思想政治工作大格局构建是一项实战工作，教育对象是活生生的具有主观能动性的人，在教育过程中遇到的很多问题是真实的、不可预测的，其目标、方案、教学方式都需要跟着突变问题进行修正与完善，不断调整系统内部的要素结构，以新的状态适应校内外大系统，推动新时代高校思想政治工作大格局构建达到有序状态。

四　主体专业能力的差异性影响

主体的全局意识参差不齐。新时代高校思想政治工作大格局构建是一项系统工程，需要统筹推进与协同合作，但就目前各地各高校思想政治工作大格局自身建设与合作共建的现状而言，其合作的程度与共建的水平还处于较低水平，协同意识有待加强。首先，新时代高校思想政治工作大格局构建育人主体与政府部门之间的协同意识有待增强。从校外协同角度看，新时代高校思想政治工作大格局构建与政府联动不够。新时代高校思想政治工作大格局构建，缺少与政府的深入沟通，尚未形成专业负责团队与政府对接相关要求，包括经费申请、设备购置、人员配备等。政府也尚未全面并深入了解高校的切身需求，包括高校思想政治工作大格局构建的经费需求、人才需求等。其次，各高校之间共同构建大格局的意识有待增强。跨层级、跨区域、跨学校的高校思想政治工作大格局构建，有待形成具有全国性、区域性的"大思政"育人格局。不同级别、不同区域的高校在构建大格局过程中，在大格局的平台共建、机制共融、资源共通、数据共享、成果互惠等方面缺少深入交流与融通。最后，高校内部育人主体之间的大格局意识有待加强。新时代高校思想政治工作大格局构建的育人主体深受各司其职理念影响，尽力做好本职工作，缺少与其他岗位协同育人的意识。加之，高校思想政治工作大格局构建繁杂，涉及多元主体协同，不同专业不同岗位的育人主体没有找到协同与合作的方式方法，导致新时代高校思想政治工作内部各岗位人员之间衔接不够，产生错位与疏离。

主体的专业性不足。一是新时代高校思想政治工作大格局构建的理论体系需要研究。专业理论、专业知识是新时代高校思想政治工作大格局构建的理论支撑和行动指南，确保高校思想政治工作大格局构建沿着正确的方向进行。新时代高校思想政治工作大格局构建要取得立德树人实效，必须强化专业支撑，发挥高校内部各学科专业优势，强抓各学科专业教学，整合利用相关领域的专业理论，充分运用相关专业技术支持等。当前，新时代高校思想政治工作大格局构建的理论研究较少，相关的著作、博士学位论文和核心期刊论文较少，未形成专业体系。二是新时代高校思想政治工作大格局构建的团队成员的专业性需要提升。专业队伍是新时代高校思想政治工作大格局构建的主体力量。人是社会实践活动的主体，所有的社会行动都依靠人来主导和参与。缺少人的主导和参与，任何社会实践活动都是空洞的。新时代高校思想政治工作大格局构建是一项特殊的社会实践活动，如果缺少专业的队伍支撑，新时代高校思想政治工作大格局构建就无法开展。队伍建设，不仅需要保证数量充足，还需要确保团队成员的整体质量。当前，新时代高校思想政治工作大格局构建的工作队伍，数量上基本满足党和国家对高校思想政治工作队伍的要求。但大格局构建的专业人员的沟通能力、合作能力、理解能力、包容能力等整体水平还需要提升和加强，队伍的专业化建设还需要加强。三是新时代高校思想政治工作大格局构建的专业化标准与技术支持体系需要建设。新时代高校思想政治工作大格局构建，需要建立专业化标准，提供专业性技术支持。新时代高校思想政治工作大格局构建，尚未将专业化标准作为硬性要求，也没有提供强有力的专业性技术支持，使大格局构建出现了形式化问题。四是新时代高校思想政治工作大格局构建的科学化评价需要加强。考核评价主体的专业性、权威性和多样性有待提高，一些评价主体受个人价值观念、专业水平和专业素质的影响，评价主体构成相对单一，导致评价不够科学。考核评价的标准不够明确，没有真正反映客体的价值属性。评价观念局限，评价方法不够丰富。考核评价过程与信息技术融合程度不够。

第五章

新时代高校思想政治工作大格局
构建的实施路径

新时代高校思想政治工作大格局构建，基于共同的价值基础，促进形成体制机制共建、多元主体共在、空间共筑、评价共融的全要素共同育人的局面，达到最优设计、最优控制、最优管理和最佳成本的理想效果，推动新时代高校思想政治工作高质量发展，发挥培养时代新人和服务社会的作用。同时，新时代高校思想政治工作大格局构建是共同与差序的有机统一，既要构建共同的格局，也要呈现大格局系统内部的差序与差异，尊重主体差异、系统差异，实现新时代高校思想政治工作大格局构建共同与差序的深度融合。

第一节　以领导体制为核心抓手推动多级体制机制共建

健全和完善领导体制和工作机制，是确保新时代高校思想政治工作大格局构建顺利进行的基础。为了确保新时代高校思想政治工作大格局构建坚持社会主义办学方向、全面落实立德树人根本任务，必须健全和完善党的领导体制和工作机制。不同历史时期，党的领导体制和工作机制构建的要求不同，只有结合时代发展不断健全和完善领导体制和工作机制，才能更好地坚持中国化时代化的马克思主义，全面贯彻和落实党的教育方针，整合高校全要素协同育人，推动新时代高校思想政治工作大格局构建，促进新时代高校思想政治工作高质量发展。新时代高校思想政治工作大格局的体制机制共建就是要建立结构合理、配置科学、程序严密、制约有效的领导体制和运行机制。

一 完善内部结构

新时代高校思想政治工作大格局构建是一项复杂的社会活动，不仅需要多元主体合作，也需要多个机构的分工协调。这就需要建立科学、合理的领导体制，把各个部门组织起来，形成相互监督、相互合作、相互协调的领导工作系统。"领导体制是领导系统的权力结构、组织形态、运行模式及其基本制度的总和。"① 新时代高校思想政治工作大格局构建的领导体制，是由目标、规范、组织三个系统有机构成的体系。

首先，确立新时代高校思想政治工作大格局构建领导体制的目标。这决定着大格局构建领导体制的发展方向。确立领导体制目标是新时代高校思想政治工作大格局构建顺利进行的关键，不仅事关新时代高校思想政治工作大格局构建的全局，而且对多行为体起着导向、动力和保证作用，决定着高校思想政治工作大格局构建的成效。新时代高校思想政治工作大格局构建领导体制的总体目标，是根据国家对新时代高校思想政治工作大格局构建的总体目标而设立的，是围绕"立德树人"根本任务和"培养自由全面发展的时代新人"根本目标而制定的。

其次，制定新时代高校思想政治工作大格局构建领导体制的规范。党中央以政策、文件、法律等形式，理顺高校思想政治工作大格局构建的领导体制和工作机制，形成规范的领导体制和工作机制。不断健全和完善体制机制，明确新时代高校思想政治工作大格局构建的职责划分，明确职责范围和权力范围。建立公正透明的决策制度，以及监督反馈机制，发现问题及时整改。

最后，确立新时代高校思想政治工作大格局构建领导体制的组织机构。组织机构是领导体制落到实处的重要枢纽。要加强新时代高校思想政治工作大格局构建的组织建设，逐步形成集领导体制决策机构、领导体制执行机构和领导体制监督机构于一体的领导体制组织机构。新时代高校思

---

① 阎颖:《中国共产党领导体制的历史演变》，中共党史出版社，2007，第3页。

想政治工作大格局构建的领导体制决策机构主要是学校党委领导班子成员、校级层面的行政领导成员，主要对高校思想政治工作大格局构建进行整体评估。二级学院等相关部门是领导体制执行机构，主要是结合大学生实际、教师队伍建设实际和教育教学内容，真正落实决策机构的方案。领导体制监督机构主要是评估大格局构建的效果，验收大格局构建的成效，对大格局构建对大学生的思想政治教育效果进行客观性评估。

二　增强纵向衔接

领导体制是学校管理体系的基础保障，其中，党的领导是核心。健全和完善领导体制，才能建立强劲有力的组织机构，才能推进新时代高校思想政治工作大格局构建的科学化、制度化和规范化，进而推动新时代高校思想政治工作大格局构建有序、高效进行。

(一) 坚持党的领导，把稳前进方向

中国共产党是最高政治领导力量，中国共产党领导是中国特色社会主义制度的最大优势。中国共产党是中国革命、建设、改革和发展的领导核心，也是新时代高校思想政治工作大格局构建的领导核心。新时代高校思想政治工作大格局构建贯穿学校一切工作，是党的思想政治教育的重要组成部分。高校是意识形态斗争的前沿阵地，随着现代化进程的推进和全球化的加速，西方社会思潮不断向我国高校渗透，妄图迷惑新时代青年，给新时代高校意识形态建设带来新变数。新时代高校思想政治工作大格局构建，应通过搭建多种平台、丰富传播方式，全面传播马克思主义。新时代高校思想政治工作大格局构建，应引导和帮助大学生全面了解中国化时代化的马克思主义，帮助大学生夯实理论基础，不断加强和巩固马克思主义在意识形态领域的指导地位，确保新时代高校思想政治工作大格局构建的正确方向。

(二) 加强高校党委领导，树立领导体制权威

学校党委是新时代高校思想政治工作大格局构建的领导核心，我国高校内部管理体制采取党委领导下的校长负责制，党委负责对思想政治工作的全面领导。高校党委对新时代高校思想政治工作大格局构建进行顶层设

计和全面布局，为新时代高校思想政治工作大格局构建指明方向、明确标准、规定程序，推进落实立德树人根本任务。同时，加强党对新时代高校思想政治工作大格局构建的全面领导，巩固高校党委在新时代高校思想政治工作大格局构建中把稳方向、掌握大局的领导地位，充分发挥高校党委的领导力，使其切实担负起新时代高校思想政治工作提质增效的主体责任和政治责任，需要树立领导体制权威。领导体制的权威首先取决于高校领导体制的科学性。高校领导体制的科学性是指领导体制的结构科学、要素科学。增强高校领导体制的权威就需要增强党委的思想引领力、政治影响力和群众组织力，不断巩固高校党委对新时代高校思想政治工作大格局构建的领导权、管理权和话语权，贯彻和加强党对新时代高校思想政治工作大格局构建的全面领导，把新时代高校思想政治工作大格局构建作为"一把手工程"抓到底、管到底、负责到底，始终坚持社会主义办学方向，不断提升新时代高校思想政治工作大格局构建的整体水平。

（三）坚持二级学院党委领导，增强执行能力

国家治理体系和治理能力现代化要求高校注重内涵式发展，随着办学规模的扩大，二级学院在全面推动新时代高校思想政治工作高质量发展方面发挥着越来越重要的作用。二级学院是在大格局构建过程中践行人才培养、进行科学研究、开展社会服务的具体的组织、管理和实施单位，表现为贯彻落实党中央关于新时代高校思想政治工作的路线、方针、政策以及学校党委的重要决策和重要任务。二级学院党委需要统筹谋划学院的重要事宜，对本学院的重大事项进行商议决策。同时，二级学院党委是组织和凝聚教育主体合力以构建高校思想政治工作大格局的关键纽带。在人才培养方面，二级学院党委结合人才培养目标要求，制定符合大学生发展实际的课程建设目标、教学目标、专业建设方案、课程教师方案等。学院党委组织专业人员指导大学生的学业，从开学到毕业，一对一、一对多帮扶大学生，引导和帮助大学生顺利完成学业，全面提升自己的素质，促进大学生的全面发展。总体而言，二级学院党委在新时代高校思想政治工作大格局构建过程中，发挥着领导、支持、落实和参加的作用，是完善和健全高校领导体制建设的重要组成部分。

三　推进横向协同

工作机制是领导体制的具体化，是领导体制的运行方式。横向协同机制有利于将新时代高校思想政治工作大格局构建的内部诸要素有机整合创新，打破要素壁垒，形成教育合力，实现目标、方式、功能和效果的整合，增强协同育人功效。

（一）构建扁平化协同机制

扁平化协同机制，主要体现为淡化等级关系，打破部门壁垒，强调平等合作与交流。扁平化协同机制是对科层组织结构的创新，有利于对大学生进行精准教育。其一，扁平化协同机制通过简化中间管理层，减少决策与行动之间的时间延迟与滞后，减少逐层上报的程序，确保信息传达真实有效，打破上级管理部门与下级部门之间的界限，实现上级管理部门的管理意志及决策快速下达，使新时代高校思想政治工作大格局构建中的沟通交流变得柔性化和灵活化。扁平化协同机制有利于减少学校各部门之间的内耗和依赖性，使管理体系不会因为某一职能部门的突然缺损而瘫痪。扁平化协同机制构建的直接结果是精减人员，降低人力成本，增强人员素质，提高管理水平，提高沟通管理的效率。其二，信息技术的使用推进扁平化协同机制构建。互联网技术赋能扁平化协同机制构建，不仅能节约管理成本，提高上级管理部门与下级部门的沟通效率、融通效果，也使上级管理部门真正关注下级部门的管理建议及大学生的实际需求，使得上级管理部门的政策真正得到贯彻与落实。

（二）共建"并联"机制

构建横向协同的高校思想政治工作机制，重点是大格局构建的内部各要素的协同。经典的木桶原理强调一个木桶的水容量取决于最短的板子。但实际上，木桶的水容量不仅取决于木桶的最短的板子，还取决于木桶之间的缝隙。如果把新时代高校思想政治工作大格局构建比喻为一个木桶，那么其内部要素之间的无缝对接和协同就非常重要。新时代高校思想政治工作大格局构建，不仅是由高校全员、全部门、全要素协同推进的工作结构，还是校内与校外整体联动的育人结构，需要促进大格局构建的内部要素之间的协同。横向协同的工作机制，打破不同部门之间的信息壁垒，使各部门之间呈"并联"状态。部门之间的"并联"，有利于各个部门为了共同的目标整体推进各项工作，这不仅节约了各个部门的等待工作时间和成本，还避免了各个部门的资源闲置，实现了信息共享、资源共享。

（三）同建沟通机制

畅通的沟通机制，将不同部门、不同主体、不同空间紧密连接起来，是新时代高校思想政治工作大格局构建的内部要素协同的重要基础。一是建立不同行政主体之间的沟通渠道。为了确保各级党委、政府和教育行政部门之间的有效沟通，新时代高校思想政治工作大格局构建必须建立畅通的沟通渠道。例如，借助信息技术建立资源信息传递通道、安装内部通信设备等。二是加强党委统一部署。党委和教育行政部门是国家意志的表达机构，代表国家意志，因此，应加强党委和教育行政部门之间的沟通，以对大格局构建进行科学规划，为其指明方向，也促进其内部要素之间相互衔接，实现各要素科学分工。三是建立课堂教学主体之间的集体备课制度。集体备课制度是一种以教学内容为对象的沟通制度，有利于构建集体备课共同体。应加强思政课程与课程思政教师之间的集体备课，形成听课、评课制度，加深思政课程与课程思政教师之间的深度沟通。加大大中小学思政课教师的集体备课力度。思政课是对学生进行思想政治教育的主渠道，但是各门思政课教材内容又有交叉和重复部分。不同课程的思政课教师通过集体备课，全面掌握思政课教材内容的重复之处，结合各门课程的特点，讲述具有课程特色的内容。这样既能完成课程任务，又能激发学生的学习兴趣。当然，集体备课制度还要延展至不同学段，通过延展培育时间，教师全面掌握大学、中学、小学学段的课程内容对该阶段学生的具体要求，掌握对不同学段的学生讲述同一内容的不同要求。四是建立课堂教育与日常思想政治教育、校内校外不同主体之间的沟通机制，使不同主体了解对方对大学生进行思想政治教育的重点，再结合育人主体的任务和特点对大学生进行教育，形成功能互补、任务互补的教育整体。

总体而言，新时代高校思想政治工作大格局构建程序繁多、过程复杂，必须不断强化组织保障，完善新时代思想政治教育工作大格局构建的组织管理系统，以充分调动各个组织的积极性，促进新时代高校思想政治教育工作大格局构建顺利进行。推动体制机制共建，为新时代高校思想政治工作大格局构建夯实组织保障，推进新时代高校思想政治工作大格局构建的常态化、制度化。

第二节　以专兼结合的工作队伍为重点支撑
促进多元主体共存

作为一项复杂的系统工程，新时代高校思想政治工作大格局构建，由思政课程、课程思政、日常思想政治教育、社会思想政治教育等多种要素构成，这些要素功能的发挥需要人进行主导，教材、课堂、实践活动等是连接各育人主体的重要载体。人是对新时代高校思想政治工作大格局构建起决定性作用的"内因"，一切外界的干预力量都要通过育人主体发挥作用。主体共在格局，不仅从数量上要求打造专兼结合的工作队伍，也从质量上强调培养高校思想政治工作的行家里手，更从协同育人的角度要求育人主体形成合力。新时代高校思想政治工作大格局构建的育人主体，具有主观能动性，各育人主体是否具备协同育人意愿，是否自觉主动地开展合力育人活动，直接决定着新时代高校思想政治工作大格局构建的成败。因此，增强育人主体的主体意识、深化育人主体的主体认同、提升育人主体的主体自觉，是促进新时代高校思想政治工作大格局构建主体共存的内生动力。

一　增强育人主体的主体意识

作为特殊的社会实践活动，新时代高校思想政治工作大格局构建，是人的主体意识的充分彰显和自我需要的实现。大格局是一种工作理念、工作思维，彰显了新时代高校思想政治工作大格局构建主体的意识和境界。马克思曾说："自由的有意识的活动恰恰就是人的类特性。"[1] 人类区别于

---

[1] 《马克思恩格斯文集》第 1 卷，人民出版社，2009，第 162 页。

动物的本质特性在于人具有意识。人是新时代高校思想政治工作大格局构建的主体，具有主体性，主体意识是人的主体性的核心要素，增强育人主体的主体意识，是新时代高校思想政治工作大格局构建的关键。主体意识是人对自身存在的认知和感知。育人主体的主体意识，是育人主体对新时代高校思想政治工作大格局构建的主动性、积极性的统一，主要表现为育人主体对新时代高校思想政治工作大格局构建的自主意识、目标意识、功能意识和融通意识。

（一）增强主体的自主意识

自主意识是指自己控制自己的行动、想法、感情等的能力。它使主体进行独立思考和决策，是人和其他事物相区别的显著标志。人作为认识活动和社会实践活动的主体，其自主意识，有利于使人的认识活动和社会实践活动更具有目的性、方向性和选择性。世界是依靠人的自主创造形成的，人在创造世界的过程中，充分运用自然界中的客观实体。人为了更好地进行物质生产，创造了工具，大大提高了人进行物质生产的效率。随着社会的发展，人为了实现更好的生活，发挥自己的能力，创造了更多的工具。人创造工具的过程，体现了人对自己行动和能力的控制，彰显了人的自主意识。新时代高校思想政治工作大格局构建，需要增强不同主体的自主意识，创造有利于协同的工具。例如，为了促进有效沟通，运用信息技术搭建网络平台，构建新的沟通渠道。为了提供更多的教育平台，教育主体发挥自主意识，主动推进校园文化建设、校地联动发展等。总体而言，新时代高校思想政治工作大格局构建的育人主体是具有自主意识的主体，只有充分发挥各个育人主体的主体意识，激发育人主体的自觉性，才能增强育人主体全员参与的积极性和主动性，进而达到增强育人实效的预期。

（二）增强主体的目标意识

人与动物最大的区别是人具有目的性。人在开始活动之前，已经在头脑中形成了活动的目的，并沿着目的开展活动。正如恩格斯指出的："任何事情的发生都不是没有自觉的意图，没有预期的目的的。"[1] 人作为新时

---

[1] 《马克思恩格斯文集》第 4 卷，人民出版社，2009，第 302 页。

代高校思想政治工作大格局构建的主体，具有较强的目的性。一方面，增强主体的共同目标意识。新时代高校思想政治工作大格局构建以"共同但有差序"的大格局为理论构型，形成全要素协同育人局面，推动新时代高校思想政治工作大格局构建，为国家战略服务、为人才培养服务。作为一种由外向内的构建过程，新时代高校思想政治工作大格局构建的育人目的，来源于新时代对自由全面发展的时代新人的客观需要以及推动高校治理现代化、国家治理体系和治理能力现代化的客观需求。育人目的决定育人目标，新时代高校思想政治工作大格局构建的目标分为总目标和个体目标。立德树人既是新时代高校思想政治工作大格局构建的核心内容，也是总目标。培养自由全面发展的时代新人，是新时代高校思想政治工作大格局构建的总目标。为了实现这个总目标，需要以构建"共同但有差序"的大格局为依托，树立大格局的目标意识，结合时代需要和社会需求，培养真正适应新时代社会发展的时代新人。另一方面，增强主体的差序目标意识。新时代高校思想政治工作大格局构建需要以总目标为中心，向外辐射形成不同规格的个体目标。不同层次的育人目标激发了教育主体的育人动机，而真正的动机源于受教育者成长需要这个目标定向。新时代高校思想政治工作大格局构建需要依托学校发展实际，更大程度彰显不同学校的办学特色，尊重大学生的成长成才需求，构建适合本校发展需要的育人格局，提升育人的针对性和实效性。

（三）激发主体的功能意识

系统理论认为，系统内部各要素间的联动不是要素间的简单配合，而是基于系统整体功能一致性的契合。功能意识是主体意识的重要组成部分，育人主体的功能意识表现为以下几个方面。一是育人主体深刻认识大格局构建的整体功能。新时代高校思想政治工作大格局构建作为一个系统，具有系统的整合功能，即其具有统领、凝聚和整合其内部各要素的功能。大格局构建的主体应深刻认识其内部要素的整体功能，充分发挥其各要素的功能，并使之发挥整体功能。二是育人主体深刻认识大格局构建内部要素的联结功能。在新时代高校思想政治工作大格局构建过程中，各要素沿着统一的方向趋于协同，尽管要素的整体联动和要素间的联动是普遍的，但这并不意味着关联性较低的要素会为了实现整体协同而建立联系，这就需要不同要素的配合。当内部要素之间因其整体协同而建立联动关系时，内部要素的真正耦合才得以实现。新时代高校思想政治工作大格局构建的主体要树立共同的功能意识，明晰大格局构建内部要素的结构性质、功能性质和功能发挥条件，促使大格局构建内部要素蕴含的功能得以充分发挥。三是育人主体深刻认识自身的功能。新时代高校思想政治工作大格局构建依靠人，也为了人。人作为主体，具有作为人的主体功能意识，具有主动构建大格局的功能、预测大格局构建效果的功能、评估大格局构建风险的功能和改善大格局构建内部各要素整体布局的功能。育人主体在深刻认识功能的基础上，需要充分激发大格局构建内部各要素的功能、要素的整体功能和主体自身的功能，助力新时代高校思想政治工作大格局构建。

（四）强化主体的融通意识

新时代高校思想政治工作大格局构建从本质上说，是构建一个小型社会组织的过程，具有社会属性，需要育人主体之间的沟通与配合。人是现实社会中的人，人不能离开社会而存在，这意味着人在错综复杂的社会关系中生存需要具备与社会融通的能力。强化育人主体的融通意识，加深育人主体的沟通与交流，是实现大格局构建内部各要素协同的重要条件。任何一个系统，都是由内部要素相互联系形成的有机整体。新时代高校思想政治工作大格局构建由多元育人主体主动联结而成，如果简单依靠外部力量强制建立联结关系，难以真正发挥大格局的育人功能。大格局构建内部要素联结关系的复杂性决定了新时代高校思想政治工作大格局构建只能是通过内因发挥作用，只能靠各育人主体由内向外的主动联结而成。因此，新时代高校思想政治工作大格局构建的主体需要强化融通意识，主动与不同部门、不同单位、不同人员建立联系，加强融通与配合。

二 深化育人主体的主体认同

认同是指个人或者群体对某个事物或观念的认可程度和接受程度，

"它是个体对自我身份、地位、利益和归属的一致性体验"①。主体认同是指人作为主体而存在、作为主体进行社会实践活动，以主体的方式确证自己的存在，并力求自主地表现和发挥人的内在本质力量和个性。主体认同是育人主体对自己在大格局构建中的角色、价值、话语和情感的认同，进而上升到对主体身份的认同。

强化主体在大格局中的角色认同。人是促进社会发展的主体，是进行物质生产的主体，人因具有主体性而具有价值。新时代高校思想政治工作大格局构建，意在充分调动每个育人主体的主体性，充分发挥每个育人主体的创造力，形成全员整体育人的局面。办好思想政治理论课关键在教师，这充分肯定了教师在思想政治理论课中的主体地位，明确了教师的角色定位。同样，对于新时代高校思想政治工作大格局构建而言，教师依然是关键。角色认同，是指育人主体在充分认识到自身责任后，对育人者这个角色产生认同的心理。育人主体是新时代高校思想政治工作大格局构建的主导力量，离开育人主体，大格局构建将无法推进。

增强主体在大格局中的价值认同。新中国成立以来，高校思想政治工作取得长足发展。特别是党的十八大以来，高校思想政治工作受到党和国家的高度重视，取得瞩目成就，这让育人主体从中看到自身的价值，在高校思想政治工作中提高自我效能感，增强育人主体的信心，为新时代高校思想政治工作大格局构建的主体价值认同奠定坚实基础。教师的成就来自学生的获得感，近年来，高校思想政治工作体系构建、大格局构建，不断增强新时代高校思想政治工作的实际成效，不断培养具有高素质、高品质、大格局的时代新人。新时代高校思想政治工作大格局构建，着力培养立大志、明大德、成大才、担大任的时代新人。时代新人成为社会主义合格建设者和接班人，成为新时代国家发展的主人，为推进中国式现代化补充新鲜血液，成为推进国家治理体系和治理能力现代化的重要力量，堪当民族复兴重任。时代新人的价值彰显育人主体的价值。新时代高校思想政治工作大格局构建，推动新时代高校思想政治工作现代化，新时代高校思

---

① 〔美〕曼纽尔·卡斯特：《认同的力量》，夏铸九等译，社会科学文献出版社，2003，第2页。

想政治工作现代化又推进育人主体的现代化。具有现代化能力和素质的育人主体更能体现其价值，同时，育人主体的自我效能感，更使其感受到自身的巨大价值，进而增强育人主体的价值认同。

形塑主体对大格局构建的话语认同。语言是思想最直接的体现。"语言选用是身份形成的基础，是身份认同的重要表现形式。"[①] 语言是认同的符号，语言的使用也是一种认同行为，是个人向其他人表明自己是谁、与他人相区别的重要手段。育人主体的语言代表党和国家意志，其组织开展意识形态教育，具有较强的政治属性。新时代高校思想政治工作大格局构建，育人主体使用共同话语，传达共同的国家意志，具有相同的语言表达方式和语言表达内容。育人主体使用具有意识形态性的语言表达和书写符号，与他者进行沟通与合作，在寻找共同的语言符号过程中，育人主体用语言符号来正确分辨自己的群体归属，并通过语言符号建立和维持群体内部的认同。在与他人进行交流的过程中，人们常常因为使用同一语言符号而初步建立联系，进而产生心理趋同，心理趋同使不同的主体形成团体。在新时代高校思想政治工作大格局构建中，育人主体会随社会变化来选择和使用符合当前社会需要和时代需要的语言表达方式和语言表达内容。共同的语言符号将育人主体个体凝聚成群体，达成群体的和谐，形塑育人主体对大格局构建的话语认同。育人主体要根据时代背景、社会发展、时代新人的成长需要以及思想政治教育要求，增强把控、调控和转换语言的能力，及时调整不同类型的话语，转换语言表达方式和语言表达内容，构建具有时代特色的语言符号，达到多元育人主体协同育人的目标。

增进主体对大格局构建的情感认同。人是具有理性思维和感性情感的结合体，情感认同是与人的需要相联系的主观性体验。情感认同是对某物发自内心的认可与共鸣。育人主体需要的满足是增进育人主体情感认同的基础，直接影响着育人主体的积极性和主动性，是激发和保持育人主体进行专业行为的原始动力。新时代高校思想政治工作大格局构建，是以人为主体，满足新时代发展要求、社会发展需求和时代新人的发展需要，促进新时代高校治理现代化、新时代高校思想政治工作改革发展

① 周庆生：《语言与认同国内研究综述》，《语言战略研究》2016 年第 1 期。

的重要工程，人在大格局构建的过程中，承担着重要的主体作用。育人主体对新时代高校思想政治工作大格局构建的情感认同，不仅有利于激发育人主体的育人动机和情感共鸣，使育人主体凝聚起来形成合力，增强工作实际效果，还有利于满足育人主体实现自身价值的需要，提升育人主体对工作的满意度。育人主体对工作的满意意味着，育人主体的物质需求得以满足，同时，其精神需求也得以满足。越是满足育人主体的需要，育人主体对工作就越是满意，因此，育人主体也就越能成为推动新时代高校思想政治工作大格局构建的关键力量。而这也有利于增进育人主体的情感认同。

三　提升育人主体的主体自觉

新时代高校思想政治工作大格局构建是一种特殊的社会实践活动，需要多元主体的协同与配合，共同形成整体合力。一般而言，主体包括，"个人主体、集体主体、类主体和社会主体"①。主体是人在世界中的特殊地位，而主体性则是人之为人的本质规定性。综合来看，主体分为个人主体、群体主体和社会主体。从人的社会性来看，人不能离开社会关系而存在，人是一切社会关系的总和。群体是由个体组成的，是社会组成的基本形态，具有个体不具备的整体的主体性。社会主体是由个人组成的一切社会关系的总和，具有个人主体和群体主体整合起来的主体性。在社会实践活动的开展过程中，不同层次的主体承担着不同的责任与使命。个体主体不能离开群体主体和社会主体的社会关系而存在，只有将不同层次的主体整合、凝聚起来，才能形成主体合力。新时代高校思想政治工作大格局构建，不仅是时代的要求、国家治理体系和治理能力现代化的需求，更是时代新人发展的需要，更需要社会、国家、学校等各级主体全程参与，形成多元主体协同育人的大格局。

（一）增强个人主体自觉

个体是群体的最小单位，也是最直接的力量来源。任何社会实践活动

---

① 洪波：《个人主体·集体主体·类主体·社会主体——解读马克思的主体概念》，《探索》2008 年第 4 期。

都需要落到个人身上。个人主体是主持、参与社会实践活动的直接力量。可以说，个人的主体自觉程度直接决定着整个群体主体自觉的状态。新时代高校思想政治工作大格局构建是一项复杂的社会工程，不仅需要政策、资金、资源的支持，更需要具体个人来落实。其个体主体自觉表现为树立大格局理念、自觉提高协同育人能力和增强理论研究能力。一是树立大格局理念。理念是行动的先导，一定的发展实践总是由一定的发展理念来指导。理念的先进与否、科学与否，决定着发展实践的成效甚至成败。"知其事而不度其时则败。"新形势下，新的社会发展需要对新时代高校思想政治工作大格局构建提出新的要求。育人主体需要不断更新教育理念，在坚定共产主义远大理想和中国特色社会主义共同理想的基础上，树立大格局理念，树立世界眼光，厚植共同育人情怀，形成大格局思维，进而激发个人主体树立协同育人观念。二是自觉提高协同育人能力。复杂的国际国内形势和教育形势，大学生成长成才需求的多样化，以及不同育人主体的专业化、个性化、岗位差别，意味着不可能有万能的教育方式对学生进行教育。因此，育人主体要以立德树人为根本任务，学习通用化的育人原理，提高适应能力和配合能力。在主导和参与新时代高校思想政治工作大格局构建过程中，育人主体要根据学校的发展实际、学生的个性化需求，进行有针对性、实效性的育人，提升学生的获得感。三是增强理论研究能力。理论是实践的指南，科学的理论为实践指明方向、提供科学方法。新时代高校思想政治工作大格局构建正处于发展初期，需要更多成熟的理论研究作指导，需要不同专业分工的个人主体在不同的专业背景下进行深入理论研究，探究新的方法、找寻新的理论突破点，找到育人主体相联结的生长点。

（二）增强群体主体自觉

新时代高校思想政治工作大格局构建的主体既是具有生命体征的自然人，又是具有主观能动性的社会人。新时代高校思想政治工作大格局构建，需要把育人主体当作完整的人，把人当作目的而非手段。一是夯实育人主体的物质保障。育人主体是真正存在于自然生活中的生命体，人要发挥作用，首先得解决吃穿等基本生活问题。马克思恩格斯指出："全部人类历史的第一个前提无疑是有生命的个人的存在。"① 人作为有生命的个体，需要解决吃穿住行等生存问题。群体主体作为满足个人基本生存需要的重要社会主体，需要为个人主体提供必要的物质保障，为个人主体在新时代高校思想政治工作大格局构建中充分发挥主体能动性奠定物质基础。二是关注育人主体的精神需求。当前，我们党的中心任务是以中国式现代化全面推进中华民族伟大复兴。中国式现代化是物质文明和精神文明相协调的现代化，更加强调人的物质文明和精神文明相统一。新的时代背景和时代任务需要培养具有现代化特征的时代新人，需要具备现代化特质的育人主体。人作为新时代高校思想政治工作大格局构建的育人主体，是物质生活和精神生活相协调的现代化人。现代化的育人主体，是大格局、大视野、大境界的综合体。国家、政府和社会等群体主体，不仅要夯实育人主体的物质生活，更要关注和满足育人主体的精神需要，为育人主体打造高质量的精神文化生活，促进育人主体的思想解放、精神解放和自由发展，实现育人主体的现代化。

（三）发挥社会主体自觉

从辩证唯物主义的角度看，社会主体不是单纯地指某个主体，而是一切社会关系的总和。社会主体本质是社会关系。社会主体深受生产力、生产资料、社会环境等客观因素的影响。中国共产党领导为新时代高校思想政治工作大格局构建提供组织保障。我国的大学是中国共产党领导下的社会主义大学，始终坚持以马克思主义为指导，为新时代高校思想政治工作大格局构建奠定组织保障。生产力的不断发展，为新时代高校思想政治工作大格局构建营造自由的环境。新时代新征程，新时代高校思想政治工作大格局构建深受"两个大局"的影响，受国家治理体系和治理能力现代化以及中国式现代化的影响。当前，中国式现代化不断取得新进展，以中国式现代化推进世界现代化进程，推动世界整体向前发展，整体提高生产力水平，为社会发展提供更多的生产资料，推动人类美好社会的构建。人类美好社会的构建促进社会关系平等、自由地发展，为新时代高校思想政治工作大格局构建创造和平的社会环境。

---

① 《马克思恩格斯文集》第 1 卷，人民出版社，2009，第 519 页。

第三节　以阵地建设为主要依托加强多种空间共筑

教育空间是由各种客观关系交织在一起而形成的独立场域。高校作为开展思想政治工作的重要场域，在新时代高校思想政治工作大格局构建过程中发挥着主导性、关键性作用。阵地建设是构建教育空间的支撑，新时代高校思想政治工作大格局构建，植根于立德树人这一根本任务，以阵地建设为基础，整合丰富的教育资源，推动主渠道、主阵地、主战场等多层空间共筑，发挥多种阵地的全方位育人优势，着力培育担当民族复兴大任的时代新人。

一　教育主体与教育对象的共同在场

在场，是指亲身在事情发生、进行的地方。新时代高校思想政治工作构建中的主体在场，意为主体在特定的场地，亲身参与思想政治工作，在自己的位置上，做自己该做的事。在场还体现为在关系场。"从分析的角度来看，一个场域可以被定义为在各种位置之间存在的客观关系的一个网络或一个构型。"① 场域即关系，教育场域是一种特殊的关系，既包含了教育者与受教育者实体性要素，更包含了这些实体要素之间的关系。新时代高校思想政治工作大格局作为教育场域相对独立的社会空间，包含了教育者与受教育者两种主体要素。新时代高校思想政治工作大格局构建，不仅体现了主体存在于共同的空间，形成多元主体共同育人的局面，还体现育人主体存在于共同的时间场，不同学段的教育主体都在共同的空间中整体育人。

教育主体的共同在场。教育主体的在场包括物理在场、心理和情感在场、参与见证。一是教育主体的物理在场。教育主体的物理在场是指教育主体共同存在于教育空间。教育空间是教育活动开展的物质基础，为新时代高校思想政治工作大格局构建的顺利进行提供保障。这里的教育场域指

---

① 〔法〕皮埃尔·布迪厄、〔美〕华康德：《实践与反思——反思社会学导引》，李猛、李康译，中央编译出版社，2004，第133页。

空间，是教育主体共同工作的位置和地方。教育主体都集中在高校这个相对独立的社会空间中从事思想政治工作。二是教育主体的心理和情感在场。教育场域作为抽象的社会关系，是指教育主体之间形成稳固的社会关系，共同参与到思想政治工作教育活动、教育内容之中。新时代高校思想政治工作大格局构建本质上是一种教育活动。这个教育活动，需要高校所有教育主体从意识上、心理上和感情上共同参与，以形成全员共同育人的精神共同体。精神共同体，意味着所有教育主体以共同的价值信仰、共同的情感基础和心理基础，从感情和心理层面都参与这项教育活动。成功的教育活动取决于教育主体身心都共同在场，教育主体围绕立德树人根本任务，以积极的态度、共同的期待和对大学生的爱与关心，真正投入工作中。共同的任务和目标将不同的教育主体凝聚在教育场域周围，形成稳固的精神共同体，为教书育人奉献自己。三是教育主体共同参与见证。党的十八大以来，高校思想政治工作体系化、系统化、协同化发展在长期实践中取得巨大成就。不同阶段高校思想政治工作的教育主体都在场，并为新时代高校思想政治工作大格局构建作出突出贡献。正是基于主体不同阶段的在场，才能将高校思想政治工作的过去、现在、未来串联起来，把新时代高校思想政治工作大格局构建推向未来。新时代高校思想政治工作大格局构建是一项长期的教育工程，需要教育主体坚持对大学生进行教育，形成全程育人的局面。

教育主体与教育对象共同在场。教育主体与教育对象共同存在于教育之场。教育活动是教育主体与教育对象共同在场的社会实践活动，教育主体和教育对象都是教育过程的主体。什么是教育，教育的实质就是对话关系。从客观的空间来看，教室成为教育主体与教育对象共存的实体空间，只有教育主体与教育对象同时存在于实体空间中，教育活动才能顺利开展，一定程度上，才能确保教育成效。随着虚拟空间的出现，教育主体与教育对象的活动不仅在实体空间开展，也在网络空间开展。无论教育空间如何变化，不变的是教育主体与教育对象共同在场。教育主体与教育对象共同存在于交流之场。教育活动只有教育主体和教育对象之间互相交流与对话，才能实现效果。当教育主体和教育对象一方游离于教育场域时，教育活动将无法顺利开展。新时代高校思想政治工作大格局构建是在教育主体与教育对象深度对话的基础上进行的改革与发展，它更加强调教育主体与教育对象的深度沟通与交流，更加强调充分发挥教育主体的主导作用，教育主体主导着新时代高校思想政治工作大格局构建的发展方向，对教育对象的成长和发展起着引导和帮助作用，主导整个教育活动的开展。新时代高校思想政治工作大格局构建的过程，其实质是教育主体与教育对象深度对话的过程，教育主体充分尊重教育对象的主体性，将教育对象当作教育过程的主体，充分发挥教育对象的主观能动性，激发受教育者改变自己、完善自己的动机，提高教育成效。

二　推进实体空间结构优化

阵地是联结教育主体与教育对象的桥梁，是联结教育对象与教育内容的重要中介，是新时代高校思想政治工作大格局构建的基本依托。思想政治理论课、课程思政、日常思想政治教育、校园文化、校外红色资源等，是新时代高校思想政治工作大格局构建的主要实体空间，对大学生思想政治教育发挥着不同的作用。新时代高校思想政治工作大格局构建，推动主渠道、主阵地、校园文化协同育人，需要明晰主渠道、主阵地、校园文化协同育人的思路，厘清主渠道、主阵地、校园文化的内在关系，全面优化新时代高校思想政治工作大格局构建的阵地结构，完善阵地建设对高校思想政治工作的服务，增强实体空间的育人实效。

（一）巩固新时代高校思想政治理论课的主渠道地位

思想政治理论课是对大学生进行思想政治教育的主渠道，发挥着培养、引导和帮助大学生的重要作用。党的十八大以来，高校思想政治理论课建设取得巨大成就，教师队伍不断壮大，教材编写与时俱进，思想政治理论课的教育教学质量不断提升，对学生思想道德素质的提高起着主导作用。时代发展、社会发展对高校思想政治理论课提出更高要求。高校是意识形态斗争的重要场所，是价值观多元化的地方。大学阶段是大学生世界观、价值观形成和发展的阶段，容易受到多元价值观的影响。新时代新征程，高校思想政治工作大格局构建，要旗帜鲜明地讲好思想政治理论课，对大学生进行马克思主义理论教育、社会主义核心价值观教育、政治观教育、爱国主义教育、心理教育等，引导大学生形成科学的马克思主义观，学会用辩证法分析问题、解决问题。对大学生进行社会主义核心价值观教育，使学生树立正确的价值观念，避免错误价值观的入侵和干扰，引导和帮助学生树立远大理想，致力于为实现中华民族伟大复兴的中国梦而奋斗。思想政治理论课的开展，有利于促进人的思想解放，提高人的思想素质，促进人的现代化。新时代新征程，中国式现代化迈向新的发展阶段，中国式现代化是物质文明和精神文明相协调的现代化。中国式现代化的本质是人的现代化，人的现代化的关键是人的思想现代化。思想政治理论课的开展，有利于引导学生坚定共产主义信仰和中国特色社会主义的信念，树立正确的价值观，促进人的思想现代化。

（二）推进课程思政与思想政治理论课同向同行

高校思想政治工作是一项复杂的系统工程，需要不同要素的协同配合，形成育人合力，全面推动大学生自由全面发展，为中国式现代化培养现代化的人才。课堂是理论武装的主渠道，是受众面积最大的教育载体。相对于日常教育而言，课堂教育始终是对学生进行全面教育的主渠道。习近平总书记提出："其他各门课都要守好一段渠、种好责任田，使各类课程与思想政治理论课同向同行，形成协同效应。"① 作为高校思想政治理论课的重要补充，课程思政要与思想政治理论课同向同行。

一是课程思政与思想政治理论课同向。一方面，课程思政与思想政治理论课坚持社会主义方向。我国高校是中国特色社会主义高校，意识形态性是高校所有课程的核心要义。法国思想家托克维尔指出："在美国对人们进行的一切教育，都以政治为目的。"② 可见，任何国家的教育无不承担着开展意识形态教育和政治教育的责任。加强课程思政的政治性与方向性是新时代构建高校思想政治工作大格局的重点任务。另一方面，课程思政与思想政治理论课坚持共同的问题导向。育人是所有课程的基本属性，而"培养什么人、怎样培养人、为谁培养人"是课程要解决的首要问题。高校立足于"培养什么人、怎样培养人、为谁培养人"这个根本问题，以立

---

① 《习近平谈治国理政》第2卷，外文出版社，2017，第378页。
② 〔法〕托克维尔：《论美国的民主》上卷，董果良译，商务印书馆，1988，第78页。

德树人为根本任务，结合课程的专业背景与专业特色，对学生实行科学教育、科技伦理教育、专业理论教育，夯实学生的专业基础，培养学生的理论素养。思想政治理论课在这个过程中发挥着重要的补充作用。

二是课程思政与思想政治理论课同行。同行意味着课程思政与思想政治理论课相互协同，共同承担教育学生的责任。课程思政与思想政治理论课同行，需要建立集体备课制度，让二者知己知彼，互相了解对方课程的专业性、育人目标与育人方式，找到协同的基点。此外，同行意味着不掉队。新时代新征程，新的时代背景、社会发展要求以及现代化人的需要，对课程提出新的要求。课程思政应与思想政治理论课同向同行，结合时代要求和专业特色，进行改革与发展，创新教育理念、教育内容，完善教育方式，推动课程思政与思想政治理论课共同创新发展。

（三）增强主渠道与主阵地协同效应

思想政治理论课与日常思想政治教育相协同既是理论与实践的统一，也是理论与实践的融合。实践是检验真理的唯一标准。日常思想政治教育通过班团活动、社会实践、校园文化建设、心理健康教育等多种途径，将课堂的思想教育、政治教育、道德教育、科技伦理教育等与就业指导、心理健康、人格发展、综合素质培养等教育内容相融合，有针对性地将促进大学生成长成才和全面发展的教育内容融入丰富多彩的教育活动之中。思想政治理论课与日常思想政治教育的有机协同，不仅能夯实大学生的理论基础，还能在实践中对理论进行检验，提高学生用理论指导实践的能力。此外，思想政治理论课与日常思想政治教育的协同是教育思想与教育形态的一体化。思想政治理论课解决的是大学生的价值认知问题，而日常思想政治教育解决的是大学生的价值认同和行为习惯问题。思想政治理论课在教育教学过程中，需要借鉴日常思想政治教育的体验式教学，增强课堂教学的生活性，使课堂教学贴近学生生活，提高思想政治理论课的亲和力。而日常思想政治教育在教育过程中，要增强日常思想政治教育的理论性，促进日常思想政治教育的经验性与科学性的协调发展。为了全面推动大学生思想政治教育实现"知与行""学与理"的深度融合，必须加强思想政治理论课与日常思想政治教育的有机协同。

（四）加强高校校园文化的互动融合

校园文化是学校发展的软实力，代表着学校的精神，主要体现在精神和物质两个层面。校园文化建设是开展思想政治工作的一种途径。加强高校校园文化的互动融合就是推动校园精神文化与校园物质文化一体化建设，以建设具有文化色彩的校园文化设施、教育场地和文化场馆，涵养校园精神文化。

校园精神文化有利于培育校园物质文化。校园精神文化是校园文化的核心，是学校精神、学校价值、学校个性的集中反映。一方面，注重校风建设，推动高校校园文化设施建设。校风是校园精神文化的重要组成部分，是衡量学校全面发展的重要标志，一定程度上，优良的校风决定了学校发展的方向和质量。高校思想政治工作大格局构建，不仅需要把稳校风建设的方向，培育良好的校风；还需要完善与优良校风相匹配的校园文化设施，如校园文化长廊、学校历史博物馆、学校校史展览馆、学校名人馆等。另一方面，营造良好学风，推动校园学习场所建设。学风是学生集体共同形成的良好风气。优良学风是一种良好的学习氛围，是一种强大的凝聚力。高校思想政治工作大格局构建，是激发多元主体形成集体行为的重要举措，良好的学风有利于调动师生的积极性和主动性共同推动思想政治工作高质量发展。

校园文化设施的建设推动校园精神文化发展。校园文化设施、场地赋予高校独具特色的文化特征。高校校园布局、建筑、道路以及行道树、草地、花卉等人工自然环境，不仅为高校师生的科研、教育教学和生活提供便利，也是校园精神文化的具体表征。学校图书馆、纪念场馆、爱国主义教育基地、沉浸式体验馆等基础设施的建设，深刻反映着校园精神文化。

三　元宇宙赋能空间互嵌

新时代高校思想政治工作大格局构建说到底是一种信息交换，阵地是信息交换的主要依托。元宇宙是新时代高校思想政治工作大格局构建的未来场域。人类的信息交往方式分为三种，即"面对面的口头媒介的交换，印刷的书写媒介的交换，以及电子媒介的交换"①。第一种是信息主体身体在场的信息交换，后两种是信息主体身体缺场的交换。无论是身体在场还是身体缺场的信息交换，都离不开信息交换的依托——阵地。随着信息技术的发展与进步，新时代高校思想政治工作大格局构建的信息交换场所由传统的教室、操场、博物馆等延伸到网络空间。元宇宙能促进现实空间与虚拟空间的相互渗透。新时代高校思想政治工作大格局构建，应充分发挥元宇宙的互嵌优势，推动现实空间和虚拟空间无缝弥合，形成线上线下共同育人的新局面。

元宇宙赋能现实空间与网络空间交互。元宇宙推动教育者与受教育者实现跨时空交流。网络空间又称虚拟空间、赛博空间，是依托网络技术呈现的空间，是新时代高校思想政治工作大格局构建的新场所。在网络空间中，人与人之间的交往大多是以符号、代号进行，只要自己不透露相关信息，没人知道自己的种族、性别、经济状况等。在信息技术的加持下，个人的真实情况可以隐匿或者重新改造。网络的开放性、虚拟性使得人们的交流与沟通更具有自主性、选择性，教育者和受教育者可以隔着屏幕大胆地表达内心所想，使双方的交流更加平等且自由。此外，元宇宙改变了新时代高校思想政治工作大格局构建的教育方法，改变了内容传播、内容供给的方式。信息技术的发展和应用，缩短了多元主体的沟通时间，节约了时间成本，使多元行为体有时间为受教育者创造更多价值。同时，新时代高校思想政治工作大格局构建可以借助网络技术，将教育目标、教育内容以具象化、形象化的形式呈现，增强了新时代高校思想政治工作内容呈现的多维感、技术感和趣味性，实现新时代高校思想政治工作大格局的沉浸式构建。

元宇宙赋能现实空间与虚拟空间延展。元宇宙延展了新时代高校思想政治工作大格局构建的教育空间，使教育者实现线上线下全方位教育。新时代高校思想政治工作大格局构建是教与学、知与行、学与理相协调的工作模式，要求教育者与受教育者进行互动。元宇宙将实体空间与虚拟空间

①〔美〕马克·波斯特：《信息方式：后结构主义与社会语境》，范静晔译，商务印书馆，2000，第13页。

深度融合，增强了新时代高校思想政治工作大格局构建的虚拟现实性、具身体验性、交互感知性，探索形成虚实结合式的教与学、沉浸互动式的教与学、人机融合式的教与学、创意探索式的教与学等教学模式，既促进教育者与受教育者进行全方位交流，也促进教育者与受教育者进行全方位互动。

第四节　以质量评价为重要牵引强化多维评价共融

质量评价作为新时代高校思想政治工作大格局构建的重要环节，事关新时代高校思想政治工作大格局构建的方向，是促进大格局构建科学化的有效途径。新时代高校思想政治工作大格局构建的质量评价是多元评价主体以科学的评价标准，采用多维评价方法，对新时代高校思想政治工作大格局构建进行质量判断的过程。以质量评价为牵引，构建评价体系，意在推动高校思想政治工作改革发展和质量提升。新时代高校思想政治工作大格局构建是一项复杂工程，需要各方协同、齐抓共管，而落实到考核与评价维度，则需要树立大评价观，充分发挥质量评价的杠杆牵引作用，围绕谁来评价、评价什么、如何评价等问题，构建结果评价和过程评价、静态评价和动态评价、整体评价和要素评价相融合的评价体系，整体增强评价效果。

一　科学确定质量评价主体

质量评价主体，就是开展新时代高校思想政治工作大格局构建质量评价活动的组织和人员，是制定评价标准、选用评价方法、实施评价反馈的主要人员。作为质量评价活动的关键与核心，评价主体在评价中发挥着主导作用，对保证质量评价的效果具有重要意义。

（一）确保评价主体的专业性

评价主体的整体素质影响着评价质量和效果，决定着评价活动的成败。而由于个人的社会地位、生活阅历、专业背景的差异，评价主体的专业性不同。社会要求和时代需要对评价主体提出更高要求，即充分考虑新时代高校思想政治工作大格局构建质量评价主体的专业性、规范性和组织性，全方位提高评价主体的综合能力和增强评价主体的专业性。因此，确保新时代高校思想政治工作大格局构建质量评价主体的专业性，不仅需要不断加强对评价主体的理论指导，帮助评价主体夯实理论基础、掌握科学的评价方法，以提升评价能力；还需要评价主体全面掌握新时代高校思想政治工作大格局构建质量评价的内容，具备质量评价的能力。

（二）强调评价主体的权威性

评价主体的权威性来源于国家赋予的权利和评价结论的可信度。一方面，新时代高校思想政治工作大格局构建质量评价主体的权威性来源于法律制度赋予的权利。新时代高校思想政治工作大格局构建质量评价的主体一般由教师、大学生等构成，这些人员是被党和国家赋予权利的主体，他们因代表国家意志进行评价而被人们认可。另一方面，有效地维护被评价对象的权益、真正反映其需要、受到被评价对象的拥护，是评价主体权威性的重要来源。新时代高校思想政治工作大格局构建质量评价是为了检验大格局构建能否满足社会发展要求和人的自由全面发展需要，目的是发现问题、解决问题，推动新时代高校思想政治工作大格局构建顺利进行，更好地服务社会、服务学生成长。从根本上说，评价主体的评价，维护了受教育者的根本利益，能真正满足受教育者的成长需要和社会发展需要，因此，被受教育者与社会成员所信赖与支持。

（三）突出评价主体的多元化

评价主体之所以具有评价权，是因为他们是新时代高校思想政治工作大格局构建的直接利益相关者。随着"大思政课"建设、思想政治工作体系化建设、高校思想政治工作大格局构建日趋成熟，思想政治工作取得重大成就。高校思想政治工作的社会价值越大，所涉及的社会领域越多，利益相关者就越多，评价主体多元化便产生了。当然，评价主体多元化的产生还与评价主体的民主意识、监督意识、权利意识的增强有关。从评价主体产生的顺序及辐射范围来看，最直接的利益相关者是教师和大学生，教师和大学生既是新时代高校思想政治工作大格局构建最直接的参与者，也是最主要的评价者。国家通过制定方针政策、加大财政支撑和人力支撑力度等保障新时代高校思想政治工作大格局构建，因此，国家作为评价主体是无法替代的。用人单位的评价是质量评价的重要维度。大学生作为社会主义建设者和接班人，毕业后为国家建设贡献自己的力量，因此，用人单位是对大学生综合素质进行质量检验的检验者，用人单位对大学生的整体评价和反馈是质量评价的重要组成部分。第三者评价是外部评价的主要形式，客观、科学地保障了质量评价的水平。总的而言，教师、学生、国家、用人单位、第三者评价等多元化主体从不同角度对新时代高校思想政治工作大格局构建的质量进行检测、监督和评价，为新时代高校思想政治工作大格局构建建言献策，推动大格局构建有机协同、顺利推行和高质量发展。

二　系统制定质量评价指标

质量评价归根结底在于反映客体的价值属性。"一般来说，成为评价对象的基本内容和标志的，应是价值结果或成果，即'价值事实'。"[1] 对于高校思想政治工作大格局构建的质量评价主体而言，评价过程就是把握新时代高校思想政治工作大格局构建的价值事实，即新时代高校思想政治工作大格局构建是否满足人的发展需要和社会发展要求。质量评价是对质量进行判断和衡量的评价方式。新时代高校思想政治工作大格局构建的质量评价则是在立德树人质量、实践水平、协同代价等方面对其进行检测、评估与衡量。通过对高校思想政治工作大格局构建的质量进行检验，验证高校思想政治工作大格局的构建能否满足人的全面发展需要以及促进高校思想政治工作的改革发展。

（一）以立德树人成效为质量评价的核心指标

从新时代高校思想政治工作大格局构建的最终成果呈现来看，立德树人是主要目的，其成效是新时代高校思想政治工作大格局构建质量评价的核心标准。新时代高校思想政治工作大格局构建不仅关乎高校的教学与改革发展，更关系党和国家人才培养的根本性质问题，因此，立德树人成效应该作为新时代高校思想政治工作大格局构建质量评价的核心标准。

---

[1]　李德顺：《价值论》，中国人民大学出版社，2007，第 228 页。

立德是新时代高校思想政治工作大格局构建的根本。"人无德不立，育人的根本在于立德。"① 从范围上来讲，立德的"德"蕴含了私德、公德以及大德三要素。从国家层面来看，立德就是坚定对共产主义的信仰和对中国特色社会主义的信念，具有正确的政治立场，即明大德。从社会层面来看，立德就是做到助人为乐、文明礼貌、爱护公物、保护环境和遵纪守法等，即守公德。从个人层面来看，立德就是严格约束自己的操守和行为，做到严私德。新时代高校思想政治工作大格局构建的根本任务是立德。新时代高校思想政治工作大格局构建，从全方位、多角度促进大学生立德。通过思想政治理论课对大学生进行理论教育、价值教育、思想教育，引导学生坚定共产主义远大理想。通过课程思政，培养大学生的专业精神、科技伦理意识等。通过对学生进行日常思想政治教育，引导和帮助学生形成良好的个人品德及行为规范。新时代高校思想政治工作大格局构建坚持以人为本，尊重人的主体地位，用社会主义核心价值观统领大学生的多元价值取向，引导其厚植爱国主义情怀，帮助其坚定马克思主义信仰，做到明大德、守公德、严私德，全面提升自己的精神品格和道德境界。

树人是新时代高校思想政治工作大格局构建的最终目的。新时代高校思想政治工作大格局构建的主体是人，人的问题是最关键、最核心的问题。这里的人是现实的人，是具有主体性的人，是一切社会关系的总和。新时代高校思想政治工作大格局构建的根本任务和最终目的是培养"完整的人"和"社会生活意义上的人"，因此，必须以促进"现实的个人"的全面发展为根本目标去追求，为促进人的自由全面发展创造条件。人的自由全面发展是德智体美劳的全面发展，是人的身心健康的集中体现。人的全面发展不仅依靠思想政治教育，还依靠整个教学教育系统。新时代高校思想政治工作大格局构建应高度重视人的自由全面发展，统筹协调校内外多元行为主体，集中校内外育人资源，形成强大的育人合力，全程、全方位培养自由全面发展的时代新人。可以说，新时代高校思想政治工作大格局构建以立德树人为逻辑起点，立德树人的成效理应作为质量评价的核心标准。

---

① 习近平：《在北京大学师生座谈会上的讲话》，人民出版社，2018，第 7 页。

（二）以高质量发展为质量评价的重点指标

党的二十大报告把实现高质量发展作为中国式现代化的本质要求。目前，政府、高校、社会、学界均高度重视高质量发展，高质量发展是新时代高校思想政治工作大格局构建乃至高等教育的必然要求和根本出路。新时代高校思想政治工作大格局构建的高质量发展表现为殷实的发展力和突出的贡献力，体现为要素、结构、规模、效益不仅达到内部有机统一，而且大格局构建与经济社会发展达到外部有机统一的发展状态。对新时代高校思想政治工作大格局构建高质量发展的评价，主要是借助大数据技术等先进的信息化手段，对反映新时代高校思想政治工作大格局构建高质量发展的信息、数据以及状态进行收集、跟踪监测和价值判断。新时代高校思想政治工作大格局构建的高质量发展，因人的思想观念的动态开放性、受教育者成长成才的长期性很难直接检测和评价。在具体的质量评价中，我们要全面掌握新时代高校思想政治工作大格局构建高质量发展的现状、规模以及效益等，把控发展质量、预测发展趋势，有选择地对那些代表或影响新时代高校思想政治工作大格局构建高质量发展的关键点进行评估和监测。

新时代高校思想政治工作大格局构建的高质量发展体现为殷实的发展力。新时代高校思想政治工作大格局构建殷实的发展力体现为专兼结合的人员构成、内外联动的阵地建设、强大的财政支持等。近年来，党和国家高度重视新时代高校思想政治工作大格局构建，从基础设施建设、工作队伍建设、财政支撑方面给予全面支持。在基础设施建设方面，国家、政府和学校联合建设校园博物馆、重要人物纪念馆、爱国主义教育基地，同时，地方教育基地与高校联动发展，构建校地联合教育基地，以加强阵地建设。在工作队伍建设方面，组建专兼职工作队伍，为新时代高校思想政治工作大格局构建提供人力支持。中央有关文件、习近平总书记重要讲话、相关规章制度等，对新时代高校思想政治工作大格局构建的工作队伍组建、队伍规模、队伍发展质量等作出规定，促进其工作队伍建设。在财政支撑方面，新时代高校思想政治工作大格局构建关乎高校思想政治工作育人实效，党和国家在为高校思想政治工作人员提供继续深造机会、提高从业人员的待遇和加大科研经费支持力度等方面给予巨大财政支持。

新时代高校思想政治工作大格局构建的高质量发展体现为突出的贡献力。在"两个大局"的时代背景下，新时代高校思想政治工作大格局构建承担着强化理论武装、加强人才培养以及传承与创新文化等主要任务。第一，新时代高校思想政治工作大格局构建通过强化理论武装，为推进中国式现代化凝聚思想共识。中国式现代化理论是在推进中国式现代化的进程中形成的理论精髓。新时代高校思想政治工作大格局构建，结合多种育人平台、使用多种方法，使中国式现代化理论进校园、进课堂、进学生头脑。通过广泛的理论宣传、课堂讲解、舆论引导，推动中国式现代化理论走深走实，促进高校师生全面掌握中国式现代化的本质、内涵与特征等理论内容，以凝聚思想共识，推进中国式现代化。第二，新时代高校思想政治工作大格局构建为社会培养担当民族复兴大任的时代新人。青年时期是价值观形成和发展的关键时期，新时代高校思想政治工作大格局构建承担着为人才培养保驾护航的主要任务。高校是意识形态斗争的主要阵地。新时代高校思想政治工作大格局构建在传播主流意识形态、培育和践行社会主义核心价值观方面起到关键作用，通过对学生进行主流意识形态教育，引导和帮助大学生形成科学的价值信仰。第三，新时代高校思想政治工作大格局构建是提振文化自信的重要依托。作为"更基础、更广泛、更深厚"的自信，文化自信无疑是新时代高校思想政治工作大格局构建的动力源泉。习近平总书记指出："中国传统文化博大精深，学习和掌握其中的各种思想精华，对树立正确的世界观、人生观、价值观很有益处。"① 新时代高校思想政治工作大格局构建坚持以马克思主义、中华优秀传统文化、社会主义先进文化、西方文化精华等文化形态提振文化自信，构筑大学生精神家园，促进校内校外文化资源整体联动，使多种文化资源互动融合，集体发挥育人功能，以文化滋养大学生的心灵，涵育大学生的品行，引领良好的社会风尚，满足大学生的多元文化期待，全方位增强大学生文化自信。

（三）以协同代价为质量评价的基础指标

新时代高校思想政治工作大格局构建是一项多元行为主体在思维和行

---

① 《习近平谈治国理政》，外文出版社，2014，第405页。

动上相互认可与配合的协同活动。协同活动必定涉及协同代价，"协同代价是人与人在价值互动中为了实现协作所浪费的时间"①。协同代价以时间价值为衡量。新时代高校思想政治工作大格局构建的协同代价是多行为体组织协同活动所耗费的时间价值，衡量协同代价是新时代高校思想政治工作大格局构建的基础。当协同代价在可控范围内或者实现协同盈利时，新时代高校思想政治工作大格局构建才能顺利推进。

衡量协同代价，一般可以从时间耗费和社会资本两方面来看。一般而言，花同样的时间，人们会选择获得效用高的活动；得到同样的效用，人们会选择花费较少的时间。新时代高校思想政治工作大格局构建能够为多元行为体节约时间成本，使参与者有更多时间进行精神生产。新时代高校思想政治工作大格局构建是一种扁平化的管理模式，简化中间管理层，节约了多元行为体的时间成本，解决了多元行为体沟通不畅的问题，让主体有更多休闲娱乐的时间，使主体有更多时间进行精神生产和价值创造。

社会资本是指"处于一个共同体之内的个人或组织在相互联系交往的过程中由于形成了日益互惠的规范而产生的信任关系"②，其核心要素是信任。社会资本是新时代高校思想政治工作大格局构建不能忽视的重要因素，各个育人主体基于相互信任，达成主体之间的合作。新时代高校思想政治工作大格局构建的效用越好，人们对其信任度越高。一方面，新时代高校思想政治工作大格局构建基于教育主体的信任与支持。新时代高校思想政治工作大格局构建是一项复杂的工程，是多元主体相互信任与配合的过程，是多元行为体按照一定的规律和顺序组织起来，协同培养时代新人的工作模式。这种模式得到国家、社会、政府的政策支持、财政支持和舆论支持，赢得社会成员的信任，为新时代高校思想政治工作大格局构建奠定坚实的群众基础。另一方面，得到大学生的信任，成为新时代高校思想政治工作大格局构建最殷实的社会资本。从本质上来讲，新时代高校思想政治工作大格局构建，是做人的工作，必须围绕大学生、关照大学生、服务大学生，获得大学生的信任。大学生对新时代高校思想政治工作大格

---

① 蔡剑：《协同创新论》，北京大学出版社，2012，第 180 页。
② 张丽华：《论当前思想政治工作的社会资本构建》，《求实》2011 年第 4 期。

局构建的信任度越高，就意味着他们对大格局所传授的内容就越信任，越会在实际生活中践行，新时代高校思想政治工作大格局构建的实效也就越好。

三 恰当选择质量评价方法

科学的评价方法是确保评价结果客观、正确的前提。新时代高校思想政治工作大格局构建质量评价的成效与评价主体选择的评价方法有直接关系。因此，需要建立科学有效的评价考核体系。选择恰当、科学的评价方法，需要坚持系统观念，以大评价观引导评价方法的使用，以多种评价方法协同交叉使用，以及借用数字技术，以数字技术推动评价方法的科学化和精准化，增强质量评价的价值性。

（一） 以大评价观引导评价方法使用

新时代高校思想政治工作大格局构建是一项系统工程，教育活动的复杂性、教育对象的特殊性以及教育效果的内隐性，导致单一的评价方法无法满足质量评价需要，多种评价方法协同使用成为必然选择。评价主体使用多种评价方法，需要树立大评价观，增强系统观念，提升驾驭全局的能力。大评价观从整体出发，着眼于多种评价方法的内在联系，指向多种评价方法协同、整体的发展，能够从各个方面为新时代高校思想政治工作大格局构建质量评价提供有效的方法论支持。一方面，坚持大评价观，推动评价主体把握好要素评价与整体评价、过程评价和结果评价、静态评价和动态评价的内在关系。大评价观其实质是系统、动态、发展的理念，要求评价主体从多维度、多层面、多环节、多视角来认识新时代高校思想政治工作大格局构建质量评价中的问题及成因，并在此基础上尝试构建良性互动、系统科学、恰当有效的评价理论，从而体现质量评价在推动新时代高校思想政治工作大格局构建高质量发展上的重要作用。坚持大评价观，为我们理解新时代高校思想政治工作大格局构建质量评价中多种评价方法协同评价的科学价值提供独特视角。另一方面，以大评价观引导多维评价方法的协同，促进新时代高校思想政治工作大格局构建质量评价主体的深度协同。多维评价方法的协同，能够促进其质量评价向多向度、整体化和深层化发展，进而推进新时代高校思想政治工作高质量发展，不断满足新时代社会发展要求、时代新人的成长需要。

（二）以多种评价方法协同交叉使用

把结果评价和过程评价相结合，对新时代高校思想政治工作大格局构建的成效进行全程评价。新时代高校思想政治工作大格局构建，是一项长期而漫长的工作，不仅持续关注大格局构建的阶段性过程取得的成效，还需要兼顾受教育者成长成才的增值价值，既要关注结果，也要考察过程中的进步与变化。新时代高校思想政治工作大格局构建是一个复杂的、长期的过程。大格局构建内部各个要素的相互协调、相互适应需要长时间磨合，队伍、制度、机制、阵地等要素的一体化建设需要持续推进。新时代高校思想政治工作大格局构建本质上是一种先进的工作结构，说到底是做人的工作。人的思想道德素质的形成和行为规范的养成是长期的过程。因此，新时代高校思想政治工作大格局构建质量评价应坚持以人为本，关注学生在不同学段的整体发展，从多角度对学生的发展和变化进行考察，结合结果和过程中的发展变化，立体呈现新时代高校思想政治工作大格局构建的质量与成效。

把静态评价和动态评价相结合，综合研判新时代高校思想政治工作大格局构建的高质量发展趋势。新时代高校思想政治工作大格局构建随着时代要求、社会需要和人的发展需求的变化而变化，不同时代对其要求不同。新时代高校思想政治工作大格局构建是在新时代思想政治工作体系化、系统化基础上的继续发展，是多元主体协同与合作的结果，是高校思想政治工作改革发展的趋势。评价主体对新时代高校思想政治工作大格局构建的发展进行质量评价时，既要看到新时代高校思想政治工作大格局构建对当前时代新人的成长需要和社会发展需要的满足程度，对其进行静态评价；也需要结合时代特点、社会背景和人的发展需要，关注新时代高校思想政治工作大格局构建前后的育人效果，考察新时代高校思想政治工作大格局构建带来的深刻变化。

将整体评价和要素评价相融合，攻克新时代高校思想政治工作大格局构建高质量发展的难题。新时代高校思想政治工作大格局构建需要主体、环体、载体等形成合力，内部要素的变化会引起整体功能的变化，整体功能的优化取决于内部各要素的协同与配合。传统评价方式往往更加关注独立因素，评价主体、评价对象、评价标准和评价形式等相对单一，具有评价的独立性。新时代高校思想政治工作大格局构建作为一个整体结构，对评价提出新的要求，即评价主体不仅对大格局构建的内部各具体要素进行评价，还要对大格局构建的整体效果进行评价。总体评价新时代高校思想政治工作大格局构建的目标是否符合立德树人目标、是否符合社会发展规律，内容设计是否具有整体性和层次性，是否能反映新时代高校思想政治工作大格局构建的大体样态和整体现状。从内部要素评价来看，聚焦新时代高校思想政治工作大格局构建的关键要素、薄弱环节，关注新时代高校思想政治工作大格局构建内部要素的设计是否符合时代新人的个性化特征，是否具有针对性。将整体评价和要素评价相结合，有利于在整体中发挥各个要素的功能，深入把握大格局构建内部要素在整体中的地位和作用。

（三）以数字技术推动评价方法科学化和精准化

数字化技术使新时代高校思想政治工作大格局构建质量评价的信息获取更加科学。信息是评价的基础，评价的组织、开展主要围绕评价信息的获取、分析和处理进行。在很大程度上，新时代高校思想政治工作大格局构建质量评价过程是评价主体在信息收集的基础上，通过分析和处理信息，对评价客体形成特定认识，并得出评价结论的过程。数字技术的发展有利于建立统一的数据平台，通过各类采集终端对评价对象进行全方位、全过程、非干预的信息采集，整体提高评价主体收集信息、分析信息和处理信息的能力，为全样本、大规模评价信息的获取带来便利，促使质量评价结果的证据更加充分和全面。

大数据的个性化定制推动新时代高校思想政治工作大格局构建质量评价方法精准化。"大数据能够针对评价数据的收集、整理、分析和处理等，量身定制、分类运用相关智能技术和分析方法进行数字赋能。"[①] 大数据的

---

① 田苏宏、王丽娜：《高校党建质量评价数字化转型的实践进路》，《思想理论教育》2023年第8期。

个性化和高精度优势，推动其质量评价在信息反馈、个体行为足迹跟踪方面精准发力。评价的目的在于增值。大数据对受教育者的实际效用进行及时监测和反馈，使教育主体及时了解受教育者的需求，全面了解新时代高校思想政治工作大格局构建存在的问题、出现的短板，及时解决问题，使评价过程和结果实时化，节约质量评价的成本，以数字技术赋能新时代高校思想政治工作大格局构建的质量评价，实现价值增值。

新时代高校思想政治工作大格局
构建赋能中国式现代化

　　思想政治工作是党的优良传统、鲜明特色和突出政治优势，是一切工作的生命线。高校思想政治工作作为服务党的中心任务的子系统，无疑成为党和国家的重要政治优势。新发展阶段，以中国式现代化全面推进中华民族伟大复兴为党的中心任务。中国式现代化是教育、科技、人才的现代化。新时代高校思想政治工作大格局构建，以推动新时代高校思想政治工作高质量发展，肩负起培养创新型科技人才、培养"大先生"和培养胸怀天下的时代新人的责任，为中国式现代化塑造新优势。

　　新时代高校思想政治工作大格局构建，培养创新型科技人才，推动科技现代化发展，以科技现代化支撑中国式现代化。中国式现代化关键在科技现代化，科技是第一生产力。生产力的高度发展是现代化的前提。中国式现代化向纵深发展，关键在于推动生产力与生产关系随着时代发展进行深刻变革。新质生产力便是在这样的背景下被提出来的。习近平总书记提出："加快形成新质生产力，增强发展新动能。"① 人是发展新质生产力的决定性因素，是新质生产力诸要素中最活跃的要素。新时代高校思想政治工作大格局构建，致力于培养具有创新能力的新的劳动者，提高劳动者的生产力，为发展新质生产力培养劳动主体，加快发展新质生产力。新时代

---

　　① 《习近平主持召开新时代推动东北全面振兴座谈会强调 牢牢把握东北的重要使命 奋力谱写东北全面振兴新篇章》，《人民日报》2023 年 9 月 10 日，第 1 版。

高校思想政治工作大格局构建，不是简单的结构和体系构建，而是基于一系列的"新"进行的深化改革。这种"新"体现为以下几个方面。其一，新的时代背景。党的中心任务的历史转变期，对其提出更高要求。新时代高校思想政治工作大格局构建需要适应新的时代背景。其二，新的任务。顺应时代发展，着力于培养堪当民族复兴重任的时代新人，为服务国家战略全局培养新质人才，真正回应和反映当前党和国家对人才培养的现实需求，是新时代高校思想政治工作大格局构建的新任务的具体体现。其三，新的要素。新的要素表现为其不仅强调全员育人，更加强调体制机制、多元主体、横向纵向贯通的教育空间、多维评价方式等全要素有机协同、有效运行，形成整体育人格局。其四，新的结构。新的结构是指其以"共同但有差序"格局为理论构型，大格局构建内部各个要素以立德树人为中心，向外辐射形成多层育人同心圆，以圆点为中心向外推，波及的范围越广，覆盖面越大，越能形成大的育人局面，最终形成全党全社会共同参与的大格局。新时代高校思想政治工作大格局构建，以其新的时代背景、新的任务、新的要素、新的结构，赋能新质生产力，推动国家科技创新。同时，其贯穿于国家的科学人才培养过程中，确保科学研究的正确方向，不断提高大学生的思想道德素质和科学文化素质，为国家的科学发展培养有正确价值取向的、先进科技能力的各类科技战略人才。

立德树人是高校的根本任务，其承担着铸魂育人的重要职责。新时代高校思想政治工作大格局构建，有利于培养教书育人的"大先生"，为培育堪当民族复兴大任的时代新人奠定主体基础，促进教育现代化发展。言为士则、行为世范的道德情操，是对新时代高校思想政治工作大格局构建教育主体的基本要求。"经师"和"人师"相统一的"大先生"，意味着大理念、大胸怀、大视野，意味着身正示范，表现为强烈的责任感、崇高的使命意识和积极的尽责行为。新时代高校思想政治工作大格局构建，从根本上说是做人的工作，教育对象是活生生的、有思想、有感情、有需求、有个性的人，他们既是要引导和塑造的对象，也是将教育内容转化为行为、品质的主体。而教育主体是大学生的心灵导师、人生导师，对大学生起着示范作用。新时代高校思想政治工作大格局构建，不仅致力于培养"大学生"，也加强对"大先生"的培养。在大格局构建过程中，不断强化教育主体对"关键在教师"这个提法的责任感和使命感，继续培养"大先生"的道德情操，激励教育主体成为具有高尚品格、良好品行和高雅品位的"大先生"，鞭策教育主体不断陶冶个人情操，努力成为身正示范的教育家。"大先生"的培养，为促进教育现代化奠定人力资源基础。

新时代高校思想政治工作大格局构建，有利于培养国际型人才。当今世界，全球化已经成为不可阻挡的世界发展大势。中国式现代化在应对人类共同难题方面，回答了"世界怎么了、我们怎么办"的时代之问。习近平同志在党的二十大报告中指出："中国共产党是为中国人民谋幸福、为中华民族谋复兴的党，也是为人类谋进步、为世界谋大同的党。"① 新发展阶段，中国式现代化要求新时代高校思想政治工作为其培养与之发展相适应的时代新人。新时代高校思想政治工作大格局构建，以"大"为特性，以其更加广阔的视野、更加开阔的思维、更加宏观的教育内容和更加多样的教育方法，对大学生进行全面教育，不断提高大学生的精神境界，丰富大学生的精神文化生活，为中国式现代化培养具有世界眼光、具备国际视野和胸怀天下的国际型人才，推动中国式现代化、世界现代化发展，为谋求人类美好生活作出贡献。

---

① 习近平：《高举中国特色社会主义伟大旗帜 为全面建设社会主义现代化国家而团结奋斗——在中国共产党第二十次全国代表大会上的报告》，人民出版社，2022，第21页。

参考文献

一 经典文献

［1］《马克思恩格斯文集》第 1~10 卷，人民出版社，2009。

［2］《马克思恩格斯全集》第 30 卷，人民出版社，1995。

［3］《马克思恩格斯全集》第 16 卷，人民出版社，1964。

［4］《马克思恩格斯全集》第 3 卷，人民出版社，1960。

［5］《马克思恩格斯全集》第 46 卷上卷，人民出版社，1979。

［6］《马克思恩格斯全集》第 47 卷，人民出版社，1979。

［7］《列宁选集》第 1~4 卷，人民出版社，2012。

［8］《毛泽东选集》第 1~4 卷，人民出版社，1991。

［9］《毛泽东文集》第 7 卷，人民出版社，1999。

［10］《邓小平文选》第 1~2 卷，人民出版社，1994。

［11］《邓小平文选》第 3 卷，人民出版社，1993。

［12］《江泽民文选》第 2 卷，人民出版社，2006。

［13］《习近平谈治国理政》第 1 卷，外文出版社，2018。

［14］《习近平谈治国理政》第 2 卷，外文出版社，2017。

［15］《习近平谈治国理政》第 3 卷，外文出版社，2020。

［16］《习近平谈治国理政》第 4 卷，外文出版社，2022。

［17］《毛泽东邓小平江泽民论思想政治工作》，学习出版社，2000。

［18］《十六大以来重要文献选编》（上），中央文献出版社，2005。

［19］《十六大以来重要文献选编》（中），中央文献出版社，2006。

［20］《十六大以来重要文献选编》（下），中央文献出版社，2008。

［21］《十七大以来重要文献选编》（上），中央文献出版社，2009。

［22］《十七大以来重要文献选编》（中），中央文献出版社，2011。

［23］《十七大以来重要文献选编》（下），中央文献出版社，2013。

［24］《十八大以来重要文献选编》（上），中央文献出版社，2014。

［25］《十八大以来重要文献选编》（中），中央文献出版社，2016。

［26］《十八大以来重要文献选编》（下），中央文献出版社，2018。

［27］《建国以来重要文献选编》第 11 册，中央文献出版社，1995。

［28］《十九大以来重要文献选编》（上），中央文献出版社，2019。

［29］《〈中共中央 国务院关于进一步加强和改进大学生思想政治教育的意见〉学习辅导读本》，中国人民大学出版社，2005。

［30］《普通高校思想政治理论课文献选编（1949—2006）》，中国人民大学出版社，2007。

［31］《十七大报告辅导读本》，人民出版社，2007。

［32］《建党以来重要文献选编（一九二一——一九四九）》第 2 册，中央文献出版社，2011。

［33］《十八大报告辅导读本》，人民出版社，2012。

［34］《提高质量 内涵发展：全面提高高等教育质量工作会议文件汇编2012年》，高等教育出版社，2012。

［35］《加强和改进大学生思想政治教育重要文献选编：1978—2014》，知识产权出版社，2015。

［36］《加强和改进大学生思想政治教育文件选编》，中国人民大学出版社，2005。

［37］《〈关于进一步加强和改进新形势下高校宣传思想工作的意见〉辅导读本》，中国人民大学出版社，2015。

［38］《习近平总书记系列重要讲话读本》，学习出版社、人民出版社，2016。

［39］《十九大报告辅导读本》，人民出版社，2017。

［40］《习近平关于青少年和共青团工作论述摘编》，中央文献出版社，2017。

［41］《习近平关于社会主义文化建设论述摘编》，中央文献出版社，2017。

［42］《深化新时代教育评价改革总体方案》，人民出版社，2020。

[43] 习近平：《高举中国特色社会主义伟大旗帜 为全面建设社会主义现代化国家而团结奋斗——在中国共产党第二十次全国代表大会上的报告》，人民出版社，2022。

二 学术著作

[1] 陈元晖主编《老解放区教育简史》，教育科学出版社，1981。

[2] 〔美〕克拉克：《高等教育系统——学术组织的跨过研究》，王承绪等译，杭州大学出版社，1994。

[3] 湛垦华等编《普利高津与耗散结构理论》，陕西科学技术出版社，1998。

[4] 邱伟光、张耀灿主编《思想政治教育学原理》，高等教育出版社，1999。

[5] 沈禄赓编著《系统科学概要》，北京广播学院出版社，1999。

[6] 张耀灿、陈万柏主编《思想政治教育学原理》，高等教育出版社，2001。

[7] 罗洪铁：《思想政治教育学专题研究》，西南师范大学出版社，1999。

[8] 郑永廷：《现代思想道德教育理论与方法》，广东高等教育出版社，2000。

[9] 陈秉公：《思想政治教育学原理》，辽宁人民出版社，2001。

[10] 詹万生主编《整体构建德育体系总论》，教育科学出版社，2001。

[11] 唐凯麟编著《伦理学》，高等教育出版社，2001。

[12] 张耀灿、徐志远：《现代思想政治教育学科论》，湖北人民出版社，2003。

[13] 〔美〕塔尔科特·帕森斯：《社会行动的结构》，张明德、夏翼南、彭刚译，译林出版社，2003。

[14] 骆郁廷：《精神动力论》，武汉大学出版社，2003。

[15] 秦在东：《思想政治教育管理论》，湖北人民出版社，2003。

[16] 扈中平：《教育目的论》，湖北教育出版社，2004。

[17] 李思强：《共生构建说：论纲》，中国社会科学出版社，2004。

[18] 陈忠、盛毅华编著《现代系统科学学》，上海科学技术文献出版社，2005。

[19] 张耀灿主编《中国共产党思想政治教育史论》，高等教育出版社，2006。

[20] 余仰涛：《思想政治工作学研究方法论》，武汉大学出版社，2006。

[21] 张耀灿等：《思想政治教育学前沿》，人民出版社，2006。

［22］骆郁廷主编《高校思想政治理论课程论》，武汉大学出版社，2006。

［23］张耀灿等：《现代思想政治教育学》，人民出版社，2006。

［24］苏振芳：《道德教育论》，社会科学文献出版社，2006。

［25］乌杰：《和谐社会与系统范式》，社会科学文献出版社，2006。

［26］李田贵、申文杰、张玉海：《思想政治工作模式构建与应用》，中共党史出版社，2006。

［27］陈华洲：《思想政治教育资源论》，中国社会科学出版社，2007。

［28］谢守成、杜海鹰、吴俊文主编《大学生思想政治教育创新研究》，湖北人民出版社，2007。

［29］万美容：《思想政治教育方法发展研究》，中国社会科学出版社，2007。

［30］邵献平：《思想政治教育中介论》，中国社会科学出版社，2007。

［31］李德顺：《价值论》，中国人民大学出版社，2007。

［32］阎颖：《中国共产党领导体制的历史演变》，中共党史出版社，2007。

［33］沈壮海：《思想政治教育有效性研究》，武汉大学出版社，2008。

［34］李福华：《大学治理的理论基础与组织架构》，教育科学出版社，2008。

［35］梅萍等：《当代大学生生命价值观教育研究》，中国社会科学出版社，2009。

［36］陈华洲主编《思想政治教育方法论》，华中师范大学出版社，2010。

［37］骆郁廷主编《当代大学生思想政治教育》，中国人民大学出版社，2010。

［38］毕红梅、李东升主编《当代西方思潮与思想教育》，华中师范大学出版社，2010。

［39］唐克军主编《比较思想政治教育学》，华中师范大学出版社，2010。

［40］吴慧平：《西方大学的共同治理》，北京师范大学出版社，2012。

［41］童强：《空间哲学》，北京大学出版社，2011。

［42］姜璐：《钱学森论系统科学（讲话篇）》，科学出版社，2011。

［43］郭为禄、林炊利：《大学运行模式再造——大学内部决策系统改革的路径选择》，上海教育出版社，2012。

［44］钟柏昌、李艺：《教育工程学新探》，教育科学出版社，2012。

［45］蔡剑：《协同创新论》，北京大学出版社，2012。

［46］张维迎：《大学的逻辑》，北京大学出版社，2012。

［47］黄传新等：《社会主义意识形态的吸引力和凝聚力研究》，学习出版社，2012。

［48］熊建生：《思想政治教育内容结构论》，中国社会科学出版社，2012。

［49］闵永新：《大学生思想政治教育整体有效性问题研究》，中国社会科学出版社，2012。

［50］佘双好等：《当代社会思潮对高校师生的影响及对策研究》，中央编译出版社，2012。

［51］史秋衡等：《高等教育大众化阶段质量保障与评价体系研究》，广东高等教育出版社，2012。

［52］熊万胜：《体系：对我国粮食市场秩序的结构性解释》，中国政法大学出版社，2013。

［53］孙东川等编著《系统工程引论》，清华大学出版社，2014。

［54］梁爱文：《多维视域下的高校思想政治教育探究》，新华出版社，2014。

［55］戚如强：《思想政治教育社会整合论》，上海三联书店，2015。

［56］孙其昂等：《思想政治教育现代转型研究》，学习出版社，2015。

［57］隋宁：《思想政治教育先在结构研究》，人民出版社，2015。

［58］赵跃宇主编《世界一流大学内部治理体系研究》，高等教育出版社，2016。

［59］侯勇：《社会视野中的思想政治教育系统研究》，人民出版社，2016。

［60］刘建军：《寻找思想政治教育的独特视角》，中国人民大学出版社，2017。

［61］陈立思主编《比较思想政治教育》，中国人民大学出版社，2018。

［62］刘宏达等：《高校思想政治工作前沿问题研究》，人民出版社，2019。

［63］郑志刚：《复杂系统的涌现动力学：从同步到集体运输》上册，龙门书局，2019。

［64］朱小蔓：《情感教育论纲》，南京师范大学出版社，2019。

［65］刘路、刘志民：《"后发型"世界一流大学内部治理研究》，东南大学出版社，2019。

［66］刘敏：《社会资本导向型扶贫模式及其政策应用》，社会科学文献出版社，2019。

［67］徐宁：《马克思共同体思想的哲学研究》，光明日报出版社，2020。

［68］冯刚等：《新时代高校思想政治教育学原理》，人民出版社，2021。

［69］冯刚、张晓平、苏洁主编《中国共产党高校思想政治教育发展史》，人民出版社，2021。

［70］项久雨：《思想政治教育方法导论》，武汉大学出版社，2021。

［71］冯刚等：《高校思想政治教育工作质量评价研究》，人民出版社，2021。

［72］俞国良：《心理健康教育前沿问题研究》，北京师范大学出版社，2021。

［73］沈壮海主编《新编思想政治教育学原理》，中国人民大学出版社，2022。

［74］严帅、张智：《高校思想政治教育治理评价研究》，团结出版社，2022。

［75］沈壮海等：《中国大学生思想政治教育发展报告2020》，北京师范大学出版社，2022。

［76］高瑛、丁虎生：《新时代高校思想政治教育工作体系研究》，光明日报出版社，2022。

［77］张小飞、李琳：《高校思想政治教育治理能力研究》，团结出版社，2022。

［78］冯刚主编《改革开放以来高校思想政治教育编年史（1978—2022）》，北京师范大学出版社，2023。

［79］李艳：《高校思想政治教育环境研究》，天津人民出版社，2023。

［80］洪银兴：《中国式现代化论纲》，江苏人民出版社，2023。

［81］项久雨：《新时代思想政治教育主题论》，人民出版社，2023。

［82］骆郁廷：《思想政治教育贯通论》，人民出版社，2023。

［83］苗东升：《钱学森系统科学思想研究》，科学出版社，2012。

［84］曹清燕：《价值多元背景下大学生价值观引导研究》，人民出版社，2021。

［85］殷陆君编译《人的现代化——心理·态度·行为》，四川人民出版社，1985。

［86］〔瑞士〕皮亚杰：《结构主义》，倪连生、王琳译，商务印书馆，1984。

［87］〔美〕冯·贝塔朗菲：《一般系统论：基础、发展和应用》，林康义等译，清华大学出版社，1987。

［88］〔法〕拖克维尔：《论美国的民主》（上卷），董果良译，商务印书馆，1988。

［89］〔美〕塔尔科特·帕森斯、尼尔·斯梅尔瑟：《经济与社会——对经济与社会的理论统一的研究》，刘进等译，华夏出版社，1989。

［90］魏宏森、曾国屏：《系统论——系统科学哲学》，清华大学出版社，1995。

［91］〔英〕特伦斯·霍克斯：《结构主义和符号学》，瞿铁鹏译，上海译文出版社，1997。

［92］〔美〕欧文·拉兹洛：《系统哲学引论：一种当代思想的新范式》，钱兆华等译，商务印书馆，1998。

［93］〔英〕安东尼·吉登斯：《社会的构成：结构化理论大纲》，李康、李猛译，生活·读书·新知三联书店，1998。

［94］〔美〕阿普尔：《意识形态与课程》，黄忠敬译，华东师范大学出版社，2001。

［95］〔美〕德里克·博克：《走出象牙塔：现代大学的社会责任》，徐小洲、陈军译，浙江教育出版社，2001。

［96］〔美〕马克·波斯特：《信息方式：后结构主义与社会语境》，范静晔译，商务印书馆，2001。

［97］〔美〕托马斯·库恩：《科学革命的结构》，金吾伦、胡新和译，北京大学出版社，2003。

［98］〔美〕曼纽尔·卡斯特：《认同的力量》，夏铸九等译，社会科学文献出版社，2003。

［99］〔法〕皮埃尔·布迪厄、〔美〕华康德：《实践与反思——反思社会学导引》，李猛、李康译，中央编译出版社，2004。

［100］〔德〕哈肯：《协同学：大自然构成的奥秘》，凌复华译，上海译文出版社，2001。

［101］〔英〕迈克尔·夏托克：《成功大学的管理之道》，范怡红主译，北京大学出版社，2006。

［102］〔德〕哈肯：《信息与自组织：复杂系统的宏观方法》，郭治安译，四川教育出版社，2010。

［103］〔意〕亚米契斯：《爱的教育》，夏丏尊译，中央编译出版社，2015。

［104］〔法〕埃米尔·涂尔干：《社会分工论》，渠东译，生活·读书·新知三联书店，2000。

三 期刊论文

[1] 梁森、陆仁:《关于体系、格局、秩序概念的界定》,《国际政治研究》
1991 年第 2 期。

[2] 夏安凌:《"国际关系体系"和"国际关系格局"概念辨析》,《世界
经济与政治》1992 年第 9 期。

[3] 王义德:《世界体系、格局、秩序的异同及其相互关系》,《安徽师大
学报》(哲学社会科学版) 1997 年第 3 期。

[4] 鲍训吾:《个别主体与群体主体的矛盾问题——兼论马克思主义哲学
的出发点》,《中州学刊》1998 年第 4 期。

[5] 陈俊杰、陈震:《"差序格局"再思考》,《社会科学战线》1998 年第
1 期。

[6] 卜长莉:《"差序格局"的理论诠释及现代内涵》,《社会学研究》2003
年第 1 期。

[7] 龚天平:《论管理的人性基础》,《中南财经政法大学学报》2004 年第
3 期。

[8] 李建勇:《论毛泽东思想中"人民"的"差序格局"性质》,《毛泽东思
想研究》2006 年第 4 期。

[9] 李福华:《利益相关者理论与大学管理体制创新》,《教育研究》2007 年
第 7 期。

[10] 洪波:《个人主体·集体主体·类主体·社会主体——解读马克思的
主体概念》,《探索》2008 年第 4 期。

[11] 骆郁廷、杨威:《论思想政治教育的实践根源》,《武汉大学学报》
(哲学社会科学版) 2008 年第 5 期。

[12] 唐克军、蔡迎旗:《当代西方公民教育的模式》,《未来与发展》2009
年第 1 期。

[13] 严蔚刚、张澍军:《从耗散结构理论看思想政治教育》,《思想教育研
究》2010 年第 3 期。

[14] 张丽华:《论当前思想政治工作的社会资本构建》,《求实》2011 年
第 4 期。

［15］ 蒙健堃：《从耗散结构理论看思想政治教育方法》，《学习论坛》2011年第 10 期。

［16］ 傅国强：《马克思主义整体性理论根源探析》，《学校党建与思想教育》2011 年第 14 期。

［17］ 赵家祥：《历史发展"合力论"的理论论证及历史考察》，《学习与探索》2011 年第 4 期。

［18］ 姚军：《论高校校园文化建设的思想政治教育功能》，《黑龙江高教研究》2012 年第 10 期。

［19］ 董宏志：《扁平化管理理论对我国高校组织结构改革的启示与借鉴》，《中国电化教育》2012 年第 11 期。

［20］ 周博文、赵俊爱：《高校思想政治教育"主渠道"与"主阵地"交互机制探索》，《思想理论教育导刊》2014 年第 8 期。

［21］ 闵敏、姜广举：《耗散结构理论对完善大学生思想政治教育系统的启示》，《学校党建与思想教育》2014 年第 5 期。

［22］ 罗文涵：《利益相关者视角下的大学生社会责任感培育路径探析》，《黑龙江高教研究》2014 年第 5 期。

［23］ 钱昌照：《思想政治教育评价体系的当代困围与重构》，《学校党建与思想教育》2014 年第 23 期。

［24］ 张建云：《实践整体性与马克思主义整体性》，《江汉论坛》2015 年第 10 期。

［25］ 尹冬梅：《构建同心圆式大思政教育新格局》，《中国高等教育》2015 年第 5 期。

［26］ 左崇良：《高等教育治理的社会学分析——基于差序格局的视角》，《国家教育行政学院学报》2016 年第 12 期。

［27］ 陈华洲、张安莉：《高校与中小学思想政治教育衔接的理论基础》，《思想教育研究》2016 年第 2 期。

［28］ 周庆生：《语言与认同国内研究综述》，《语言战略研究》2016 年第 1 期。

［29］ 吴立忠、王玉香：《论社会工作视角下高校学生思想政治教育评价的创新》，《中国青年研究》2016 年第 7 期。

［30］吴立保、王达、孙薇：《大学共同治理的行动结构与路径选择——基于帕森斯的社会行动理论》，《教育发展研究》2017 年第 5 期。

［31］杨晓慧：《加强高校党委在思想政治工作中的顶层设计》，《思想理论教育》2017 年第 3 期。

［32］程仕波：《大学生思想政治教育方法信息化的路径探析》，《黑龙江高教研究》2017 年第 7 期。

［33］冯刚：《思想政治理论课与日常思想政治教育协同育人的理论思考》，《学校党建与思想教育》2017 年第 21 期。

［34］冯培：《把握高校思想政治教育同向同行格局的思考》，《思想教育研究》2017 年第 10 期。

［35］李强：《"五个一"工程构建思政大格局》，《思想政治工作研究》2017 年第 12 期。

［36］刘东燕：《构建全员育人的思想政治教育格局》，《中国高等教育》2018 年第 5 期。

［37］张保明、邵献平：《思想政治教育"四主体"锥体论》，《学校党建与思想教育》2018 年第 13 期。

［38］刘兴平：《高校"大思政"格局的理论定位与实践建构》，《思想教育研究》2018 年第 4 期。

［39］孙其昂：《推进高校构建"大思政"格局》，《群众》2018 年第 9 期。

［40］何小梅：《社会主要矛盾转型后大学生思想政治教育的差序格局》，《当代青年研究》2018 年第 2 期。

［41］曹锡康：《高校组织育人：现状考察与机制构建》，《思想理论教育》2018 年第 11 期。

［42］闫玉、黄佳：《协同效应下高校思想政治教育联动模式》，《思想理论教育导刊》2018 年第 7 期。

［43］侯勇、孙然：《高校思想政治教育空间整合：目标、力量与机制》，《思想教育研究》2018 年第 3 期。

［44］迟帅：《道德主体的社会建构——涂尔干关于人格形成的建构论视角》，《天津社会科学》2019 年第 3 期。

［45］徐晓宁：《高校思想政治教育与校园文化建设互动模式探析》，《思想

理论教育导刊》2019 年第 6 期。

[46] 朱平：《高校"三全育人"体系协同与长效机制的建构——以全员育人为中心的考察》，《思想理论教育》2019 年第 2 期。

[47] 江茂森、张国铺：《新时代坚持和完善高校领导体制和运行机制探析——基于党委领导下的校长负责制视角》，《思想理论教育》2019 年第 10 期。

[48] 沈壮海、李佳俊：《论新时代高校思想政治工作体系的构建》，《思想理论教育》2019 年第 12 期。

[49] 张艳国、凌日飞：《论新时代高校思想政治教育铸魂育人的理论意蕴与实践路径——学习习近平关于高校思想政治教育的重要论述》，《社会主义研究》2019 年第 4 期。

[50] 王瑞：《构建全课程育人的高校思想政治教育大格局》，《思想理论教育导刊》2019 年第 3 期。

[51] 邱国良：《基于矩阵式定位模型的高校"大思政"育人格局的构建》，《中国高等教育》2019 年第 5 期。

[52] 徐清军、高波：《WTO 改革的发展议题之争及解决之道——"共同但有区别的责任"视角》，《世界经济与政治》2019 年第 12 期。

[53] 张文英：《立足时空观念 树大格局视野》，《贵州教育》2019 年第 2 期。

[54] 张茂一：《显性教育与隐性教育相统一：构建思政"金课"的大格局》，《现代教育科学》2019 年第 7 期。

[55] 方鸿志、潘思雨：《改革开放 40 年来我国大学生心理健康教育的发展及趋势》，《当代教育科学》2019 年第 8 期。

[56] 成尚荣：《视野、格局与格调：教师发展的另一论域》，《人民教育》2019 年第 20 期。

[57] 张睿：《协同论视域下高校"三全育人"实施的机理与路径》，《思想理论教育》2020 年第 1 期。

[58] 谢守成、程仕波、张淼：《关于构建大中小学思想政治教育一体化建设沟通机制的思考》，《思想理论教育》2020 年第 1 期。

[59] 项久雨、孟维嘉：《新时代思想政治教育服务国家战略的功能向度》，《思想理论教育》2020 年第 3 期。

[60] 李渝萱、李才俊：《系统思维视角下构建高校"八维一体"思想政治教育综合性评价体系》，《思想理论教育导刊》2020年第8期。

[61] 朱喆、李颖：《思想政治教育主导性定位的意蕴论析》，《学校党建与思想教育》2020年第15期。

[62] 卢岚：《思想政治教育空间转向的出场逻辑与研究理路》，《思想教育研究》2020年第5期。

[63] 朱旭东：《论教育学科服务国家重大发展战略的时代内涵》，《教育研究》2020年第5期。

[64] 张洪娟：《利益相关者视角下的大学治理探析》，《江苏高教》2020年第5期。

[65] 刘志礼、魏梓桐：《中国新型政党制度的结构优势及效能转化》，《中共中央党校（国家行政学院）学报》2020年第6期。

[66] 林媛媛、马旭、吕金泽：《高校"大思政"教育生态的基本要素与结构功能研究》，《黑龙江高教研究》2020年第7期。

[67] 朱碧波：《建构论：中华民族共同体的理论新解》，《山西大学学报》（哲学社会科学版）2020年第4期。

[68] 刘宏达：《以体系思维推进高校思想政治工作体系的创新发展》，《思想理论教育》2020年第8期。

[69] 蒋明军：《新时代构建高校思想政治工作体系的若干思考》，《思想理论教育》2020年第7期。

[70] 杨晓慧：《以"大思政"理念创新思政育人格局》，《思想教育研究》2020年第9期。

[71] 董秀娜、李洪波：《高校"三全育人"协同机制构建研究》，《思想教育研究》2020年第8期。

[72] 邓海龙、徐国亮：《国家治理现代化视域下思想政治教育效能的理论意涵与提升路径》，《思想教育研究》2020年第4期。

[73] 刘红光：《利益相关者视角下的现代大学共同治理机制探析》，《黑龙江高教研究》2020年第8期。

[74] 左亚文、刘争明：《关于恩格斯历史合力论几个核心问题的再认识》，《江汉论坛》2020年第11期。

[75] 章忠民、李兰：《从思政课程向课程思政拓展的内在意涵与实践路径》，《思想理论教育》2020 年第 11 期。

[76] 卢震：《中国共产党"同心圆"领导模式探论》，《理论导刊》2020 年第 11 期。

[77] 龙宝新：《教育格局：论中国基础教育改革的格局意识——从"任正非之问"说起》，《中国教育学刊》2020 年第 12 期。

[78] 刘三宝、谢成宇：《基于大数据的高校思想政治教育协同创新研究》，《广西社会科学》2021 年第 4 期。

[79] 代玉启、覃鑫渊：《基于运行的思想政治教育理论体系建构初探》，《河海大学学报》（哲学社会科学版）2021 年第 5 期。

[80] 陈娟、刘鸿畅：《论高校学生校园文化环境的分层及互动融合》，《思想教育研究》2021 年第 12 期。

[81] 旷永青、卢俞成：《多重功能透析：思想政治教育服务国家治理现代化的五个向度》，《思想教育研究》2021 年第 9 期。

[82] 王学俭：《新时代国家治理与思想政治工作创新发展》，《马克思主义研究》2021 年第 8 期。

[83] 黄峰：《思想政治教育的耗散结构运行机理及其路径》，《思想理论教育》2021 年第 8 期。

[84] 项久雨：《思想政治教育服务国家治理论纲》，《思想理论教育》2021 年第 2 期。

[85] 韩华：《中国共产党思想政治工作制度的基本形态》，《思想理论教育导刊》2021 年第 7 期。

[86] 王习胜：《类型与层级：思想政治教育规律指认的归置与统摄》，《教学与研究》2021 年第 10 期。

[87] 白显良、章瀚丹：《推进思想政治教育质量评价改革需把握十对关系》，《思想理论教育》2021 年第 3 期。

[88] 王潇：《高校思想政治教育评价：历史衍化与水平提升》，《思想理论教育》2021 年第 10 期。

[89] 秦在东、祁君：《新时代高校思想政治工作体系建设质量评价的原则、指标体系探赜》，《思想教育研究》2021 年第 8 期。

［90］王天海、臧秀玲：《大统战工作格局的意义、特征与保障体系》，《山东省社会主义学院学报》2021 年第 3 期。

［91］王习胜：《以"三全育人"为导向构建高校思想政治工作管理体系》，《思想理论教育》2021 年第 4 期。

［92］陈玲：《"三全育人"协同创新组织的建构》，《学校党建与思想教育》2021 年第 4 期。

［93］王占仁：《新时代高校思想政治工作大格局论析》，《思想政治教育研究》2021 年第 4 期。

［94］杨增崇：《构建共同推进思想政治工作大格局的科学蕴意》，《中国青年社会科学》2021 年第 6 期。

［95］严敏、邓欢：《试析高校校园文化育人体系的优化》，《学校党建与思想教育》2021 年第 16 期。

［96］马小洁：《以高等教育现代化塑造中国式现代化新动能》，《中国高等教育》2022 年第 22 期。

［97］刘宏达：《中国式现代化与思想政治工作的使命》，《学校党建与思想教育》2022 年第 21 期。

［98］陈华洲、贠婷婷：《思想政治教育增值评价的理论内涵与实现路径》，《思想理论教育》2022 年第 6 期。

［99］刘先春、佟玲：《系统论视域下"大思政课"建设的多维分析》，《思想政治教育研究》2022 年第 6 期。

［100］石磊、张笑然：《元宇宙：思想政治教育的未来场域》，《思想教育研究》2022 年第 3 期。

［101］周志波、曹琦欢、刘晔：《差序格局、国家圈子和数字经济全球税收治理——基于社会学的视角》，《税务研究》2022 年第 1 期。

［102］董扣艳：《元宇宙在思想政治教育中的应用：前景探测、伦理风险及其规避》，《思想理论教育》2022 年第 4 期。

［103］王斌伟：《高校思想政治工作体系建设的逻辑、历程和启示》，《学校党建与思想教育》2022 年第 5 期。

［104］张国启、邓信良：《新时代构建思想政治工作大格局的实践理路》，《思想理论教育》2022 年第 2 期。

[105] 石书臣：《深刻把握"大思政课"的本质要义》，《马克思主义理论学科研究》2022 年第 7 期。

[106] 张驰：《系统思维视域下思想政治教育的作用机理探究》，《思想理论教育》2022 年第 4 期。

[107] 郭晶：《构建新时代思想政治工作大格局》，《思想教育研究》2022 年第 3 期。

[108] 祝黄河、张云英：《历史合力论：马克思与恩格斯思想的内在一致性》，《马克思主义理论学科研究》2022 年第 5 期。

[109] 佘双好、周伟：《党的十八大以来高校思想政治工作的主要成就、基本经验与发展趋势》，《思想理论教育》2022 年第 9 期。

[110] 代玉启、李济沅：《新时代高校"大思政课"建设理路创新研究——以社会运行为主要视角》，《马克思主义与现实》2022 年第 6 期。

[111] 阎国华、韩硕：《网络圈群下主流意识形态认同的现实境遇与促进策略》，《探索》2022 年第 4 期。

[112] 廖小琴：《思想政治教育过程要素再探究》，《思想教育研究》2022 年第 1 期。

[113] 苏超莉：《同心圆模型：社会组织党建的政治社会化解读》，《湖湘论坛》2022 年第 5 期。

[114] 魏志奇：《世界百年未有之大变局下的意识形态风险及其防范》，《马克思主义研究》2022 年第 7 期。

[115] 阮一帆、胡梦婷：《服务中心任务：思想政治教育的主旨》，《思想政治教育研究》2022 年第 6 期。

[116] 冯刚：《新时代高校"三全育人"的理论蕴含与深化路径》，《厦门大学学报》（哲学社会科学版）2023 年第 1 期。

[117] 刘红凛：《中国共产党百年大党的独特优势》，《思想理论教育导刊》2023 年第 1 期。

[118] 杨添富：《新征程上大学生思想政治工作路径创新研究》，《学术探索》2023 年第 4 期。

[119] 黄蓉生、耿靖：《思想政治教育赋能中国式现代化》，《理论与改革》2023 年第 1 期。

[120] 纪莺莺、蔡天润：《社会组织的差序公共性：兼论国家与社会关系的同心圆模式》，《浙江学刊》2023 年第 1 期。

[121] 田鹏颖、沈鋆星：《恩格斯历史合力论的思想精髓与当代阐释》，《思想教育研究》2023 年第 5 期。

[122] 许民强：《思政课教师与辅导员工作双向融合的路径及实践》，《中国高等教育》2023 年第 12 期。

[123] 邵献平、刘璐：《思想政治教育审美中介：意涵、结构与构建》，《思想教育研究》2023 年第 6 期。

[124] 于泽元、边伟、杨士连：《从松散联结到意义建构：大单元教学设计的理想图景》，《现代远程教育研究》2023 年第 7 期。

[125] 叶泽雄：《历史进步复杂性的历史合力论诠释》，《马克思主义理论学科研究》2023 年第 8 期。

[126] 吕丹红、祖金玉：《高校思想政治理论课如何讲好中国式现代化故事》，《思想教育研究》2023 年第 9 期。

[127] 王战军、张微：《利益相关者视角下交叉学科建设价值内涵及实施方略》，《大学教育科学》2023 年第 1 期。

[128] 宇文利：《中国式现代化视域下新时代思想政治工作现代化的进向》，《思想理论教育》2023 年第 5 期。

[129] 黄蓉生：《中国式现代化视域下完善高校思想政治工作体系论析》，《思想理论教育导刊》2023 年第 8 期。

[130] 林伯海、吴成玉：《新时代好青年"四大品质"要求的时代价值》，《思想理论教育导刊》2023 年第 2 期。

[131] 赵丽涛、于露远：《思想政治教育数字化转型评价及其优化路向》，《思想理论教育》2023 年第 5 期。

[132] 田苏宏、王丽娜：《高校党建质量评价数字化转型的实践进路》，《思想理论教育》2023 年第 8 期。

[133] 陈华洲、刘亭蔓：《新时代思想政治工作者大格局思维的核心要义、价值意蕴及培育路径》，《高校辅导员学刊》2023 年第 5 期。

[134] 秦在东、康锐：《新时代推进大中小学思政课一体化建设的几个着力点》，《思想政治教育研究》2023 年第 5 期。

[135] 吴倩：《数字化时代思想政治工作体系建构的基础、逻辑与路径》，《思想政治教育研究》2023 年第 3 期。

[136] 孙楚航、许克松：《高校思想政治工作贯通人才培养体系的逻辑理路与实践创新》，《思想理论教育》2023 年第 2 期。

[137] 陈华洲、刘丽明、彭婷：《中国式现代化推动思想政治教育内容创新研究》，《学校党建与思想教育》2023 年第 20 期。

[138] 付星吉、白利鹏：《必然·实然·应然：新时代思想政治工作系统性的三重维度》，《理论导刊》2023 年第 1 期。

[139] 刘宏达：《中国式现代化进程中完善思想政治教育现代化体系》，《思想理论教育》2023 年第 2 期。

[140] 蒲清平、黄媛媛：《系统论视域下"大思政课"建设的理论意蕴与实践进路》，《思想理论教育导刊》2023 年第 3 期。

[141] 项久雨：《推进中国式现代化是系统工程》，《中国纪检监察》2023 年第 24 期。

[142] 郭海：《着眼国家战略需求培养高素质人才》，《红旗文稿》2023 年第 20 期。

[143] 项久雨：《思想政治教育现代化要素的解释之维》，《思想理论教育》2024 年第 2 期。

[144] 赵继伟：《以国家治理现代化引领思想政治教育创新》，《中南民族大学学报》（人文社会科学版）2024 年第 5 期。

[145] 罗心欲：《同心圆论域下的网络意识形态风险防控》，《理论导刊》2024 年第 1 期。

[146] 陈学文：《元宇宙技术如何赋能思想政治教育》，《广西社会科学》2023 年第 9 期。

[147] 王婷婷、向艳：《新时代高校校园文化育人的逻辑机理及路径优化》，《江苏高教》2024 年第 1 期。

[148] 姜朝晖、金紫薇：《教育赋能新质生产力：理论逻辑与实践路径》，《重庆高教研究》2024 年第 1 期。

[149] 韩庆祥、虞海波：《全面准确把握"中国之问""世界之问""人民之问""时代之问"的基本涵义与实质》，《当代世界与社会主义》

2024 年第 1 期。

[150] 李蕉：《在理念、理解、理论之间："大思政课"建设的知识学审视》，《思想理论教育》2024 年第 3 期。

四　学位论文

[1] 冯瑞芝：《数字技术赋能思想政治教育高质量发展研究》，博士学位论文，兰州大学，2023。

[2] 刘亮：《数字化时代思想政治教育方法论创新研究》，博士学位论文，江西财经大学，2023。

[3] 韩雪娇：《高校思想政治工作体系构建的内生动力研究》，博士学位论文，东北师范大学，2022。

[4] 李沐曦：《新时代高校"三全育人"理论与实践研究》，博士学位论文，吉林大学，2022。

[5] 黄峰：《自组织理论视域下思想政治教育运行及其机制优化研究》，博士学位论文，东北师范大学，2022。

[6] 回宇：《国家治理现代化视域下思想政治教育现代化研究》，博士学位论文，吉林大学，2022。

[7] 尚明瑞：《高校思想政治教育集成创新研究》，博士学位论文，兰州大学，2021。

[8] 樊新华：《习近平高校思想政治工作论述研究》，博士学位论文，西南大学，2021。

[9] 何红娟：《新时代思想政治教育整合研究》，博士学位论文，陕西师范大学，2021。

[10] 阿剑波：《思想政治教育现代化发展研究》，博士学位论文，兰州大学，2020。

[11] 王玺：《思想政治理论课教学空间研究》，博士学位论文，电子科技大学，2020。

[12] 杜文彬：《美国 STEM 教育发展研究——以学校科目社会史为视角》，博士学位论文，华东师范大学，2020。

[13] 韩聪岩惠：《思想政治教育在构建新时代大统战工作格局中的实践路

径研究》，硕士学位论文，吉林财经大学，2019。

[14] 蔡毅强：《高校立德树人系统化运行机制研究》，博士学位论文，福建师范大学，2019。

[15] 冯方：《大学生担当精神培育研究》，博士学位论文，武汉大学，2019。

[16] 张茜：《大思政视域下高校"十大"育人体系整体建构研究》，硕士学位论文，华中师范大学，2019。

[17] 王娟娟：《高校宣传思想工作合力研究》，博士学位论文，辽宁师范大学，2017。

[18] 马超：《国家治理现代化视域下思想政治教育功能转换研究》，博士学位论文，吉林大学，2017。

[19] 肖薇薇：《高校思想政治工作协同机制研究》，博士学位论文，华中师范大学，2017。

[20] 张哲：《思想政治教育空间论》，博士学位论文，兰州大学，2015。

[21] 刘晗：《气候变化视角下共同但有区别责任原则研究》，博士学位论文，中国海洋大学，2012。

[22] 王金利：《大学生思想政治教育合力论》，博士学位论文，天津师范大学，2007。

五 报纸

[1] 高毅哲：《2024年全国教育工作会议召开》，《中国教育报》2024年1月12日，第1版。

[2] 《习近平致信全国优秀教师代表强调 大力弘扬教育家精神 为强国建设民族复兴伟业作出新的更大贡献》，《人民日报》2023年9月10日，第1版。

[3] 张东刚：《走好建设中国特色、世界一流大学新路》，《光明日报》2023年1月10日，第5版。

[4] 欧媚：《全面推进"大思政课"建设》，《中国教育报》2022年8月20日，第1版。

[5] 习近平：《在庆祝中国共产党成立100周年大会上的讲话》，《人民日报》2021年7月2日，第2版。

［6］《中共中央国务院印发〈关于新时代加强和改进思想政治工作的意见〉》，《人民日报》2021 年 7 月 13 日，第 2 版。

［7］习近平：《共同构建人与自然生命共同体——在"领导人气候峰会"上的讲话》，《人民日报》2021 年 4 月 23 日，第 2 版。

［8］《习近平主持召开学校思想政治理论课教师座谈会强调 用新时代中国特色社会主义思想铸魂育人 贯彻党的教育方针落实立德树人根本任务》，《人民日报》2019 年 3 月 19 日，第 1 版。

［9］习近平：《在北京大学师生座谈会上的讲话》，《人民日报》2018 年 5 月 3 日，第 2 版。

［10］《习近平在全国高校思想政治工作会议上强调 把思想政治工作贯穿教育教学全过程 开创我国高等教育事业发展新局面》，《人民日报》2016 年 12 月 9 日，第 1 版。

六　外文文献

［1］ Alshayea et al. , "Developing Graduate Studies System in Saudi Universities Using Systems Analysis Approach in Light of Quality Assurance and Accreditation Requirements," *Journal of Educational & Psychological Sciences*, Vol. 17, No. 2, 2016.

［2］ Nizamov A. B. et al. , "Problems and Threats in the Development of Joint Educational Programs in Higher Education Institutions of Uzbekistan," *ACADEMICIA：An International Multidisciplinary Research Journal*, Vol. 11, No. 6, 2021.

［3］ Bustamante Thomas, "Between Unity and Incommensurability：Dworkin and Raz on Moral and Ethical Values," *Jurisprudence*, Vol. 13, No. 2, 2022.

［4］ Maloshonok Natalia, "Do Student Engagement Patterns Differ Across National Higher Education Systems? The comparison of US, Chinese, and Russian High-Level Research-Intensive Universities," *Innovations in Education and Teaching International*, Vol. 61, No. 3, 2024.

［5］ Marco De la Cruz and Anna Mergoni, "Governing Performance in Education: Frontier Estimations from the Features of Education System," *Socio-Economic Planning Sciences*, Vol. 93, 2024.

［6］ Abbas Jawad et al., "Quality Management System in Higher Education Institutions and its Impact on Students'Employability with the Mediating Effect of Industry-Academia Collaboration," *Journal of Economic and Administrative Sciences*, Vol. 42, No. 2, 2024.

图书在版编目(CIP)数据

新时代高校思想政治工作大格局构建研究 / 刘丽明
著 . --北京:社会科学文献出版社,2025.4. --ISBN
978-7-5228-5388-8

Ⅰ. G641

中国国家版本馆 CIP 数据核字第 2025Z1F320 号

新时代高校思想政治工作大格局构建研究

著　　者／刘丽明

出 版 人／冀祥德
责任编辑／岳梦夏
文稿编辑／赵一琳
责任印制／岳　阳

出　　版／社会科学文献出版社·马克思主义分社(010)59367126
　　　　　地址:北京市北三环中路甲 29 号院华龙大厦　邮编:100029
　　　　　网址:www.ssap.com.cn
发　　行／社会科学文献出版社(010)59367028
印　　装／三河市尚艺印装有限公司

规　　格／开本:787mm×1092mm　1/16
　　　　　印　张:13.5　字　数:215 千字
版　　次／2025 年 4 月第 1 版　2025 年 4 月第 1 次印刷
书　　号／ISBN 978-7-5228-5388-8
定　　价／89.00 元

读者服务电话:4008918866